예수의 양 穌羊 주기철

예수의 양(穌羊), 주기철

Jesus' Lamb,
Rev. Kee Cheol Joo, the Martyr

2007. 10. 8. 초판 발행
2018. 5. 2. 6쇄 발행

지은이 김인수
펴낸이 정애주
국효숙 김기민 김의연 김준표 김진원 박세정
송승호 오민택 오형탁 윤진숙 임승철 임진아
정성혜 차길환 최선경 한미영 허은
펴낸곳 주식회사 홍성사
등록번호 제1-499호 1977. 8. 1.
주소 (04084) 서울시 마포구 양화진4길 3
전화 02) 333-5161
팩스 02) 333-5165
홈페이지 www.hsbooks.com
이메일 hsbooks@hsbooks.com
페이스북 facebook.com/hongsungsa
양화진책방 02) 333-5163

ⓒ 대한예수교장로회(통합) 평양노회, 2007

• 잘못된 책은 바꿔 드립니다.
• 책값은 뒤표지에 있습니다.

ISBN 978-89-365-1174-6 (03230)

예수의 양 穌羊

주기철

김인수 지음

홍성사

차례

謹賀
聖神ᄂ因ᄒᆞ여 貴總
畫會가幸이

廣南婦人待遇保身

生一九三四年二月二十
敎生朱峯

■ 일러두기
  1. 이해를 돕기 위해 인용문과 부록의 한자어나 고어(古語)는 되도록 쉬운 말로 풀어 옮겼다.
  2. 부록에 있는 성경구절은 주기철 목사가 인용한 대로 기록하였다.

발간사

대한예수교장로회(통합) 평양노회는 2006년 4월 18일 제164회 정기노회에서 '한국 교회의 신사참배 결의와 주기철 목사의 순교와 관련하여 한국 교회 앞에 발표하는 참회 고백서'를 발표하고 참회 예배를 드리면서 주기철 목사의 복적, 복권을 결의하고 선포했습니다.

1938년 9월 9일 총회가 신사참배를 결의하였고, 1939년 12월 19일 평양노회는 주기철 목사를 총회 결의 불이행이라는 이유로 목사직에서 파면했습니다. 그리고 1944년 4월 21일 주기철 목사가 옥중에서 순교하셨으니, 평양노회는 순교 후 62년이 지나서야 만시지탄(晩時之歎)의 감으로 이 어두운 역사를 정리하고 눈물의 회개를 한 것입니다.

우리는 이 어둡고 참담한 과거사가 일제의 회유와 압력에 의한 강압적 역사였음을 알고 있습니다. 그러나 본의 아니었음이 치욕의 범죄에 대한 면죄부가 될 수 없음 또한 잘 알고 있습니다. 우리가 지키고 감당해야 할 교회의 영광스러운 사명 수행에 실패했고 그 참람한 죄악을 진실하게 회개하기보다는 외면한 채 살아왔습니다. 이제야 이 모든 잘못에 대해 온

노회원들이 한없이 부끄럽고 죄스런 마음으로 회개하고 하나님의 용서를 구하게 되었습니다. 62년이나 지난 이 시기에 이르러 회개와 복권을 말하는 것은 우리에게 하나님의 용서가 필요하기 때문이며 과거의 잘못을 거울삼아 새로운 희망과 영광의 역사를 창조하고자 하는 거룩한 열망 때문입니다.

우리는 주기철 목사의 순교 신앙을 한국 교회의 영적 유산으로 알고 이를 더욱 알리고 승화시켜 한국 교회의 갱신과 새로운 발전의 토양으로 삼고자 하는 소명감으로 주기철 목사의 전기를 출판하게 되었습니다. 그동안 주기철 목사와 관련한 많은 연구와 저작들이 있어 왔지만, 어떤 책들은 일반 교우들이 읽기에 지나치게 어렵고, 어떤 책들은 자료들이 정확하지 못하여 역사에 대한 기록으로는 문제점들이 있었습니다. 평양노회는 이런 문제들을 극복하기 위해 장로회신학대학교의 김인수 교수에게 집필을 의뢰하고 여러 관련 인사들의 의견들을 참고하여 이 책을 한국 교회 앞에 내놓게 되었습니다. 이를 시작으로 평양노회는 주기철 목사 기념사업을 더욱 밀도 있게 진행해 나갈 것입니다. 주기철 목사의 신학을 세계 교회에 널리 알려 그의 영적 유산을 세계 교회가 함께 나눌 수 있도록 '주기철 신학의 세계화'를 추진하는 한편, 그의 신앙을 길이 이어가기 위한 장학사업도 진행할 계획입니다.

죄에 대한 회개는 한 번으로 족할 것입니다. 그러나 바울이 자신이 죄인임을 평생 고백함으로 겸손과 경계의 삶을 살아갈 수 있었듯이, 우리 역시 이 역사를 기억함으로 다시는 이런 치욕을 반복하지 않으려는 결연함을 스스로 다지고자 합니다. 우리는 말해야 할 때에 비겁하게 침묵하는 죄와 행동해야 할 때 물러서는 잘못을 범하여 우리 주 예수님과 그의 교회를 욕되게 하는 어리석음을 다시는 반복하지 않을 것입니다.

이 책이 한국 교회 모든 성도의 신앙을 새롭게 하고, 역사에서 배우고

자 하는 모든 이에게 도움을 줄 수 있기를 기대합니다. 아울러 우리 평양 노회원 모두는 주기철 목사의 모든 유가족에게 이 책이 큰 위로의 선물이 될 수 있기를 간절히 바랍니다.

이 책의 집필을 기꺼이 맡아 주신 김인수 교수님과 모든 출판 업무를 감당해 주신 홍성사에 깊은 감사의 말씀을 드립니다.

우리를 회개케 하시고 회개의 열매를 맺도록 인도하시는 하나님께 감사와 영광을 올립니다.

주후 2007년 8월 22일
평양노회 주기철 목사 기념사업위원회 위원장
손달익 목사

머리말

올해는 평양에서 1907년 대부흥운동이 일어난 지 100주년 되는 해이고, 소양(蘇羊: 예수의 양) 주기철 목사가 평양 감옥에서 순교(1944년)한 지 63주년 되는 해이다. 이 뜻 깊은 두 사건을 기념하는 때에 부족한 사람이 우리 교회와 민족의 위대한 지도자 주기철 목사의 전기를 펴내게 된 것은, 첫째 하나님의 은혜요 둘째 대한예수교장로회(통합) 평양노회의 배려다.

1982년 장로회신학대학교에 교수로 온 이래 20여 년 동안 한국 교회사를 가르치면서 빼놓지 않고 학생들에게 강조한 것은, 주기철 목사를 위시한 여러 순교자들의 순교 정신을 이어 받으라는 것이었다. 필자가 저술한 《한국 기독교회의 역사》(장로회신학대학교출판부)에서도 여러 면을 할애하여 주 목사의 생애와 순교의 사적을 기록했다. 그렇지만 주기철 목사의 전기를 써야겠다는 생각은 해 보지 못했다. 상당수의 전기와 연구서가 이미 나와 있는데 또 다른 책이 필요하겠는가 하는 생각 때문이었다. 그럼에도 이 책을 집필하게 된 것은 다음과 같은 이유에서다.

평양노회가 주 목사를 면직 결의한 때로부터 67년이 지난 2006년 봄 노회에서 평양노회는 해묵은 죄악을 하나님과 한국 교회 앞에 참회하고 주 목사 면직 결의를 취소한 뒤, 주 목사를 순교자 명부에 올리는 뜻 깊은 일을 뒤늦게나마 수행했다. 이때를 기해 평양노회 안에 '주기철목사 기념사업위원회'를 조직하고 신학생들에게 장학금을 지급하는 등의 사업을 추진하는 가운데 주기철 목사 전기를 출판하는 것이 좋겠다는 의견을 모으게 되었다. 필자는 이 위원회의 자문위원으로 참석했는데, 여러 위원이 이 전기를 필자가 저술하는 것이 좋겠다는 견해를 밝혔고, 특히 같은 대학에 있는, 주기철 목사의 손자 주승중 교수가 강력하게 이를 권하였다. 필자는 부족하지만 순교자에 대한 적은 정성이 될 수 있다고 판단하여 두려운 마음으로 승낙하고 집필에 들어갔다.

막상 집필을 하려고 자료를 검토해 보니 기존에 나온 자료들 중 신빙성 있는 자료가 많지 않았고, 순교자라는 사실만으로 지나치게 미화하거나 일반이 읽기에는 어려운 책들이 있었다. 필자는 가능한 한 신뢰할 수 있는 자료들을 근거로 누구나 쉽게 읽을 수 있는 책을 써 보기로 했다. 자료 수집에 한계가 있음을 깨달았지만, 현존하는 신뢰할 만한 자료를 토대로 기술하려고 노력했다. 그러나 기존의 책들에 적지 않은 도움을 받았음을 인정할 수밖에 없다.

주 목사가 순교한 지 60여 년이 지난 이때, 한국 교회는 위기에 몰려 있다 해도 과언이 아니다. 가톨릭과 불교는 성장하고 있는데 개신교만은 교인수가 줄고 있다는 통계(2006년 통계청 발표)는 위기 신호가 아닐 수 없다. 21세기에 접어들어 종교다원주의와 포스트모던이라는 세속화 물결이 온 세상에 휘몰아치는 세태에서 교회의 생존을 위해, 나아가 민족 복음화와 세계 선교라는 중차대한 사명을 위해 한국 교회는 올바른 신앙 정립에 매진하지 않으면 안 된다.

이역에 와서 복음을 전하다가 병이나 사고로 숨겨 양화진 차디찬 땅속에 누워 있는 수많은 선교사들, 그리고 그들의 부인과 자녀들, 또 일제와 공산당에게 학살된 많은 순교자들의 피 위에 세워진 한국 교회는 흔들림 없이 진군해 나아가야 한다. 그리고 우리에게 맡겨진 사명을 다해야 한다.

이 책이 나오기까지 도움을 주신 손길들에 감사를 표한다. 우선 이 책이 나올 수 있도록 물심양면으로 지원을 해 준 평양노회에 감사를 드린다. 원고를 세밀히 읽고 충언을 아끼지 않은 오랜 친구 아세아교회사연구소장 박효생 목사, 또 원고를 읽고 다듬어 준 장로회신학대학교 신대원 이윤경 전도사, 이 책을 제작하는 데 수고한 홍성사에 감사의 마음을 전한다.

앞으로 이 책이 영어와 일어로도 번역되어 한글을 읽지 못하는 이들이 폭넓게 읽고 한 시대의 증언자로 신앙의 진수를 보여 줄 수 있기를, 역사에 우뚝 서 있는 주기철 목사의 신앙과 정신을 배우는 기회가 속히 오기를 기도한다.

주후 2007년 4월 6일 성 금요일에
서울 너른 나루터(광나루) 장신대 연구실에서
김인수

시대적 상황

　조선왕조를 창업한 이성계(李成桂)는 고려조를 멸망시키고 새로운 왕조를 이루었다. 수도를 개경(개성)에서 한양(서울)으로 천도하고 새로운 나라의 틀을 이루었다. 조선조 500년의 역사는 대체로 외세의 침략과 내부의 부패로 순탄치만은 않았다. 게다가 사색당쟁과 형식논리에 그친 주자학의 이론적 갈등은 국력을 쇠잔케 했으며, 이성계가 국가 이념으로 채택한 억불숭유(抑佛崇儒: 불교를 억압하고 유교를 숭상) 정책으로 유교가 자리잡으면서 계층·혈통·신분·직업 간의 차별은 이 나라 국민의 고질적 질병이 되었다.

　약 500년간 이어 오던 조선왕조는 왕조의 흥기(興起)와 발전(發展), 그리고 쇠퇴(衰退)의 과정을 밟으면서 내리막길로 들어서 저물어 가는 왕국의 허약한 모습을 여실히 드러내고 있었다. 세계는 산업혁명과 과학의 발달로 눈부시게 발전하며 변화하고 있는데, 조선은 우물 안 개구리처럼 갇혀 세상이 어떻게 돌아가는지 모르고 공자 왈 맹자 왈만 외우면서 명나라, 청나라만이 세계 유일의 초강대국인 줄 알고 맹신하며 어두운 밤을 헤매고 있었다.

일제는 이미 1868년 메이지유신(明治維新)으로 나라를 개방하고 서양의 선진문물을 받아들여 현대화를 착실히 진행하면서 아시아의 맹주로 군림할 야욕을 불태우고 있었다. 이를 실천에 옮기기 위해 이들은 제일 먼저 조선을 점령할 책략을 세웠다. 그 첫 행동이 '운양호(雲揚號) 사건'이다. 조선을 삼킬 트집을 잡기 위해 전함 운양호를 강화도 가까이에 접근시켜 발포를 유도한 후에 강화도를 점령·유린하였고 불평등조약인 강화도조약을 강제로 체결(1876년)함으로써 조선 점령의 교두보를 확보하였다.

이어 일제는 국모(國母) 명성황후(明成皇后)를 시해했던 천인공노할 만행인 을미사변(乙未事變)을 일으켰다. 일제가 한국의 영구 식민지화 야욕을 실현시키는 데 가장 걸림돌이 된다고 판단한 이는 바로 고종 황제의 황후인 명성황후였다. 당시 조정은 군대의 근대화를 위해 일본 장교를 청빙하여 병사 2개 대대를 교련했는데(이것을 훈련대라 불렀다), 8백 명의 훈련대가 궁성을 수호하고 있었으므로 궁성에는 일본인들과 친일분자들이 들끓었다. 일제의 이토 히로부미(伊藤博文) 내각은 간교한 육군중장 미우라 고로(三浦梧樓)를 주한 일본 영사로 파송하여 황후 시해의 임무를 주었고, 오카모토 류노스케(岡本柳之助)를 행동책에 임명하였다. 1895년 10월 8일, 그의 명령에 의해 평민복을 입고 환도와 호신용 총을 찬 일본 군인들과 낭인(浪人)들로 구성된 고문관, 순사 등 60여 명의 암살단이 궁성으로 잠입했다. 이들은 황후와 권력 다툼을 벌이면서 황후를 제거할 뜻을 품고 있던 대원군의 사주를 받고, 미국인 군사 고문 다이(W. M. Dye, 茶伊) 장군 휘하의 궁정 수비대를 몰아낸 뒤 궁 안으로 쳐들어왔다.

자객들은 황후가 머물고 있던 건청궁(乾淸宮)의 각 방을 찾아 헤매다가 조금 깊숙한 침전에 있던 황후를 끌어내어 칼로 몇 번을 내리쳐 현장에서 시해했고 궁녀 셋도 함께 찔러 죽였다. 그들은 방 안에 있던 보물을 약탈하고 궁녀들을 끌어내어 시해당한 사람이 황후가 맞는지 확인한 뒤, 아직 절명하지 않은 황후를 홑이불로 싸서 얼마 떨어져 있지 않은 녹원(鹿苑) 수림(樹林) 속으로 옮겼다. 그런 다음 그 몸에 석유를 쏟아 붓고 장작더미로 에워쌓은 후 불을 질렀다. 그들은 타오르는 불꽃에 계속 석유를 부어서 모든 것을 태워 버리고 뼈만 몇 조각 남겼다.[1] 한 나라의 국모를 이렇게 처참하게 시해하고 유린한 일은 일찍이 인류 역사에서 찾아볼 수 없는 만행이었다.

조선을 영구 식민지화하기 위한 이런 야만적 행위를 시작으로 그들의 야욕은 한동안 지속될 수 있었으나 하나님은 그들의 사악을 방치하지 않으셨고, 일제 말엽 주기철 목사와 같은 신앙 지사들의 거룩한 순교의 피로 저들이 가졌던 칼의 힘을 무력하게 만들어 역사의 심판을 보여 주셨다.

일제의 만행에 치를 떨면서도 힘없는 약소국 황제 고종은 비애를 씹으며 러시아 공사관으로 피신을 하는 아관파천(俄館播遷)을 단행하여 1년여 동안 그곳에서 정무를 보는 어처구니없고도 비극적인 장면을 연출하였다.

주기철이 여덟 살 되던 1905년 일제는 을사늑약(乙巳勒約)을 일방적으로 선포하여 자주국 조선왕조의 외교권을 강탈해 갔으며, 그로부터 2년 후인 정미년(丁未年)에는 정미7조약을 강제하여 독립 국가의 근간인 군대와 경찰을 해산하는 만행도 서슴지 않았다. 급기야 1910년에는 한국을 강제 병탄하였고 조선왕조는 그 비극적 종말을 고하고 말았다.

출생 및 보통학교 시절

역사의 위대한 인물들은 대체로 유명한 곳, 유명한 가계에서 출생한 일이 드물다. 그 인물로 인해서 그 지역이 빛나고 그 가문이 빛난다. 주기철도 그랬다. 그가 태어난 곳은 한반도의 남녘 끝자락인 경상남도 창원군(昌原郡) 웅읍면(熊邑面: 熊川) 북부리(北部里)이다.

웅읍면, 즉 웅천은 우리 역사의 질곡이 흐르던 임진왜란 때(1593년) 왜장 고니시 유키나가(小西行長)를 따라 내한한 포르투갈 출신의 스페인 신부 세스페데스(G. Cespedes)가 고니시와 함께 한동안 머물다 간 곳이다. 세스페데스는 우리나라 4천 년 역사에서 처음으로 이 땅에 발을 디딘 기독교 성직자다. 그러나 그는 이 땅에 선교를 하러 온 것이 아니라, 남의 나라를 침략한 무도한 점령군의 종군 신부로 왔다. 그의 임무는 고니시 휘하의 가톨릭 신자 병사들의 고백성사, 종부(終傅)성사를 돕고 미사드리는 것이었고, 한국인들에게 선교를 할 수는 없었다. 그는 한국에 약 6개월간 머물다가 다른 종교, 특히 불교도들의 원성과 질시로 더 이상 한국에 머물 수 없어 일본으로 돌아갔다. 그의 내한은 기독교 성직자로서 처음 한국 땅을 밟았다는 의미밖에 별다른 것이 없다.

임진란 동안 고니시가 이곳 웅천에 전투를 위해 성을 쌓았는데, 그 일에 지역 주민 8천 명을 동원하여 강제 노역을 시킨 이유로 다른 어느 지역보다 항일(抗日), 척일(斥日) 정신이 뚜렷했다.

세스페데스가 잔악한 일본 점령군의 종군 신부로 와서 웅천에 머물다 간 지 약 300년 후, 우리 강토를 수탈한 일제에 대항하여 마지막까지 믿음의 정절을 지키며 온몸으로 막아선 위대한 개신교 순교자 주기철이 이곳 웅천에 태어난 것은 역사의 아이러니가 아닐 수 없다.

주기철은 1897년 11월 25일 부친 주현성(朱炫聲, 1853-1934)과 모친 조재

주기철은 1897년 11월 25일 부친 주현성과 모친 조재선의 넷째 아들로 태어났다.
부친은 웅천 아전(衙前) 출신으로 말 잘하고, 글 잘 쓰고, 가법이 엄하였다.
주기철 목사의 선친 주현성 장로.

선(曺在善)의 넷째 아들로 태어났다.[2] 주씨 문중은 고려조에서는 많은 인재와 벼슬아치들을 배출했으나 조선조에 들어와서는 이렇다 할 벼슬을 한 이가 없이 조용히 시골에서 농사를 짓는 평범한 가문이었다. 그럼에도 주자의 후손답게 적지 않은 효자들과 충신들이 나왔다. 특히 항일정신이 드러나 보이는 대목이 있는데, 웅천에서 민족교육에 뜻을 두고 처음으로 사립학교를 세운 주기효(朱基孝, 1867-1941), 민족주의 진영의 사회단체인 진해청년회를 조직하고 이끌었던 주병화(朱炳和, 1879-1913), 민족주의 교육의 산실이었던 평북 정주 오산학교를 졸업하고 동경 고등사범을 마친 후 오산학교 교장을 역임한 주기용(朱基瑢, 1897-1966), 일본에 살면서 고베, 도쿄 등지에서 목회 사역을 하며 〈복음시대〉라는 신문을 발행하여 민족의식을 고취하고 일제가 강압하던 황민화 정책에 정면으로 반대하는 글을 쓰고 설교를 한 혐의로 구속되어 옥고를 치른 주기영(朱基榮, 1909-1962) 등이 주씨 문중 출신이다.[3] 이들은 주기철과 같은 항렬의 가까운 친족들이다. 주기철의 가계도는 다음과 같다.

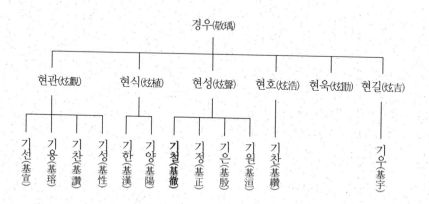

주기철의 부친 주현성은 웅천 아전(衙前) 출신으로 말 잘하고, 글 잘 쓰

예수의 양(蘇羊), 주기철

고, 가법이 엄하였다. 200석 정도 추수하는 중산계급으로 유족하게 살았으며,[4] 기독교를 받아들일 때 학문적인 접근을 하여 신구약 성경을 여러 번 통독하고 확신을 얻은 후에 결신하였다. 1914년 8월에 입교하고 이듬해 6월에 세례를 받았으며, 그해 11월에 영수(領袖)직을 받았다.

그의 첫부인 이규련(李圭連)은 3남 2녀를 두고 1893년 세상을 떠났다. 주현성은 10년 연하의 조재선과 재혼하여 아들 하나를 두었는데 그가 주기철이다. 기철의 어릴 적 이름은 '기복'(基福)이었다. 조 부인이 젖이 잘 나오지 않아 기철은 갓난아이 때부터 배를 곯으면서 이웃의 젖을 얻어먹고 자라났다. 생의 마지막에는 일제가 감옥에서 굶겨 죽였으니 여기에 또 묘한 이율배반이 있다.

부친 주현성이 기철의 나이 열일곱 살 때 기독교인이 된 연고로 기철도 늦게 기독교 신앙에 입문하였다. 부친과 기철은 웅천교회에 출석했다. 《조선예수교장로회사기》에 의하면 웅천교회는 1906년에 설립되었다.[5]

여기서 한 가지 주목할 대목은 "웅천교회 당회록"에 있는, 주기철의 사촌 되는 주기용과 주기선이 "오래 주일 아니 지킨 죄로 책벌을 받은 일이 있었던 것"[6]에 대한 기록이다. 이는 당시 교회가 성수주일 하지 않은 사람에 대해 엄격한 책임을 물은 것으로 그렇게 드문 일은 아니었다. 다시 말해 성수주일은 그리스도인이 지켜야 하는 중요한 계율 가운데 하나였다. 따라서 주일을 지키지 않으면, 더구나 여러 주일을 지키지 않으면 준엄한 징계를 했다. 비록 시골의 작은 교회지만, 계명을 준수하고 법도를 따라야 한다는 사실에 대해서는 예외가 없음을 보여 주고 있다.

웅천교회가 속해 있던 경남노회 역시 계율위반자에 대해 엄격한 잣대를 들이댔다. 1917년 경남노회의 기록을 보면, "신앙과 정치 위반으로" 교인 85인을 책벌, 110명을 출교시켰고, 1919년에는 책벌 151명, 출교

26명, 1920년에는 책벌 90명, 출교 35명 등 모두 125명을 치리하였다.[7]

교회와 노회의 이런 치리 모습을 직접 보고 겪은 주기철은, 후에 목사가 되었을 때 자기 고향 교회와 노회에서 행한 교회 규칙 준수의 엄격성을 배운 대로 준행하게 되었다. 뿐만 아니라 법을 집행해야 하는 자신에게는 더욱 냉혹하게 이 준칙을 적용하였다. 그랬기에 신사참배를 강요당할 때 단호하게 거부할 수 있었던 것이다.

주기철은 고향에 있던 개통학교(開通學校)라는 초등학교에 입학하였다. 이 학교는 친척이 되는 주기효가 1906년 3월에 설립한 학교였다. 당시 웅천은 시골이어서 변변한 학교가 없었고, 학령기의 어린애들이 멀리 김해까지 나가 공부하는 것도 쉬운 일이 아니었다. 또 그럴 만큼 자녀교육에 열성적인 부모도 적었다. 지금과는 달리 학교에서 월사금(月謝金)이란 명목의 돈을 받고 있었기 때문에 가난한 집 아이들은 학교에 보낼 처지가 못 되었다. 게다가 일손이 모자라 어린애들도 그들이 할 수 있는 만큼 일손을 도와야 하는 형편이었기에 학교교육에 대한 열의는 찾아보기 어려웠다.

이러한 형편을 잘 알고 있던 주기효는, 비록 공립학교에 견줄 만한 시설을 갖춘 학교는 아니었지만 시골 아이들에게 초등교육을 시킬 정도의 학교를 설립하였다. 주기효는 민족의식이 강했던 사람으로 한때 동학에 빠져 열심당원으로 활동했으나, 그들의 척외(斥外), 즉 외세에 대한 무조건적인 배척에 뜻을 같이할 수 없다고 판단하여 교육을 통한 입국(立國)에 뜻을 갖고 학교를 세워 후학 양성에 전념하였다.

개통학교는 초등보통 4년, 고등보통(오늘의 중고등 과정) 3년으로 7년을 수학하도록 되어 있었다. 주기철은 이 학교에서 수신(修身), 국어(일본어), 조선어, 한문, 산술, 이과(理科), 도화(圖畫: 그리기), 창가(唱歌: 음악), 수예 등을 배웠다.[8] 그가 이 학교에서 공부할 때 동급생으로 셋째 형 기정, 사촌

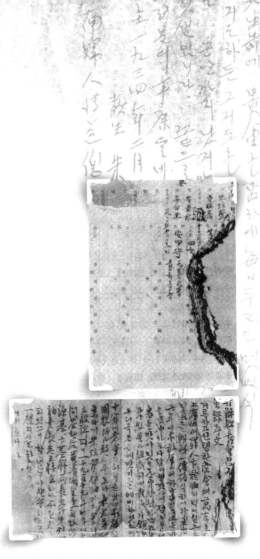

부친 조현성이 주기철 목사가 열일곱 살 때 기독교인이 된 연고로 주기철도 늦게 기독교 신앙에 입문하였다. 주기철은 부친과 함께 1906년에 설립된 웅천교회에 출석했다.

웅천교회 당회록과 생명록.

기용, 그리고 후에 평양 장로회신학교 동문이 된 지수왕(地水旺: 평양 장로회신학교 26회 졸업), 배운환(裵雲煥: 평양 장로회신학교 31회 졸업)이 있었다.

주기철은 어린 시절 개통학교에서 민족애에 대한 교육을 철저히 받았다. 주기철이 이 학교에 다닐 때 교장이자 역사 선생이던 김창환(金昌煥)은 학생들에게 많은 영향을 끼쳤다. 그 지역의 삼포, 부산포(동내), 염포(울산), 제포(웅천) 등이 일본인들에게 개항되어 있었는데, 일본인들이 단순히 교역만 한 것이 아니라 여러 가지 못된 짓을 하면서 한국 사람들을 괴롭힌 사실을, 그는 울분을 토해 가며 가르쳐 아이들 마음속에 일본인들에 대한 적대심을 불러 일으켰다. 감수성 예민한 주기철이 이에 감동을 받고 어린 마음에 일본인들에 대한 적개심과 가난하고 못사는 나라를 구하기 위해 열심히 공부하고 노력해야겠다는 의분심을 갖게 된 것은 자연스런 일이었다. 그가 고등보통학교를 고향 근처에 있는 학교로 가지 않고 한반도의 북단에 있는 평북 정주까지 가게 된 원인을 여기서 찾을 수 있다. 주기철은 보통학교 때부터 "활발하고 총명하며 우수한"[9] 학생이었다.

기독교 입문과 오산학교

주기철이 보통학교를 다닐 때 나라는 심한 질곡에서 헤매고 있었고, 백성들의 삶은 극심한 고통 속에 빠져 있었다. 1895년 명성황후를 침전에서 무자비하게 시해한 일제는 그 여세를 몰아 1905년 을사늑약을 강제 체결하고 외교권을 앗아 가더니 2년 후인 정미년에는 다시 독립 국가의 근간인 군대와 경찰을 해산하고 국가의 통치권을 장악했음을 앞서 밝힌

바 있다. 이에 격분한 고종 황제가 네덜란드 헤이그에서 모이는 만국평화회의에 이준, 이규설, 이상설 3인을 비밀리에 파송하여 여러 나라에 한국의 억울한 사정을 호소해 보려 했으나, 일제의 방해로 회의장에 들어가 보지도 못하고 말았다. 이에 이준은 의분을 참지 못하고 병이 나 객지에서 유명을 달리했다.

일제는 이 사건을 트집 잡아 고종 황제를 왕위에서 강제 퇴위시키고 순종을 그 자리에 앉혔다. 500년을 이어온 조선왕조는 이렇게 일제의 노리갯감이 되면서 서서히 역사 속으로 사라져 갔다. 급기야 1910년 조선을 멸망시키고 삼천리 반도를 일제에 편입시켰으니 4000년 우리 역사는 한동안 암흑 속으로 사라져 버렸다.

탐관오리들의 가렴주구(苛斂誅求)는 그 끝을 몰랐고, 계속되는 흉년으로 백성들의 삶은 극도로 피폐해졌다. 기아에 허덕이던 백성들은 각지에서 난을 일으켰고 민심은 극도로 악화되어 있었다. 또한 독립 국가의 주권을 빼앗아 간 원수들에 항거하는 의병들이 각지에서 일어나 항일의식을 고취하고 있었다.

이런 국가적 혼란 속에서 한국 교회사에 길이 남을 획기적 사건이, 정미7조약이 맺어지던 1907년 정월 평양 장대현교회에서 일어났다. 성령의 불이 떨어져 한국 교회를 새롭게 탄생케 하는 대부흥운동이 개시된 것이다. 이 부흥운동은 매년 초에 모이던 사경회에서 시작되었다. 지금까지 한국 교인들은 기독교의 진리가 무엇인지, 성령세례가 무엇인지 알지 못하고 맹목적으로 기독교 신앙을 받아들였다. 대부분 이기적 동기로 신앙생활을 한 것이 사실이었다. 그러나 대부흥운동 기간에 성령의 불세례를 통한 통절한 회개와 생활의 갱신으로 인해 개인과 가정, 교회, 사회가 내면적 갱생운동을 조용히 진행하고 있었다. 이 부흥운동으로 각지의 교회에서 회개운동이 진행되었으며, 이 운동은 적극적인 전도와 선교 운동으로 이어져 교회가 폭발적으로 성장하고 기독교 학교가 증설되는 결과를 가져왔다.

부흥운동의 열기가 어느 정도 식어 갈 무렵, 한국 교회에서는 '100만 명구령운동'(a Millions Soul's for Christ)이 전개되어 전도운동과 복음서 반포운동이 전국 각지로 확산되었다. 이런 일련의 운동은 위기에 처한 국가와 민족을 위해 전국 교회가 기도하는 기도운동으로 연결되었다. 기독교 신앙이 단순히 예수 믿고 천당 가는 차원을 넘어, 현재 우리가 살고 있는 이 땅의 안녕과 운명이 곧 기독교도들의 책임하에 있다는 애국(愛國), 구국(救國) 운동과 직결되었다.

주기철이 기독교 신앙에 입교한 것은 1910년 경술(庚戌) 국치의 비통으로 온 민족이 울고 있던 바로 그해 성탄절(12월 25일)로 기록되어 있다.[10] 열네 살 때였다. 비록 나이는 어렸지만 총명하고 의협심이 강한 주기철이었기에 국가의 안위와 억울하게 빼앗긴 나라를 되찾아야겠다는 생각을 하고도 남았으리라고 판단된다.

그가 어떤 동기로 예수를 믿기로 결심했는지는 증거 자료를 얻기가 어렵다. 그러나 그의 형 기원이 한글 성경을 구해 읽기 시작하면서 기독교 신앙에 입문했고 그에 따라 고향에 교회를 세웠다고 알려져 있으므로, 형의 영향을 받았거나 주기철 자신이 성경을 읽으면서 예수를 영접했을 가능성이 있다. 주기철이 어떤 동기로 기독교 신앙에 입문했는지에 대한 확실한 증거는 없지만, 그의 기독교 입문은 한국 교회에 길이 기억될 위대한 순간이었고 결단이었다.

개통학교를 졸업한 주기철은 남강 이승훈(南崗 李昇薰) 장로가 평북 정주에 세운 오산학교(五山學校)에 진학하기로 결심했다. 당시 오산학교 교사로 있던 춘원 이광수(春園 李光洙)가 전국을 다니면서 오산학교 선전을 했다. 그는 이 일을 위해 부산에서 마산으로 가던 중 웅천에 들렀고, 이곳

※ 개통학교를 졸업한 주기철은 남강 이승훈이 평북 정주에 세운 오산학교에
1913년 입학하여 1916년 졸업했다.
이승훈 장로와 오산학교 전경. 오산학교 졸업기념 사진(둘째 줄 왼쪽에서 세 번째).

에 민족교육을 하는 학교가 있다는 소문을 듣고 개통학교를 졸업하는 학생들과 학부모들에게 민족교육을 강조하는 오산학교에 와서 공부하라고 권하였다. 주기철은 이 강연을 듣고 오산학교에 가기로 마음을 먹었다. 그 후 춘원이 1913년 웅천에 다시 와서 하기강습을 인도한 일이 있는데, 이때를 계기로 주기철은 오산행을 최종적으로 결심하게 된다.

당시 전국에 많은 학교들이 있었으나 관립학교를 제외한 사립학교는 대부분 선교사들이 세운 미션스쿨이었다. 기독교 신앙을 가진 한국인 선각자들이 세운 학교는 두 곳이 있었는데, 하나는 도산 안창호(島山 安昌浩) 선생이 평양에 세운 대성학교(大成學校)이고, 다른 하나는 남강 이승훈이 평북 정주에 세운 오산학교였다. 이승훈은 오산학교를 평양 대부흥운동이 전국을 휩쓸고 있던 1907년 12월에 평북 정주군 갈산면 익성동에 세웠다. 이 학교는 이승훈의 애국정신에 입각하여 철저한 애국교육에 초점을 맞추었다. 오산학교의 애국 지향 교육의 일면은 다음의 사건에서 엿볼 수 있다.

조선왕조 마지막 왕인 순종(융희 황제)이 이토 히로부미의 권유로 전국을 순행하던 중 평북의 작은 마을 정주에 기차를 멈추게 한 후 이승훈을 불러 그의 교육에 대한 열정을 치하한 일이 있다. 이는 저물어 가는 나라를 교육을 통해 일으켜 달라는 황제의 애끓는 마음이 담긴 모습이다. 그때 많은 사람들이 한 손에는 일장기를, 한 손에는 태극기를 들고 나와 황제와 이토를 환영했지만, 오산학교 학생들만은 일장기를 들지 않고 태극기를 들고 나와 황제를 환영했던 것이다.[11]

이 한 장면에서 오산학교의 진면목을 엿볼 수 있다. 평양이 정주보다 남쪽에서 더 가깝고 큰 도시임에도 주기철이 구태여 정주까지 올라가 오산학교에 입학한 이유가 바로 여기에 있었던 것으로 여겨진다. 오산학교에는 이승훈이 유치한 훌륭한 민족 지도자들이 모여 있었다. 초창기에는 여준(呂準), 서진순(徐進淳), 박기선(朴基璿) 등이 있었고, 1910년에는 유영모(柳永模), 이광수(李光洙), 그리고 신채호(申采浩)가 와서 학교의 틀을 잡아 놓았다.

이 학교의 교사로 있었던 함석헌은 오산을 다음과 같이 묘사하였다.

> 이때의 오산은 학교라기보다는 한 가정이요 도장이요 수련소였다. 설립한 취지부터 학문 공부를 한다기보다는 나라를 건지고 민족을 개조하기 위한 지도자를 길러 내자는 것이었으므로 선생도 학생도 다 같이 일종의 종교적 사명감 혹은 자부심에 불타고 있었다.[12]

오산학교를 세운 이승훈은 본래 기독교인이 아니었다. 그는 1910년 평양에 갔다가 산정현교회에서 한석진(韓錫晋: 평양 장로회신학교 1회 졸업) 목사의 "십자가의 고난"이라는 설교를 듣고 감동하여 기독교에 입신하였다. 그는 기독교 신앙을 받아들인 후 학도들에게 애국정신뿐 아니라 철저한 기독교 신앙교육도 겸하도록 고취하였다. 한때 평양 장로회신학교 교수였던 나부열(羅富悅, S. L. Roberts)을 1910년부터 13년까지 오산학교 명예교장으로 위촉한 것은 이런 맥락에서 이해해야 할 것이다. 이승훈은 용동(龍洞)에 교회를 친히 세우고 교회를 통한 신앙운동에도 앞장서서 기독교 신앙과 애국운동의 접목을 오산학교에서 구체적으로 실현하려 했다. 그가 기독교 신앙을 받아들인 후부터는 학교에서 찬송도 부르고, 예배도 드리기 시작했다. 그는 학생들의 신앙훈련과 육성을 위해 강당 옆에 예배당을 지어 신앙의 도장으로 활용하였다. 이 예배당을 지을 때 이승훈은 학생들과 교사들과 더불어 십 리도 더 되는 곳에서 재목을 나르고 돌을 나르는 일을 했다. 교사와 학생이 하나 되는 훈련을 실시한 것이다. 함석헌은 이런 일에 대해 다음과 같이 기록했다.

전에 보지 못하던 모든 서양식 학문을 하는 것, 체조를 하는 것, 선생과 학생이 하나로 얽혀 사는 것, 모든 일이 퇴폐한 기분 속에 살던 민중에게 크게 자극을 주었다. 그 생기 찬 생활풍이 주위에 영향을 많이 주었다. 그리하여 학교를 시작한 지 얼마 안 되어 소문이 높았고, 매년 하는 운동회 때에는 부근 마을에서 큰 명절같이 구경꾼이 몰려드는 것이었다. 이리하여 적지 않은 사회 교화의 힘이 되었다.

그러므로 오산 졸업생은 일종 독특한 기풍이 있다는 것이 당시 사회의 평이었다. 질소 검박하고, 일 잘하고, 보수를 바라지 않고, 민족정신이 높은 것은 말할 것도 없었던 것이다. 이 모든 것이 다 남강이 몸소 하는 인격에서 나온 것이었다.[13]

이승훈의 이런 신앙과 애국애족의 정신이 학생들에게 흘러 들어갔고, 주기철은 이승훈의 절대적인 영향을 받게 되었다. 그뿐 아니라 이 학교 교사로 있던 다석 유영모(多石 柳永模)는 첫 수업 시간부터 정규과목을 가르치기 전에 성경을 가르치고 학생들에게 머리 숙여 함께 기도하자고 했다.[14]

주기철이 오산에 입학한 것이 1913년이었는데, 그때 이승훈은 1911년에 있었던 무관학교 사건으로 제주도에 유배되어 있었다. 그 후 일제는 그를 단단히 묶어 둘 목적으로 허위로 꾸며 낸 소위 '데라우치 암살음모사건'이라는 '105인사건'에 얽어, 다시 감옥에 가두었다. 주기철이 오산에 다닐 때 이승훈과의 만남은 불과 1년에 지나지 않았다. 그러나 주기철이 그곳에서 수학하는 동안 학교 곳곳에 배어 있는 남강의 체취와 교육이념, 신앙의 정신은 고스란히 주기철에게 스며들어 갔다.

1930년 5월 3일, 이승훈의 정신을 기리고자 후학들이 그의 동상을 제작하고 제막식을 하게 되었다. 그는 자신의 동상 제막식에서 답사를 하면서, "나는 하나님을 믿는 것을 가장 큰 영광으로 생각한다. 내가 후진이나 동포를 위해서 한 일이 있다면 그것은 내가 한 것이 아니고 하나님이 내게 그렇게 시킨 것이다"[15]라고 말했다. 하나님을 믿는 것을 가장 큰 영광으로 생각한다던 남강 이승훈의 정신이 주기철에게는 하나님의 명령에 순응하여 순교하는 것을 가장 큰 영광으로 생각하는 것으로 구체화되었던 것이다.

주기철은 오산학교 재학 중에 이승훈에게 직접적인 교육은 받지 못했다. 하지만 주기철이 오산에 입학하던 1913년, 고당 조만식(古堂 曺晚植)이 오산에 와서 1915년까지 교장으로 봉직하였고 9년 동안 재직하면서 학생들을 가르쳤다. 따라서 주기철은 조만식의 직접적인 교육을 받게 된다. 그는 법제(法制), 경제, 지리 등을 가르쳤다. 고당 조만식과의 만남은 오산에서 그치지 않고 후에 목회를 했던 평양 산정현교회에서도 이어졌다. 조만식은 산정현교회 장로로서 주 목사가 마산 문창교회에서 목회하고 있을 때 산정현교회로 올 수 있게 한 사람 가운데 한 명이었다. 고당의 권고가 아니었다면 주기철이 산정현교회로 목회지를 옮기지 않았을지도 모른다.

세례를 받고

앞에서 언급했듯이 주기철은 오산학교 시절 이승훈과 조만식에게서 신앙적으로 많은 영향을 받았다. 특히 조만식의 굳건한 신앙 정신은 그대로 주기철에게 흘러 들어갔다. 주기철은 조만식이 직접 전국을 다니며 전도하는 전도단에 가입하여 열심을 다했는데, 오산학교 졸업반 때인

1915년 11월에 비로소 세례를 받아 공개적으로 기독교 신앙을 고백하고 예수 그리스도를 구주로 고백하였다. 이 고백은 그의 일생을 가르는 중대한 계기가 되었다. 구주 예수를 위해 그의 생명이 기약되어 있었던 것이다. 이 무렵 주기철은 개명을 했다. 본래 그의 이름은 '기복'(基福)이었는데, 세례를 받으면서 이름을 '기철'(基徹)로 바꾸었다. "기독교를 철저히 신앙한다"는 의미였다. 성씨마저 '붉을 주'(朱) 자였기에 "붉은 피로써 신앙에 목숨을 바친다"는 뜻이 되었다.[16] 난세에 기독교 신앙을 철저히 지킨다는 뜻은 죽음 곧 순교를 의미하는 것이었다. 그의 세례는 순교로서 결실되었다.

당시 조만식을 '한국의 간디'라고 일컬었는데, 그 이유는 간디가 인도에서 독립운동을 하면서 '국산품애용운동'을 한 것을 본받아 조만식이 한국에서 '물산장려운동'(物産獎勵運動)을 이끌었기 때문이다. '국산'이라는 말 대신 '물산'이라는 말을 쓴 것은 당시 국산은 곧 일본 제품을 의미했기 때문이다. 조만식은 학생들에게 근검, 절약, 근면 정신을 강조했다. 이것은 장로교회를 시작한 존 칼빈의 가르침이도 했다. 그는 또 이를 몸소 실천하여 말총모자, 무명두루마기, 미투리, 편리화를 입고 신었고, 저고리와 두루마기에 옷고름 대신 단추를 달아 사용하였다. 고름은 쓸데없이 천을 낭비하는 것이므로 고름을 떼어 내고 거기에 단추를 달아 사용한 것이다. 조만식의 이런 절약과 근검의 정신은 주기철에게도 큰 영향을 미쳐 주기철은 생을 마치는 날까지 이를 실천하며 살았다.

특히 조만식은 지리 과목을 가르치면서 하나님께서 우리 민족에게 주신 이 아름다운 삼천리 금수강산을 잘 가꾸고 보존하여 우리 민족의 삶의 터전으로 영원히 보존해야 한다고 강조, 은연중에 학생들에게 국토 사랑의 정신을 불어넣어 주면서 애국사상을 고취하였다. 하나님께서 주신 우리 삶의 터전을 일제에 빼앗긴 것은 하나님께서 우리 민족에게 맡겨 주신 소명을 감당치 못한 결과라는 것을 암시한 것이다.

조만식이 오산에 있으면서 학생들에게 결정적으로 감동을 준 것은 민족에 대한 애끓는 사랑의 정신과 지조였다. 하여 오산학교 졸업생 중에 일제하에 관리가 된 사람이 없고, 경찰이 되어 일제의 앞잡이 노릇을 한 사람도 없다. 이런 바탕에서 주기철의 높은 민족애의 정신이 자라났던 것이다.

조선 사회에는 '선비, 농업, 공업, 상업'[士農工商]이라는 직업적 편견과 차별이 있었다. 상업에 종사한다는 것은 가장 미천한 직업을 갖는다는 의미였다. 그러나 이승훈과 조만식은 국가의 부강이 바로 상업에 있다는 사실에 주목하였다. 사농공상이네 뭐네 하면서 직업을 차별하고 노동과 근면을 무시하는 유교의 썩어 빠진 사상으로는 국가의 장래를 기대할 수 없다고 판단하고 학생들에게 산업 발전의 필요성을 강조한 것이다.

주기철은 오산학교를 1916년 7회로 졸업하였다. 《오산학교 70년사》를 쓴 엄영식은 동문들을 회고하는 글을 쓰면서 주기철에 대해 다음과 같이 기록했다.

> 7회 동문 중에 후일 가장 겨레에게 깊은 감명을 준 이는 주기철 목사라고 하겠다. ……주기철은 고당을 한국에 나타난 모세로 연상하면서 경모하였다. 그의 순교는 오산학교 시절에 이미 싹이 텄던 것이다. 주기철의 성적은 1등이었고, 특히 수학에 뛰어나 수학박사라고도 불리었다. 남강은 그를 촉망하여 오산학교에 머물러 선생이 되기를 권하기도 하였다.[17]

이로써 주기철이 학교에서도 성실하고 열심히 공부한 학생이었음이 증명된다. 그는 한반도의 남단 웅천에서 북쪽 끝에 위치한 정주의 오산학교를 4년 동안 열심히 다니면서 이전부터 조금씩 앓아 오던 안질의 고통을 이겨 가며 수석졸업이라는 영예를 안고 동기생 19명과 함께 졸업하였다. 그의 동기 중에는 사촌 주기용과 후에 주기철이 목회한 부산 초량교회 목사였던 이약신 그리고 이승훈의 둘째 아들 이택호가 있었다.

연희전문학교 입학과 낙향(落鄕)

오산학교를 졸업할 무렵 주기철은 전문학교에 진학할 꿈을 꾸면서 무슨 공부를 해야 할지 생각에 잠겼다. 그는 남강 이승훈과 고당 조만식의 영향을 받아 가난하고 헐벗고 굶주린 조선의 불쌍한 백성을 생각하여 민족 산업을 일으키겠다는 쪽으로 생각을 좁혀 나갔다.

그의 스승 이승훈은 본래 가난한 집안에서 태어나 어렵게 살다가 열여섯 살이 되던 1879년 행상에 나섰다. 그가 일하던 상점의 옛 주인에게 유기(鍮器: 놋그릇) 등을 외상으로 받아다가 장에 내다 팔고 그 외상값을 갚아 나가는 형식으로 장사를 시작하여 노력한 끝에 어느 정도 자본이 형성되었고, 이후에는 점포를 내고, 조그만 공장도 만들어 적지 않은 돈을 벌었다.[18] 그러나 청일전쟁이 일어나 모든 것을 잃고 재기해야 했다. 후에 이승훈은 평양에 진출하여 평양 유지들과 함께 도자기 회사를 차려 성공하게 된다. 이승훈은 상업적 수완과 경험으로 적지 않은 돈을 모으기도 했으나 사업에 실패하여 크게 고통을 겪기도 했다. 낙향한 그는 돈을 모으는 일보다 교육입국에 뜻을 세우고 오산학교를 세워 후진 양성에 그 여생을 바쳤다.

이와 같은 스승의 생애를 통해 주기철은 많은 것을 깨달았다. 특히 모든 일을 추진하는 근간은 재정이라는 사실을 깨닫고, 우리 민족이 가난을 극복하고 빼앗긴 나라를 되찾는 길은 민족자본육성, 경제부흥을 통한 경제입국(經濟立國)이라 여겨 연희전문 상과에 진학하였다. 이 학교는 1915년 4월에 개교한 신생대학이었으므로 주기철은 2기생으로 입학한 셈이다.

연희전문은 1885년에 한국에 첫 목사 선교사로 내한한 언더우드가 설립한 학교이다. 언더우드는 선교 초기 길가에 버려진 고아들을 모아 자기 사랑방에서 돌보아 주며, 이 고아원을 대학과 신학교로 발전시킬 원대한 꿈을 꾸었다. 이후 고아원이 경신중고등학교가 됨으로써 이 학교에 대학부를 설치하고 1915년 4월 자신이 회장으로 있던 종로 YMCA 회관에서 개교하였다. 이때 이름은 '조선예수교대학'(Chosen Christian College)이었다.

연희전문은 조선총독부로부터 1917년 3월 정식 대학인가를 받고 당당히 출발할 수 있었다. 언더우드는 대학의 터를 경기도 고양군 연희면에 확보하고 건물을 지은 후 1918년 4월에 대학을 이전하였다. 그는 대학의 이름을 지역 이름을 따서 '연희전문학교'라 하였다. 이 연희가 세브란스 의과대학과 합하면서 1957년 연세대학교가 되어 우리나라는 물론 세계에 그 이름이 드높은 대학이 되었다. 언더우드는 처음 연희대학을 세우면서 상과를 중요한 과로 정하고 이에 역점을 두었다. 당시 상업을 천시하던 시대 상황에 맞서 경제의 중요성을 깨닫고 이를 실천한 것이다.[19]

주기철이 연희전문에 들어가 수업을 시작했지만 그의 고질적 안질은 그를 계속 괴롭혔다. 사도 바울이 일생 동안 안질이라는 가시로 고통을 당하면서 사역에 임했던 것처럼 주기철도 안질이라는 가시를 갖고 수난의 가시밭길을 걸어갔던 것이다. 그가 대학에 입학하고 난 후 안질이 급격히 악화되어 나중에는 책을 볼 수도, 강의를 들을 수도 없을 만큼 나빠져 학업을 중단할 수밖에 없게 되었다.

그가 학교를 휴교한 원인에 대해서는 다른 이유를 들기도 하는데, 서북 지방의 보수적이고 전통적인 신앙으로 무장된 이승훈이나 조만식에게 훈련받은 주기철이 서울의 개방적이고 에큐메니컬한 신앙과 맞지 않아 갈등을 겪었을 것이라는 주장도 있다. 그러나 주기철이 신앙문제로 갈등을 겪을 만큼 연희전문에서 긴 시간을 보내지 않았고, 또 신학이나 교리 문제와는 직접적인 연관이 없는 상과에서 수학했기 때문에 이런 이유는 설득력이 없어 보인다. 한편 집안문제 때문에 휴학을 했다고 하기도 한다. 주기철이 연희전문에 입학하여 수업을 시작했을 무렵, 집안에 재산권 분쟁이 있었다는 것이다. 이복형제들 간에 재산 다툼이 일어났으며, 이 문제로 집안에서 보내 주던 학비와 생활비가 지체되는 일이 생겨 더 이상 학업을 할 수 없었을 것이라는 추측이다. 그러나 납득할 만한 자료가 남아 있지 않아 확인이 어렵다.

그리고 주기철이 언제 휴학계를 내고 고향으로 내려갔는지도 확실치 않다. 연세대학교에서 오랫동안 교편을 잡았고 교무처장도 역임한 민경배 교수의 기록에 의하면, 당시 연희전문이 보유한 그의 학적부에는 입학한 사실만 기록되어 있을 뿐 다른 기록이 없는 것으로 보아 첫 학기를 마치기 전에 휴학한 것으로 여겨진다.[20]

역사에서는 '만일'이라는 말을 쓰는 것이 무의미하다고 말하지만, 주기철이 만일 안질이 악화되지 않아 학업을 계속하여 연희전문을 졸업했다면 그의 일생의 향로(向路)가 달라졌을 수 있고, 한국 교회사의 지형도 달라졌을 것이다. 그러나 하나님의 섭리는 다른 데 있었다. 그의 안질이 악화된 일에 대해 민경배 교수는 다음과 같이 피력했다.

'바울의 가시' 그것이 주기철에게 있었다. 그리고 그것이 그의 생애를 결정적인 변화로 이끌어 간 것이다. 그 눈은 볼 것이 따로 있었다. 연희전문학교가 보여 주는 전망을 보도록 되어 있지는 않았다. 육체의 아픈 시력은 영적으로 맑은 새로운 시계(視界)를 더듬어 보아야 했다.[21]

그가 갈 길은 따로 있었고, 그가 보아야 하는 민족과 교회의 길은 하나님께서 별도로 예정해 두셨던 것이다. 상학을 공부하여 민족산업을 일으키고 부강한 국가를 만들어 나라의 위상을 드높이는 것이 그가 갈 길이 아니었다. 그의 길은 회사를 차리고 사장이 되어 물질적 풍요 속에서 민족의 앞날을 기약하는 것이 아니었고, 한국 교회와 민족을 위해 헌신하는 것이었다.

더 이상 학업을 계속할 수 없을 정도로 안질이 악화된 주기철은 어쩔 수 없이 휴학계를 내고 낙향하게 된다. 낙향 후 그는 우선 안질을 치료하는 일부터 시작하였다. 여러 가지 약과 집중적인 치료로 어느 정도 병세가 완화되면서 그는 서서히 활동을 시작하였다. 고향 교회인 웅천교회에 출석하였는데 집사로 임명받아 총각 집사로 교회를 섬겼다.

그리고 1917년 10월, 그의 나이 20세에 고향 근처의 김해읍교회에 출석하던 안갑수(安甲守)와 중매로 결혼하였다. 안갑수는 1900년 5월 순흥(順興) 안씨 안기영(安基永)과 이분옥(李分玉) 사이에서 3녀로 태어났다. 안갑수의 모친은 김해에 합성학원을 세울 만큼 개화되고 앞서간 집안의 여성이었다. 확실한 증거는 없으나 안갑수가 서울 정신여학교를 다닌 것은 딸도 교육을 받아야 한다는 모친의 생각 때문이었다는 이야기는 신빙성이 있어 보인다. 안갑수는 개화된 가정에서 자라 현대식 교육도 받았고, 감정이 풍부하고 열정적이었으며 예민하고 사려 깊은 여자였다고 한다.[22]

결혼 후 2년 뒤인 1919년 10월 장남 영진(寧鎭)이 태어났다. 이어 차남 영만(寧萬, 1922. 11.), 삼남 영묵(寧默, 1925. 1.), 사남 영해(寧海, 1927. 11.), 장녀

영덕(寧德, 1930. 3.)이 연이어 출생했고, 오남 광조(光朝, 1932. 3.)는 마산 문창교회 재임 시 태어났다. 주기철은 안갑수와의 사이에 5남 1녀를 두었고, 후에 재혼한 오정모와의 사이에는 자녀가 없었다. 목사 남편을 조용히 내조하면서 자녀들을 기르는 데 전념하던 안갑수가 급환에 걸려 1933년 5월 서른세 살의 젊은 나이에 세상을 뜨고 말았다. 코 밑에 난 종기를 의사가 잘못 건드려 그것이 화농이 되어 급서(急逝)하였던 것이다. 막내 광조가 한 살로 채 젖을 떼기도 전이었다.

한편 주기철은 결혼도 하고 어느 정도 병세가 완화되자 지역 민족운동가인 오상근과 함께 '웅천청년운동단'이란 단체를 만들어 시국강연회와 계몽활동을 하면서 민족계몽운동 단체 '교남학회'(嶠南學會)를 조직하고 그 지역 청소년들을 상대로 계몽운동과 강연을 실시하였다. 주기철이 이 운동을 시작하게 될 즈음 나라는 극도로 피폐해 가고 있었다.

일제는 한국을 영구 식민지화하기 위해 온갖 악랄한 방법을 도입했는데, 가장 대표적인 것이 화투 보급, 창녀 보급, 아편 보급이었다. 나라 잃은 설움과 울분을 삭이지 못한 젊은이들이 애국애족의 대열에 서서 일제를 향한 항일운동에 나서는 것을 사전에 막기 위해 젊은이들의 정기를 흐려 놓고 관심을 다른 곳으로 돌려 놓으려는 수법이었다.

화투의 보급은 단순한 오락의 차원을 넘어 도박으로 발전시켜 재산을 탕진하고 가정을 파괴하려는 계산이 저변에 깔려 있었다. 화투는 시간낭비, 정력낭비, 도박중독, 가정과 사회의 파괴로 이어지는 무서운 함정의 단초가 되는 것이다.

다음으로 일제는 한국의 젊은이들을 피폐화하기 위해 일본의 창녀들을 우리나라로 대거 수출하여 1916년부터 '유곽업 창기취체'(遊廓業娼妓取締) 규정을 만들어 공창제도를 실시하였다. 서울의 경우만 보더라도 당시 미화 약 50만 달러를 들여 홍등가를 만들고, 청소년들을 유혹하여 몰

❀
주기철은 1917년 10월 안갑수와 중매로 결혼하였고 둘 사이에 5남 1녀를 두었다. 안갑수는
갑작스런 병환으로 1933년 5월 16일 막내 광조가 한 살 때 서른세 살의 젊은 나이로 별세하였다.

주기철 목사와 안갑수 사모.

락의 길로 끌어들였다.[23] 이에 전국 교회가 공창폐지운동을 벌인 것은 당연한 일이었다.

셋째는 아편 보급이었다. 일제는 우리나라에 마약의 원인 물질을 만들어 내는 양귀비를 대량 재배케 하여 아무 제약 없이 쓰도록 했다. 이에 마약중독자가 속출하고 개인과 가정과 사회가 망가지는 일이 지속되었다. 1918년 총독부가 아편 보급을 위해 공식적으로 배정한 예산이 미화 18만 2천 달러에 달했으니 그들이 얼마나 이 사업에 심혈을 쏟았는지 알수 있다.

이와 더불어 우리나라 사람들이 오래전부터 무척 즐겨하던 담배와 술을 조직적으로 보급했는데, 이 두 가지 사업으로 벌어들인 세금이 총독부 전체 수입의 30퍼센트에 이르렀다. 이에 대해 전국 교회는 금주·단연(斷煙)운동을 펼쳐 담배와 술을 살 돈을 자녀교육비와 생활비로 전환하도록 유도하려 했다.

이런 사회 분위기 속에서 1919년 3월 1일, 거족적 민족독립운동이 일어났다. 이 운동의 여파는 웅천까지 파급되었으니 그 지역의 민족주의 지도자였던 주기철이 이에 관여하지 않았다고 보기는 어렵다. 한 기록에 의하면, 주기철은 "웅천 20인 지도부"의 일원으로 이 운동에 적극 가담하여 지명 수배되었고 처가로 도피했으나 체포되어 헌병대에 연행되었다가 석방되었다고 한다. 주기철의 사촌이며 오산학교 동기동창인 주기용이 웅동면 계광학교 교사로 있으면서 이 운동에 깊이 관여하여 체포·기소되어 결국 1년 6개월의 형을 살고 나온 사실에 비추어 보면 주기철이 음양으로 이 운동에 깊이 개입했을 개연성은 크다.

이때까지만 해도 주기철의 신앙은 확실성이 없어 보인다. 그는 고향 교회의 집사로 교회에서 봉사하기는 했으나 신앙의 확신 없이 건성으로 교회에 출석한 것 같다. 김린서 목사의 기록에 의하면, 한번은 나쁜 친구의 꾐에 빠져 술을 먹고 취해 있었는데 교회에서 갑자기 설교를 하라 해서 어쩔 수 없이 술에 취한 집사가 강대에서 설교를 했다는 것이다.[24]

그런데 이런 신앙생활을 하던 주기철에게 일생을 가름할 중대 사건이 일어난다. 주기철이 중생의 체험을 하고 영적으로 완전히 거듭나는 일이 일어난 것이다. 당시 한국 교회의 신유 부흥사로 이름을 날리던 김익두 목사가 1920년 9월 김해교회에 와서 부흥사경회를 인도하였다. 주기철이 이 사경회에 참석했는데, 어느 날 새벽기도회 때 "성령을 받으라"는 제목의 설교를 듣는 중에 자기가 하나님 앞에 엄청난 죄인임을 깨닫고 눈물을 흘리면서 통절한 참회를 하였다. 특히 술에 취한 생활을 한 것과 수요일 예배 때 술 취해서 설교한 죄악을 철저히 회개하였다. 이런 일이 일어난 지 두 달 후에 다시 김익두 목사가 주기철이 출석하던 웅천교회에서 사경회를 인도하였다. 이 집회에서도 주기철은 한없는 은혜를 체험하였고, 하나님께서 자기에게 원하시는 것이 무엇인지를 더듬어 깨닫기 시작하였다. 주기철이 이 집회에서 헌금 5원을 한 것이 《웅천교회 특별연보록》에 기록되어 있다. 김린서 목사는 이 사실을 다음과 같이 피력했다.

> 이때부터 주 목사는 중생하여 새사람이 되어 참 신앙에 들어섰다. ……
> 양심의 사람 주 목사는 회개하기에 심각하였고 믿음에 철저하였다. 성경을 열심히 읽고 열심히 기도하는 중에 하나님의 소명을 받아 성역에 헌신하였다.[25]

때문에 주기철은 김익두 목사를 평생의 은인으로 여기며 살았다.

이런 일이 있은 후부터 주기철은 하나님의 소명에 대한 확신을 가졌다. 지금까지의 생활은 자기중심적인 생활이었으며, 자기의 생각과 판단과 기준에 따라 행동하고 살아왔음을 반성하기 시작하였다. 인간이 세상에 나오고, 살아가고, 죽는 것이 나의 의지와는 상관없는, 전적으로 하나님의 주권에 속한 것임을 어렴풋이 알아 갔던 것이다. 자기가 예수를 믿게 된 것도, 오산학교에서 민족교육을 받은 것도, 연희전문 상과에 들어 갔으나 학업을 계속할 수 없었던 것도 모두 자기의 의지로 된 것이 아니라 절대자이신 하나님의 섭리와 예정 가운데서 이루어진 것임을 차차 깨닫게 된 것이다.

그는 하나님의 소명을 확신하기 시작하였다. 하나님이 자기를 불러 하나님의 종이 되게 하시고 한국 교회의 일꾼으로 부르신다는 점을 재삼 확인해 나갔다. 여기까지 이른 그의 결론은 분명해졌다. 신학교에 가서 신학을 공부하고 목사가 되어 한국 교회와 민족을 위해 일해야 한다는 하나님의 부르심을 확신하게 되었다.

중생 체험과 평양 장로회신학교 입학

주기철은 평양에 있는 장로회신학교에 입학하기로 결심하고 그 절차를 밟기 시작하였다. 신학교에 입학하기 위해서는 출석 교회가 속해 있는 노회의 추천을 받아야 했다. 웅천교회는 경남노회에 속해 있었으므로 자연히 주기철은 경남노회의 목사후보생 추천을 받아야 했다. 주기철은 1921년 12월, 훗날 자신이 목회한 마산 문창교회에서 모인 제13회 노회에서 시험과 면접을 받았다. 그와 함께 시험을 치른 사촌 주기용은 낙방하였고, 주기철은 홍수원, 주정택, 강상은과 함께 합격하여 평양 장로회신학교에 입학하게 되었다.[26] 주기철의 신학교 입학은 한 신학생의 학교 입학이 아니라 한국 교회에 획을 긋는 중요한 의미가 있었다. 그가 신학교를 졸업하고 목사가 된 후 길지 않은 목회생활을 하는 동안, 일제의 거역하기 힘든 신사참배의 강압을 온몸으로 막아서서 저항하다 옥중에서 신앙의 절개를 지키고 순교한 것은 한국 교회사에 길이 남는 기념비적인 사건이다. 따라서 그의 입학은 전적으로 하나님께서 한국 교회를 사랑하셔서 그를 택하여 목사를 삼으시고, 민족 제단의 제물로 삼으시기 위한 원대한 섭리라 해석해야 한다. 주기철은 평양으로 거처를 옮기고 1922년 3월 봄학기부터 신학 수업을 시작하였다.

당시 평양 장로회신학교 선교사 교수들 중 대다수가 북장로교회 출신이었는데, 미국 동부의 명문 프린스턴신학교와 중서부 지방 거점 도시인 시카고의 맥코믹신학교 출신이 많았다. 특히 당시 맥코믹신학교는 보수·정통의 장로교 신학을 고수하면서 가르친 학교였다. 거기서 공부하고 목사가 된 선교사들이 그 신학을 그대로 전수하여 한국 신학생들을 가르쳤으므로 자연히 한국 교회 신학의 구형이 그렇게 형성되었던 것이다. 한국 장로교회의 신학은 선교사들에게 강한 영향을 받아 보수적이고 복음주의적인 신앙으로 구형되었고, 자연히 주기철도 그 신앙을 그대로 전수받았음은 말할 것도 없다. 이 보수·복음적 신앙은 그를 순교에까지 이르게 한 영적 자산이었다.

당시 미국 북장로교회의 해외선교부 총무로 일했던 브라운(A. J. Brown)은 한국에 나온 선교사들의 신앙을 다음과 같이 피력했다.

처음 25년간의 전형적 선교사는 퓨리턴형의 사람이었다. 이 퓨리턴형의 선교사는 안식일을 선교사들이 전해 준 신앙을 지키되 우리 뉴잉글랜드 조상들이 한 세기 전에 행하던 것과 같이 지켰다. 춤이나 담배 그리고 카드놀이 등은 기독교 신자들이 빠져서는 안 될 죄라고 보았다. 신학이나 성경을 비판할 때 이러한 선교사는 강력하게 보수적이었으며 그리스도의 재림에 관한 전 천년의 견해를 없어서는 안 될 진리라고 주장했다. 고등 비평주의와 자유주의 신학은 위험한 이단으로 생각되었다.[27]

이 기록은 한국 교회 선교사들의 신학 사상을 여실히 보여 주는 대목이다. 이 신앙이 한국 교회, 특히 장로교회 신앙의 틀을 형성했던 것이다. 주기철의 신학도 이에 기초하게 된다. 성경에 기초한 철저한 신학 그리고 세상과 타협하지 않는 전통적 교리는, 어떤 유혹과 고난도 극복할 수 있는 신앙적 토대를 굳게 다져 주었다.

전도사 생활

주기철은 2학년으로 진급하던 1923년 봄부터 조사(助事: 지금의 전도사) 생활을 시작한다. 그가 사역을 시작한 곳은 자기 고향 쪽에 있는 경남노회 소속 양산읍교회였다. 양산읍교회는 1906년 4월 호주 선교사 아담슨(A. Adamson, 孫安路)이 전도한 정준모 등 10여 명이 예수를 믿고 북부동(北部洞)의 시정(時停)에서 예배드리고, 그 후 몇 사람이 더 예수를 믿고 남부에 있던 한문사숙(漢文私塾)을 예배당으로 사용하면서 시작한 교회였다.[28] 주기철은 주말이 되면 북쪽 끝에서 남쪽 끝자락까지 내려가 예배를 인도하고 교회를 돌본 뒤 다시 평양에 올라가 수업하는 힘들고 어려운 생활을 하였다.[29]

주기철은 신학교를 다니면서 주목할 만한 일을 수행했다. 그것은 일치를 추구하는 그의 에큐메니즘 정신의 실현이었다. 주기철이 신학교에

주기철은 신학교 2학년으로 진급하던 1923년 봄부터 경남노회 소속 양산읍교회에서
전도사 생활을 시작했다.
양산읍교회 전도사 시절(앞줄 가운데).

입학하고 나서 가장 마음 아프게 생각한 것은 학생들이 지방별로 기숙사에 거주하는 것이었다. 당시 신학교에는 네 동의 기숙사가 있었는데, 이건물들은 한국에 나와 선교하고 있던 네 장로교 선교부(미국 남·북, 호주, 캐나다 장로교회)가 각각 한 동씩을 지어 함경도(캐나다 장로교회), 평안도·황해도·경기도(북장로교회), 전라도·충청도(남장로교회), 그리고 경상도(호주 장로교회) 지방의 학생들이 각각 거주하고 있었다.

한국에 나와 선교하던 네 선교회는 1893년 예양협정(禮讓協定, Comity Arrangement)을 맺었다. 네 장로교회가 구역을 획정하지 않고 선교하면 같은 지역에 중복 사역을 하게 되어 시간과 인력·재력·정력이 낭비된다는 사실을 확인하고는 서로 구역을 나누어 선교하는 선교 구역제를 실시한 것이다. 이 제도는 장로교회뿐만 아니라 감리교회와도 협정을 맺어 장로교와 감리교가 서로 협력하면서 선교하였다. 따라서 같은 지역 출신 사람들이 한 기숙사 건물에서 생활하게 된 것이다.

사회에서나 교회에서나 지역별로 갈라져 서로 갈등을 빚고 있는 것이 현실인데, 신학교 안에서까지 지역별로 나뉘어 생활하는 것이 주기철은 몹시 마음에 걸렸다. 그는 경남노회 목사후보생 시취(試取)를 같이했던 진종학(陳宗學), 강상은(姜商殷) 등과 협의한 후, "우리 한국 사람은 지방별로 파당을 짓는 악습이 있습니다. 그러니 지방별로 기숙사를 만들 것이 아니라 지방별을 타파하고 기숙사를 같이 쓰면서 전교생이 두루 화목하도록 하는 것이 좋겠습니다"라고 나부열 교장에게 진언하였다. 교수회는 이를 좋게 받아들여 신학교에서 지방별 기숙사 제도를 없애고 모든 지방 학생들이 고루 섞여 거주하게 하는 안을 받아들였다. 남쪽과 북쪽 학생들이 친목하는 것이 후에 남·북 화합에 도움이 될 것이라는 것이 주기철의 생각이었다. 주 목사의 이러한 무지역주의·일치정신에 대해 김린서 목사는 "주 목사는 남방 사람으로 평안도 여자(오정모 사모를 지칭함)

와 혼인하고, 평양서 목회하다가 평양에 묻히었으니, 남북 화합의 화신이라 하겠다"[30]고 평했다.

이렇게 학생들이 지방을 구분하지 않고 혼합하여 기숙하게 된 사실이 《장로교회사전휘집》 1922년 신학교 보고란에 기록되어 있다. 주기철이 신학교에 입학하던 바로 그해 1922년의 일이다.

> 지방별로 하던 기숙사 제도를 폐지하고 학년별로 하다.[31]

주기철의 이러한 에큐메니즘 정신은 다른 곳에서도 찾아볼 수 있다. 그가 후에 마산 문창교회에서 목회할 때, 박승명 목사가 스캔들을 일으키고 교회를 분열시킨 뒤 교회를 떠나고도 주기철을 몹시 괴롭혔는데, 주기철은 박승명파의 독립교회와 화합하기 위해 화해와 화목을 강조하는 설교, 형제 사랑의 설교를 계속 선포하였다. 주기철의 이러한 노력이 결실을 맺어 주 목사가 문창교회를 떠날 때쯤인 1936년 1월 27일에 드디어 양 교회 제직들이 연합하여 간친회를 열었다. 문창교회는 교회 예산 10원을 기꺼이 내어 친목을 도모하는 이 모임의 경비를 부담하는 파격적 행사를 성사시켰다. 이런 그의 신학이 오늘 한국 교회에 전수되지 못한 것은 못내 아쉬움으로 남는다.

먼 거리를 오가던 신학교 생활도 끝이 나 1925년 12월, 졸업을 하였다. 오산학교에서도 수석졸업의 영예를 안았는데, 신학교에서도 수석졸업을 하여 졸업생 대표로 답사하는 순서를 맡았다.[32] 우수한 인재들이 많이 모인 신학교에서, 그것도 가장 먼 거리까지 오가면서 공부하던 주기철이 수석을 차지했다는 것은 명석한 머리도 머리려니와 각고의 노력의 결과라 여겨진다.

주기철이 신학교를 졸업하던 해 10월, 국가적으로 주목할 만한 사건이 발생했다. 주기철이 싸워 나가야 하는 원수가 될 조선신궁이 서울 남산에 세워져 준공식을 한 것이다. 이 신궁은 5년 6개월이라는 기간과, 당시 돈 156만 4,852원이라는 거금으로 웅장하게 건조되었다. 이 조선신궁은 전국에 흩어져 건설되던 모든 신사(神社)의 총본산이었다. 신사는 일본을 개국했다는 아마테라스 오미카미(天照大神)라는 태양의 여신을 둔 사당으로, 우상의 본산이었다.

평양에 있던 신학교를 졸업하고 목사로서 목회지를 향해 당당히 나아가는 길목이었던 서울에 이 신사가 완공되어 주기철의 향로를 가로막으려 했다. 그러나 이 우상은 아무리 불러도 "묵상하고 있는지 혹 잠간 나갔는지 혹 길을 행하는지 혹 잠이 들어서 깨워야 할 것인지"(왕상 18:27) 도무지 응답이 없는 허깨비, 죽은 신이었음이 후에 밝혀지게 된다. 이후 주기철은 이 신사와 목숨을 건 투쟁을 해야만 했다. 이 우상의 터 신궁은 해방 후 누군가가 불을 질러 불타 없어졌고, 그 자리에 주기철이 다녔던 평양 장로회신학교의 후신인 장로회신학교가 세워진 것은 하나님의 섭리라 여겨진다.[33]

❀
주기철의 신학교 입학은 한국 교회에 한 획을 긋는 중요한 의미가 있었다.
주기철은 1922년 3월 평양 장로회신학교에 입학하여 1925년 12월, 19회로 졸업을 했다.
졸업 가운을 입은 주기철과 평양 장로회신학교 교수들.

2부

예수를 따르는 양

목사안수와 초량교회 처녀 목회

신학교를 졸업하고 고향으로 돌아온 주기철은 노회에서 강도사(講道師)[1] 고시를 치른다. 1925년 12월 30일 진주 시원여중에서 모인 정기노회에서 요한복음 6장 22-29절을 본문으로 삼아, "신앙은 사업"이란 제목으로 설교하고 강도사 인허를 받았다. 함께 신학교를 졸업한 진종학과 유진성도 이때 같이 강도사 인허를 받았다. 주기철은 강도사 인허를 받고 나서 같은 노회에서 곧 목사안수를 받았다. 경남노회록은 "매삭 봉급 70원으로 금년 졸업생 주기철 씨를 목사로 청빙"한다고 기록했다.

특이할 만한 것은 주기철의 안수식에서 부친 주현성 장로가 기도를 인도했다는 점이다. 아들이 걸어가야 할 고통의 길을 아버지가 기도해 주는 일은 흔치 않다. 이 예식을 인도한 이는 김길창(金吉昌) 목사였는데, 그는 일제 말엽에 친일파 목사로 앞장서서 한국 교회를 친일의 골로 몰아간 사람이다. 이런 사람이 일제에 온몸으로 항거하고 죽음의 길로 갈 순교자의 목사안수식을 집례했다는 것 또한 역설이 아닐 수 없다.

주 장로의 기도 후 박정찬 목사가 이사야 6장 1-8절을 중심으로 "중생한 교역자"라는 제목으로 설교하였다. 회장이 문답을 하고 안수례를 행한 뒤 권면과 축도로 예식을 마치니, 드디어 주기철이 목사가 되었다.

신학교를 갓 졸업한 병아리 목사인 주기철은 부산의 역사 깊은 교회인 초량교회에 청빙을 받았다. 이런 유서 깊은 교회에 청빙을 받아 담임목사로 부임한 것은 예삿일이 아니다. 이는 주기철의 영성이 신학교 재학 시절부터 드러났다는 간접적인 증거일 것이다. 주기철은 1926년 1월 10일 초량교회 담임목사로 취임하였다.

초량교회는 부산 지역에서는 처음으로 미국 북장로교회 선교사 배위량(裴偉良, W. M. Baird)이 1892년 11월에 세운 교회이다. 배위량은 1890년 미국을 출발하여 1891년 1월 29일 부산을 경유, 서울로 올라갔다. 그해 2월 3일 서울에서 모인 북장로교회 선교부에서 부산에 선교 사역을 시작하기로 결의하고 배위량을 부산 지역 선교 사역 책임자로 임명하여 10월 부산으로 내려 보냈다.[2] 배위량은 11월부터 자기 집에서 몇 명의 교인들과 더불어 모였는데, 이것이 초량교회의 효시이다. 그 후 경남 지방이 북장로교회 선교 구역에서 호주 선교부 구역으로 바뀌면서 자연히 초량교회도 호주 선교부 관할이 되었다. 호주 선교사들이 계속 초량교회에서 목회를 하다가 처음으로 한국인 목사가 오게 되었는데, 그가 한득룡 목사이다. 한 목사는 1912년 9월에 부임하여 1913년 11월까지 약 1년간 목회하였다.

한득룡 목사가 김해읍 지역으로 전임하고 나서 1915년 7월 2대 정덕생(鄭德生) 목사가 부임하기까지 약 2년간 초량교회는 목사 부재 상태로 유지되었다. 이 기간 동안에는 선교사들이 예배를 인도하였다. 정덕생 목사는 부산 동래 출신으로 이 지역을 선교하던 호주 선교부 선교사들의 조사로 경남 일대를 다니며 전도하다가 일본으로 유학을 가서 고베신학교에서 수학하였다. 후에 평양 장로회신학교에 진학하여 1915년에 졸업하면서 바로 초량교회로 오게 된 것이다. 정덕생 목사는 애국지사였다. 그는 목회에 착념하면서도 언제나 국가의 안위와 독립을 염두에 두었다. 그의 행적에 대해 총회록은 다음과 같은 기록을 남겼다.

> 초량교회에서 시무하는 정덕생 목사는 지난 2월경에 대정(大正) 8년 제령 위반 피고 사건이라고 평북 중강진(中江律) 경찰서에 압송되어 3천 리의 먼 길을 16 유치장을 거쳐서 50일 만에 무사히 돌아왔는데 비용이 2백여 원이오며……[3]

이 제령 위반 사건은 만주에서 활동하던 독립군 군자금 모금 사건을 말한다. 그는 목회에 열심을 다해 교인수가 40여 명에 불과했던 교회를 250명으로 성장시킨다. 이에 힘입어 1922년 70평 예배당을 1만 3천 원을 들여 신축하였다. 이때가 교회 창립 25주년이었다. 그러나 그의 마음에는 언제나 국가의 안위와 독립에 관한 관심이 떠나지 않았는데, 이런 사실이 은연중 목회에서 표출되었다. 정치와는 무관하게 목회만 하기 원했던 초량교회는 정덕생 목사의 목회에 문제가 있다고 생각해 왔고, 정목사도 교회와 맞지 않아 결국 1925년 초량교회에 사표를 내고 부산진교회로 목회지를 옮겼다.

주기철은 목사훈련의 긴 여정 끝에 드디어 담임목사가 되어 원대한 포부를 가지고 목회 일선에 서게 되었다. 그때 그가 받은 월급은 70원이었다. 비록 신학교 시절 양산읍교회를 섬겼던 경험이 있었다고는 하나, 그것은 어디까지나 신학생으로 주말에 예배 인도를 위해 왕래했던 것이지 정식 목회라 볼 수는 없었다. 그러니 본격적으로 목회를 시작한 것은 초량교회로, 아직 나이도 어리고 경험도 없는 처녀 목회를 시작한 것이다.

주 목사는 처음 목회를 시작하면서 단단한 각오를 품고 기도하며 성령의 은총에 힘입어 교회를 이끌고 나갔다. 그는 교회 안의 몇 가지 해결해야 할 문제점을 우선 점검하고 나서 어떻게 처리해야 할지 기도하면서 지혜를 구하였다. 주 목사가 목회를 시작하면서 역점을 둔 몇 가지는 다음과 같다.

교회 정비와 교육 목회

주 목사는 우선 교회 조직을 정비했다. 그는 장로교회의 근간은 역시 당회에 있다고 판단하고 장로의 수를 늘이기로 했다. 그가 부임할 당시에는 방계성 장로 한 사람밖에 없었는데, 노회의 허락을 얻어 1929년 양성봉(梁聖奉), 강대형, 박윤문을 장로로 세워 네 사람의 장로로 당회를 확장하였다. 이 세 사람 중 양성봉 장로에 대해 김린서 목사는 "양 장로는 그 이래 30여 년 계속 초량교회를 봉사하면서 주 목사의 전통을 지킨다. 그리하여 초량교회, 주기철 목사, 양성봉 장로 세 이름은 서로 분리할 수 없는 이름이 되었다"[4]고 기록하였다.

6·25사변 중 초량교회는 각지에서 피란 온 교우들과 목회자들의 뒷바라지를 열심히 하였고, 대집회도 두 차례 열어 고난 중에 있는 신자들에게 소망을 불어넣어 주었다. 주 목사의 순교정신이 흐르는 교회에서의 집회는 많은 감동을 주었다.

1930년 7월, 그동안 홀로 초량교회 장로로, 그리고 당회 서기로 수고하던 방계성 장로가 전남 광주로 이사를 가게 되었다. 이에 따라 당회 서기는 양성봉 장로가 맡았다.[5]

❀
초량교회는 부산 지역에서는 처음으로 세워진 교회이다. 주기철은 신학교를 갓 졸업한
1926년 1월 10일 초량교회 담임목사로 부임하였다.
초량교회 시절 처가 식구들과 함께(오른쪽 주기철, 안갑수).

주 목사는 교회 활성화를 위해 집사의 수를 늘려 제직회를 확장하였고, 구역 활성화를 위해서 구역을 5개로 나누어 권찰을 임명하여 목회에 원활한 통솔을 기하였다. 요즘에는 권찰은 거의 여자가 맡고 있지만 당시에는 남자에게도 권찰 임무를 맡겨 남녀 구별 없이 구역을 보살피게 하였다. 교회의 구석구석을 살피고 교인들의 생활을 살피는 것은 목회자의 일차적 책임이다. 그러나 목사 혼자 수백 명의 교인들을 다 돌보는 데는 한계가 있으므로 교인 상호 간에 연락망을 구축하여 수시로 교인의 형편을 목사에게 보고하는 체계를 갖춘 것이다. 이는 주 목사가 교인들의 삶에 깊은 관심을 갖고 보살피고 있었다는 객관적 증거이다. 목회자가 모든 것을 장악하고 주관하는 체제에서 책임을 분담하고 협력하는 체제로 전환한 일이었다.

주 목사는 교회교육을 강조한 목회를 하였다. 그가 초량교회에 초빙되어 목회를 시작하면서 단행한 일 가운데 하나는 삼일유치원 설립이다. 이 유치원은 1924년 인가를 받았으나 여러 이유로 개원을 하지 못하다가 주 목사가 초량교회에 온 이후 개원(1930년 5월)하고 주기철 목사를 원장으로 임명하였다. 난로를 설치하는 문제, 유치원에서 쓰는 물을 해결하기 위해 수도를 놓은 일 등 여러 가지 복잡한 일들이 있었지만, 주 목사는 유아교육의 중요성을 알고 있었기에 모든 문제를 하나씩 척결해 나갔다. 당시만 해도 유치원교육은 제대로 인식도, 보급도 안 된 상태였다. 주 목사는 교회에 유치원을 개설하고 유치부 아이들의 교육을 장려하여 1931년 3월 20일 제1회 졸업생 10명을 배출함으로써 기독교교육이 어린이교육부터 시작되어야 함을 인식시켰다.

또한 주일학교교육에도 심혈을 기울여 초량교회의 주일학교를 재정비하여 얼빈병원 지배인인 양성봉을 주일학교 교장에 임명하고 방계성 장로를 장년주일학교 교장에 임명, 교회교육의 틀을 잡았다. 초량교회 주일학교는 배위량 선교사 때부터 시작되었지만 그동안 제대로 틀을 잡지 못하다가 주 목사가 온 후에야 비로소 제 모습을 갖추게 된 것이다. 주 목사는 오산학교와 연희전문에서의 교육, 그리고 평양 장로회신학교에서의 교육을 통해 교육의 중요성을 누구보다 잘 알고 있었다. 교회의 희망은 자라나는 아이들과 청소년들에게 있다는 사실을 모르는 이가 없겠지만 실제로 교회교육에 심혈을 기울이는 목회자는 흔치 않은 것이 사실이다. 1930년부터는 주일학교의 교육 공간이 부족해 예배당과 유치원을 모두 주일학교 교실로 쓰도록 하였다. 여름에는 여름성경학교도 개설하였고, 아동들을 위한 특별 사경회도 개최하였다.[6]

1920년대부터 준동(蠢動)하기 시작한 사회주의·공산주의 사상의 위험을 감지한 주 목사는 이에 대한 주의를 환기시켰다. 1935년 2월 〈종교시보〉에 기고한 글은 교회학교 교육에 대한 그의 철학적 단면을 보여 준다.

> 오늘 세계는 아동 쟁탈전을 하는 세상이다. 교회의 목사는 종교교육을 위하여, 주일학교 사업을 위하여 얼마나 열중하는가? 종교교육을 담당하고 있는 자에게 대하여 큰 기대를 갖고 있는 것이다. 그러므로 교직자는 저들을 후원하고 힘써 도와야 할 것이다. 저 사회주의자들의 선전은 놀랄 만하다. 말로 글로, 들과 공장으로, 회사로, 학교로 다니며 주야 활동한다. 욕을 해도 또 나와서, 감옥에 갇혀도 또 나와서, 핍박해도 또 나와서, 죽어도 선전한다. ……그러므로 청소년 전도 문제를 등한히 보지 못할 것이다.[7]

주 목사는 사회주의자들의 열성을 지적하면서 교회교육에 힘을 쏟지 않으면 그들의 사상에 감염될 것을 경계하고 있다. 목사들이 교회교육에 힘쓰고 일선에서 일하는 이들을 격려하고 후원해서 아동들이 잘못된 사상에 물들지 않도록 기독교교육을 든든히 세울 것을 역설하였다.

1929년 정월 초하루부터 교회 직분자들과 주일학교 교사들을 새벽기
도회에 일주일씩 참석케 하여 영적 훈련을 하고 그들에게 사명감을 고취
시켰으며 충성하도록 격려하고 일깨워 주는 일을 하였다. 또한 성인(成人)
교육과 인재양성에 힘을 다해 경남성경학교, 진주성경학교 등지에서 계
속 후진 양성에 힘을 쏟아 그의 제자들 중에 걸출한 인재들이 많이 나왔
다. 사랑의 사도 손양원(孫良源), 소련 사령부에서 공산당의 죄악을 지적하
다가 순교한 이정심(李淨心), 한국장로교회 전도부장이자 김익두 목사의
수제자로 팔도강산을 주름잡던 부흥사 전재선(全載善), 진리 사수로 신사
참배 거절 끝에 옥고를 치른 한상동(韓尙東) 등이 경남성경학교 출신이다.

주 목사는 손양원이 경남성경학교에 다닐 때 "우리나라는 작은 나라
이나 종교의 위대한 인물이 날 터이니 군은 성자들의 전기를 많이 읽어
그 사람 되기를 준비하라"[8]고 격려하였는데, 손양원은 스승의 말씀에 의
지하여 결국 순교자의 반열에 섰으니 그 선생에 그 제자였다.

상부상조, 권징과 치리 목회

주 목사는 교인들이 서로 돕는 상부상조 목회에 착념했다. 목회에서
중요한 사안 가운데 하나는 경조사(慶弔事)이다. 좋은 일이 있이 있으면
다들 좋아하지만, 상(喪)이 나면 모두가 어려워한다. 특히 상을 치를 만한
돈이 없는 빈한한 가정에 상이 났을 때는 교회로서도 난감한 일이 아닐
수 없다. 주 목사는 개인적으로 이미 두 번이나 상을 당한 경험이 있었
다. 그는 1928년 셋째 아들 영묵이가 홍역으로 세상을 떠나는 모습을 속
절없이 바라보고 있어야 했다. 아들만 셋을 내리 낳고 귀여운 딸이 태어

나기를 소망하던 주 목사에게 1930년 어여쁜 딸이 태어남으로써 아들을 잃은 슬픔을 그나마 달랠 수 있었다. 주 목사는 그 딸의 이름을 오빠들의 항렬에 따라 영덕(寧德)이라고 지었다.

하지만 한창 재롱을 부리던 영덕이 두 살이 되기도 전에 병을 앓다가 죽었다. 주 목사는 또다시 괴로움을 겪어야만 했다. 마르틴 루터가 죽어 가는 딸 막달레나를 안고 슬피 울면서 통곡했던 것같이, 주 목사 역시 죽어 가는 딸을 안고 슬픈 눈물을 흘릴 수밖에 다른 도리가 없었다. 자식을 둘씩이나 먼저 보내야 하는 아비의 쓰라림을 당해 보지 않은 사람은 어찌 가늠이나 할 수 있으랴!

이런 어려움을 당하는 교인들을 위해 십시일반 조금씩 돈을 모아 저축하였다가 서로 돕는 호상계(互相契)를 조직하자는 안이 들어오자 주 목사는 이를 좋게 여기고 제직회에 안건을 제출하였다. 모든 제직이 이를 호의로 받아들여 호상계를 교회적으로 조직하였다. 특히 장례를 위해 제직회 안에 장례위원회를 구성하기로 하고 장례식 때마다 쓰는 상여를 마련하기 위해 1930년 6월 22일 주일에 연보를 실시하였다.

> 교회 교인 중에서 상여 일체를 신설하기 위하여 교인 일동이 연보하기로 하고(1930년 6월 22일) 이를 위한 위원에 박윤문, 조윤환, 양성봉 씨가 선출되어, 이 위원들이 상여를 신설하는 일 일체를 맡아서 했다. 그런데 초량교회에서 마련한 비품인 이 상여를 다른 교회가 사용을 요청할 때는 임대료를 5원으로 하기로 하였다(1930년 10월 2일).[9]

1930년 7월 27일 상여위원을 임명하고 염, 입관, 발인, 매장까지 책임지도록 하여 장례의 규례를 만들어 준수토록 하였다. 이 상여는 16세 이상만 사용케 하고 극빈자의 장례비 일체는 교회가 전액 부담하도록 조치하였다. 주 목사는 장례의 중요성을 깨닫는 목회를 하면서 죽음이 곧 삶으로 연결된다는 깊은 의미를 반추하고 있었다.

교인들 중 어려움을 당한 교인이 있으면 교회는 이들을 돕는 데 주저하지 않았다. 교인 중 강선기 씨가 수일 전부터 가환(家患)으로 심히 어려움을 당하고 있어서 교회에서 쌀 한 말을 부조하기로 했다는 기록도 남아 있다.[10]

주 목사는 권징과 치리목회에 힘썼다. 개혁교회의 3대 원리는 말씀, 성례, 권징이다. 한국 교회는 초기부터 권징을 말씀이나 성례 못지않게 중요시하였고 또 실천해 왔다. 1912년 장로교회가 총회를 창립할 때 평북노회만 해도 치리자의 수가 300건이 넘었다는 보고를 볼 수 있고,[11] 이어지는 총회록을 보면 매년 각 노회에서 책벌, 해벌한 자들의 수가 다수 있음을 볼 수 있다.

주 목사가 소속되어 있던 경남노회도 예외는 아니어서 치리와 권징을 엄격하게 시행한 기록을 엿볼 수 있다. 예를 들면, 1917년 경남노회가 장로회 제6회 총회 시에 보고한 내용 중 "신앙과 정치에 위반됨으로 책벌받은 교인이 85인, 출교인이 110인"[12]이라는 기록이 나오고, 1919년 3·1운동이 일어나던 어려운 때에도 책벌 151명, 출교 26명, 1920년에도 책벌 90명, 출교 35명, 도합 125명을 치리하고 있음을 보여 준다.

주 목사는 이렇게 엄격한 훈련을 하는 노회 분위기 속에서 목사후보생으로서 훈련을 받았다. 그가 목사가 된 후에 엄격한 치리를 주저하지 않았던 것은 경남노회의 분위기와 상관관계가 있다고 보아야 할 것이다.

주 목사는 초량교회에서 교회법을 어긴 교우들을 엄격히 치리하여 교회의 신성을 지켜 나가려 애썼는데, 이는 교회의 규율을 엄수하는 것에서 출발하였다. 주 목사 재임 당시 초량교회 당회록에 의하면 '불신자와 혼인'한 이유로 책벌을 받은 경우가 가장 많았고, '장기 결석', '간음',

'목사의 허락 없이 안수기도 하는 행위' 등의 이유로 치리를 받았다.

권징에는 책벌과 출교 두 가지가 있었고, 책벌의 기간도 무기한, 1년, 6개월로 구분되어 있었다. 또 교회 앞에 책벌을 공적으로 공고하는 경우와 본인에게만 통지하는 경우가 있었다. 일반적으로 책벌을 받게 되면 성찬식에 참석할 수 없고 공동의회에도 참석할 수 없었다. 간통을 한 경우는 무기한 책벌이 대부분이요 불신자와 혼인한 사람은 1년간 책벌, 회개하면 6개월로 하였다. 최고의 징계로는 출교 처분이 있었는데, 이는 교인명부에서 영구히 제명하는 것이었다. 경우에 따라서는 교회에서 행한 학습이나 세례 자체를 무효화하기도 했다. 시간이 지나면 해벌을 하기도 했는데, 이것도 공적으로 공고하였다. 초량교회가 행한 책벌 사례 몇 가지를 들면 다음과 같다.

> 김말봉 씨는 믿지 않는 자와 혼인함으로써 1년간 책벌하에 두기로 오는 주일에 광고하기로 한다(1926년 3월 20일).
>
> 김용이 씨가 병자를 위하여 안수기도를 한다고 하는데 안수기도 못하도록 권면한다(1927년 8월 6일).
>
> 아래 29인은 다년간 종적이 없고 낙심된 자도 많으므로 세례인 명부에서 제명하기로 한다. 김용진, 전석순……(1930년 12월 20일).
>
> 신덕주 씨는 책벌받은 지 여러 해가 되었으나 교회를 향해 모진 욕을 그치지 않아 출교하기로 한다(1930년 12월 2일).[13]

주님의 몸 된 교회를 누구보다 사랑하였고, 교인 한 사람 한 사람을 자기 가족과 같이 사랑했던 주 목사가 어떻게 그 많은 권징을 계속해서 시행했는지 의문을 갖는 사람도 있을 수 있다. 그러나 그는 양떼를 사랑하면 할수록, 잘못된 길로 나아갈 때에는 그들의 영혼의 강건을 위해 매를 때려서라도 옳은 길로 인도하는 것이 참 목자의 일이라 여겼다. 불법한 자를 방치하면 결국 온 교회를 해치는 무서운 결과를 초래하기 때문이기도 했다. 목회자는 눈물을 머금고 스스로 뼈를 깎는 고통을 당하면서도 양들을 징계해야 함을 보여 준다. 치리의 목적은 처벌이 아니라 회개의 기회와 진리 수호라는 분명한 명분이 있었다.

초량교회 시절 주 목사의 청빈한 삶의 면모를 볼 수 있는 한 가지 사건이 있다. 1920년대 말부터 불어 닥친 전 세계적인 경제 공황으로 인해 한국의 경제도 말이 아닐 정도로 타격이 심했다. 그렇지 않아도 일제에게 농업, 수산업, 광업, 삼림을 비롯한 모든 자원을 수탈당하던 시절에 세계적 경제 공황은 한국인들의 삶을 더욱 옥죄기 시작하였다. 교인들의 삶이 어려워지자 이는 곧 교회 재정의 곤란으로 이어졌다. 교회 역시 매년 말이 되면 이듬해의 예산을 책정하는데, 1930년 말 주 목사는 세계의 불경기로 인해 어려움이 극심한데 교역자 된 사람이 전과 같은 봉급을 받는 것은 양심상 불안하다면서 지난해 자기가 받던 월급 70원을 60원으로 삭감하고 전도부인(여전도사) 봉급도 35원에서 30원으로 정하되 불경기가 지나면 다시 의논하자고 제안하였다. 제직들은 이 제언을 듣고 감격해하면서 의논한 결과 봉급 인상을 일단 보류하고 당분간 지난해 봉급대로 드리기로 결정하였다.[14] 당시 주 목사 나이 33세의 연소한 때였지만, 교회를 생각하는 마음과 목회자가 가야 할 길이 무엇인지를 극명하게 보여 주는 대목이다.

노회와 총회 봉사

초량교회 목회 시절, 주 목사는 노회와 총회 일에도 적극 협력하였다.

주기철이 목사가 되어 목회를 시작한 지 불과 반년도 안 된 상태에서 그는 1926년 7월 총대로 선출되어, 그해 9월 평양에서 모인 제15회 총회에 경남노회 총대로 출석하였다. 이는 당시에 인물이 없었다는 의미일 수도 있지만, 그의 목회적 역량을 인정한 것이라 해석하는 것이 더 바람직할 것이다. 이 총회에서 그는 노회록 검사위원에 배정되어 평북 의산노회록 검사 임무를 맡았다.[15]

주 목사는 또한 경남노회의 부노회장으로 두 번 선임되었다. 목사가 된 지 불과 2년밖에 안 된 1928년 1월 3일, 부산진교회에서 개최된 제24회 노회에서 그리고 1930년 6월 9일 항서교회에서 개최된 제28회 노회에서 각각 부노회장으로 선임되었다.[16]

1928년, 주 목사는 평소 존경하던 서울 승동교회 김영구(金永耉) 목사가 별세했다는 소식을 듣게 된다. 김영구 목사는 서울 출생으로 일본 고베신학교를 마치고 1920년부터 서울 승동교회에서 시무하였다. 그는 가난한 사람들을 위한 목회를 하면서 고아와 과부 그리고 고학생에게 자비를 털어 도움을 주는, '종로의 성자'로 불리던 목사였다. 김 목사의 부음을 듣고 주 목사는 그를 애도하는 글을 〈기독신보〉에 게재하였다. (이 글은 부록에 실려 있다.) 일제와 무서운 싸움을 벌여야 하는 시점에 김영구 목사같이 존경하는 선배가 먼저 간 것은 주 목사에게 아픔이요 아쉬움이었다.

주 목사는 1926년 정월에 초량교회에 부임하여 6년여의 세월 동안 은혜롭게 처녀 목회를 하였다. 그가 부임할 당시 초량교회는 교인이 200명 남짓한 중간급 교회였다. 그러나 주 목사가 6년간 혼신의 힘을 다하여 목회한 결과 교세가 배가 되어 400명에 이르렀다. 무질서하고 틀이 잡히지 않았던 교회가 주 목사의 목회에 의해 안정되고 체계가 잡혀 교회로서의 면모를 갖추게 된 것이다.

이즈음 주 목사를 향한 하나님의 또 다른 뜻이 움직이기 시작하였다.

이는 그를 새롭게 연단하기 위한 작업이었다. 같은 경남 지방의 마산 문창교회는 많은 문제를 안고 있었다. 문창교회를 담임한 박승명 목사의 여자문제로 인해 교회가 분열하는 아픔을 겪은 후 함태영 목사가 2년, 이수현 목사가 1년 반 목회하고 교회를 떠나 분열의 상처 등 해결해야 할 문제가 산적해 있었다. 이런 가운데 주 목사는 1931년 6월 21일 제직회에 초량교회 사임 의사를 전했다. 마산 문창교회가 상당히 어려운 가운데 있으므로 주 목사가 가서 수습하는 것이 좋겠다는 노회 내의 어른들의 말씀을 수용한 것이라 했다. 초량교회 제직회록에 기록된 내용은 다음과 같다.

> 목사 주기철 씨가 말하기를 마산교회는 이수현[17] 목사의 사면 이후로 교회 형편이 심히 어려워, 노회의 원로목사 여러분이 말씀하기를 주기철 목사가 아니면 마산교회는 치리할 수 없다고 하여, 오랫동안 기도하고 생각하여 마산교회로 가는 것이 하나님의 뜻이라 생각하고 사임하고자 하니, 모든 교인들이 통곡의 눈물을 흘리면서 사임을 거두라 하나 끝까지 고집하면서 하나님의 섭리만 존중하라 하고……[18]

온 제직과 교인들이 눈물로 만류했지만 주 목사의 의지는 굳어만 갔다. 하나님의 부르심이라는 것이었다. 그는 도리어 교인들을 설득했다. "문창교회는 초량교회보다 작은 교회다. 문창교회는 초량교회보다 소도시에 있는 교회다. 초량교회는 평온한 교회지만 문창교회는 문제가 많은 교회다. 이런 교회에서 부르는데 이것은 하나님의 부르심이다. 나는 하나님의 부르심에 응답해야 한다." 이것이 그의 사임의 변이었다.

《초량교회 100년사》에는 주 목사의 이임에 대해 다음과 같은 기록이 있다.

교인들이 눈물을 흘리며 유임을 요청했으나 주 목사는 십자가를 지는 목회자의 본연의 길을 택하기로 작정했으니 도리 없었다. 이런 사실을 알면서 그들이 자신들의 입장만 고집할 수는 없었다. 교역자는 어느 한 교회의 목회자가 아니요 주님의 종이기 때문에 이 세상 어느 곳인들 주께서 원하시는 곳이라면 가야 하므로 인간적인 감정을 버려야 했다.[19]

초량교회 교인들은 아쉬운 마음이었으나 주님의 부르심을 받고 떠나는 주의 종이 길을 가로막지 않는 성숙한 모습을 보여 주었다. 1931년 주 목사는 6년 반 목회하던 부산 초량교회를 떠나 마산 문창교회에 부임하였다.

문창교회 부임

주 목사가 목회한 마산 문창교회의 본래 명칭은 마산교회이다. 마산교회는 선교사 합동공의회 시대인 1901년에 시작되었다. 당시 마산 지역에는 두 교회가 있었다. 첫 교회는 이 지역을 맡아 선교하던 아담슨에 의해 1901년 시작되었고, 다른 하나는 선교사 로스(C. Ross, 盧世永)에 의해 세워졌다. 이 두 교회는 1903년 3월 19일에 병합하여 마산교회로 출발하였다.

마산교회는 1909년 직분자들을 택했고, 1912년 장로를 선임하여 당회를 조직했다. 제2회 경상노회가 1912년 3월 대구 남문내교회에서 모였을 때 이 교회 최경호 씨가 장로 문답에 통과하였고, 이어 동년 3월 17일 장로장립을 하였으며, 3월 19일 제1회 당회를 아담슨 목사 댁에서 모였다. 이때 참석자는 아담슨 목사, 왕대선 목사, 최경호 장로 3인이었는데, 당회장은 아담슨 목사, 서기는 최경호 장로가 맡기로 하였다.[20] 하지만 장로가 한 사람밖에 안 되어 완전한 당회가 구성되지 못하다가, 1914년 1월 이승규, 이어 1916년 1월 손덕우가 장립하여 3인의 장로로 완전한 당회가 구성되었다.

1907년 평양 장로회신학교 제1회 졸업생이 배출됨에 따라 선교사들이 목회하던 시대를 지나 한국인 목사들이 각지에서 목회를 시작하였다. 제1회 졸업생인 한석진 목사가 1916년 4월 마산교회에 부임하여 1919년까지 목회하였다. 한석진 목사 재임 중 괄목할 만한 일은 예배당 신축이었다. 한 목사는 "선교부의 도움을 받지 말고 우리의 힘으로 예배당을 짓자"고 강력하게 권고하였다. 이에 따라 교인들이 힘껏 헌금하여 만 6천 원이라는 건축헌금이 모였고, 무학산 석재를 사다가 석조 건물을 지어 한국에서 처음 지은 석조 예배당이 되었다. 그리고 1919년 11월 30일, 새 예배당 입당과 동시에 교회 이름을 '마산교회'에서 '문창(文昌)교회'로 바꾸었다. 마산의 옛 이름인 문창을 사용한 것으로 보인다.[21]

여러 어려움 속에서도 착실히 성장하던 문창교회는 소위 '박승명 사건'이라고 불리는 복병을 만나게 된다. 1919년 한석진 목사가 사임한 뒤 후임으로 박정찬 목사가 부임했는데, 이때 평양에 있던 박승명 장로를 조사로 청빙했다. 교회는 박 조사에게 신학을 공부할 수 있도록 조치하였고, 박 조사는 평양 장로회신학교에서 수업을 마친 뒤 목사안수를 받았다. 박정찬 목사 후임으로 문창교회의 청빙을 받은 박승명은 1925년 1월 9일 위임식을 거행하였다. 박승명 목사는 목회를 시작한 지 채 2년이 못 되어 당회에 사임서를 제출하였다. 문창교회 역사는 박 목사에게 자신의 문제를 확대하지 않고 빨리 수습하려는 의도가 있었다고 기록하고 있다.[22]

사건의 발단은 박승명 목사의 여자문제를 한 여자 교인이 퍼뜨린 데서 비롯되었다. 예나 지금이나 이런 스캔들은 확실한 물증이 없는 한 그것이 사실인지 아닌지는 하나님과 자신밖에 모르는 일이지만, 일단 소문이 나면 설령 그런 사실이 없다 해도 있었던 일로 기정사실화되는 것이 일반적이다. 소문이 나자 박 목사는 이 문제를 조용히 해결하기 위해 노회에 사임서를 제출하고 결국 사임하였으나, 교회 안에는 목사 지지파와 반대파가 나뉘어 분쟁이 일어났다. 당회가 분쟁에 앞장선 사람들을 치리하자, 치리를 당한 사람들은 계속 문제를 일으키다가 결국 새로운 교회를 만들었다. 그러나 예배당 쟁탈전이 벌어져 3년 동안이나 교회가 혼란을 겪다가 자치파가 예배당을 건축하고 나서 일단락되었다.

박승명은 자신의 문제를 묘하게도 지방색과 연결하여 자신이 서북지방 사람이라 경상도 사람들이 배척한 것이라고 주장하면서 노회를 맹비난하는 문서를 돌려 이 문제를 총회에까지 끌고 갔다. 김린서 목사는 박승명에 대해 한국 교회 "남북 싸움의 발단자"라고 지적하였다.[23] 박승명의 결말은 비참했다. 그는 해방 이후 남산에 가마니를 깔아 놓고 사주팔자를 봐 주는 자로 전락하였다고 하는데, 그의 마지막을 아는 사람이 없다. 목사도 인간이기에 실수할 수 있다. 그러나 그 실수를 통절히 참회하고 하나님께 돌아와 겸손히 새롭게 주의 일을 하면 그 죄악도 모두 사해지고 잊히게 마련이다. 그러나 자기변명과 타인 매도로 나서면 그 결말은 비참하게 끝나게 되어 있는 법이다.

교회가 이렇게 분란을 겪으며 어려움에 빠져 있을 때 함태영 목사가 1927년 12월 문창교회에 부임하였다. 교회 분규를 해결하기 위해 총회가 특별위원회를 조직하였는데 함태영 목사가 그 위원 중 한 명으로 교회 내의 사정을 잘 알고 있었기 때문이다. 또한 이렇게 어려운 교회의 뒷수습을 할 이는 유능하고 강직한 분이어야 한다는 공감대가 당회와 총회 특별위원회에 형성되어 그를 추천한 것이다.[24] 함 목사는 어지럽던 교회를 잘 정돈하고 바르게 세운 후 약 2년간의 목회를 마치고 서울 연동교회의 청빙을 받아 1929년 10월 서울로 올라갔다.

함 목사 후임으로 이수현 목사가 1930년 1월 부임하였다. 이 목사는 부임 후 교회 내의 여러 문제를 정비하고, 특히 교육에 관심을 갖고 교육 목회에 전념하였다. 또한 교회의 여러 조직을 잘 가다듬고 체계를 세워 교회의 틀을 다잡아 놓았다. 그는 가정 형편상 문창교회에 부임한 지 1년 반 만인 1931년 5월에 사임하였다. 그의 사임 이유는 구체적으로 나타나 있지 않다.

주기철 목사는 이수현 목사의 후임으로 문창교회에 왔다. 이수현 목사 사임 후 맹호은 선교사가 임시 당회장으로 후임 목사 인선위원을 택하고 1931년 7월 5일 공동의회를 소집하여 주기철 목사 청빙을 결의했다. 주기철은 문창교회 5대 목사로 부임했는데, 주 목사 부임 당시는 함태영 목사와 이수현 목사가 혼란한 교회를 어느 정도 수습한 뒤라서 교회의 분란이 당장은 없었으나 그래도 교인들 간에 아물지 않은 상처가 수면 아래 잠복하고 있었다. 주 목사는 교회에 부임한 뒤 교회의 내부 정리를 하기 전에 먼저 외형 정비에 들어갔다.

교회 정비

주기철은 부임 후 우선 예배당 정비를 시작했다. 예배당에서 가장 중요한 부분은 강대(講臺)이다. 강대에서 예배가 인도되고, 말씀이 선포되고, 성례가 집행되기 때문이다. 주 목사는 가장 먼저 강대를 개조하기로 결의하고 실천에 옮겼으며,[25] 찬양대석을 설치하여 찬양대가 따로 앉을

1931년 8월 마산읍교회(마산 문창교회)에 부임한 주기철은 1936년 7월까지 시무하였다.
마산 문창교회 제직들과 함께.

수 있도록 조치했다. 다음으로는 예배와 모임 때 사용하는 전등을 전반적으로 수리하여 조명을 더욱 밝게 했다. 헌금을 받는 그릇을 새롭게 제작하는 것이 좋겠다고 판단하여 제직회에서 의논하고 새로 제작하였다. 다음으로 예배당 현판을 새롭게 만들어 깨끗하게 바른 위치에 달았고, 예배당 머릿돌을 개수하였고, 정문과 후문을 수리하여 새로운 모습으로 깨끗이 정비하였다. 또한 교회에서 사용하는 우물에 펌프를 설치하여 물을 쉽게 쓸 수 있도록 하였다. 예배당 정문은 주일과 수요일에만 열고 다른 날은 닫아 두어 예배당에 아무나 함부로 드나들지 못하게 하여 신성성을 유지하려 했다. 예배당뿐 아니라 사택의 수리도 시작하여 중문을 설치하고 주방을 새롭게 수리하여 편리하게 만들었다.

여기서 우리는 주기철 목사의 순교 신앙의 원천이 내면적인 것에 국한한 것이 아니고 외형적인 면에도 결코 소홀하지 않았던 데서 왔음을 볼 수 있다. 신앙은 단순히 열심히 기도하고 성경 읽고, 전도하고, 봉사하는 것으로 끝나는 것이 아니고 외형적인 예배당에 대한 관심과 정성도 겸해야 한다는 교훈을 얻게 된다. 어떤 목사의 목회가 바르게 되고 있느냐 하는 것은 외형적 예배당은 물론 예배당 내의 관리 상태가 제대로 되어 있느냐 하는 것으로도 판단할 수 있다. 성전을 바르게 관리하지 않는 목사가 교인들의 신앙을 바르게 지도할 수 없다는 사실은 자명하다.

예배당 외형을 잘 정리한 후 주 목사는 교회 내의 행정적 정리를 시작하였다. 우선 교회 직원 선출 방법을 개선하였다. 지금까지는 서리집사로 임명할 만한 사람을 당회에서 선정하여 발표하였다. 그러나 주 목사는 교인들의 의사를 존중하여 교인들이 직접 선출할 수 있도록 당회가 배수 공천하여 선출하는 민주적 절차를 밟게 했다. 제직회를 강화하여 서기, 회계, 부서기, 부회계를 두었고, 부서도 비품위원, 수리위원, 서무위원 등을 두어 함께 일하게 하였으며, 집사 시무 서열을 제1반 남녀, 제

2반 남녀로 나눠서 체계화하였다.

주 목사 가족들을 교인 명부에 기재하는 것도 목사 가족이니까 자동으로 기재하게 한 것이 아니고, 가족 한 사람 한 사람을 당회에 제시하고 당회의 결의를 거쳐 등재토록 하였다. 비록 사소한 것이지만 교회 안에서 목사의 특권을 없앤 모본이다. 타지로 이사를 가게 된 교인에게는 반드시 이명증서를 써 주고 이사 간 지역에 있는 교회에 제출하여 교인으로 등록하여 신앙생활을 할 수 있도록 했다.

교회 헌금을 바르게 관리하기 위해 각 구역에 영수 회계를 두어 헌금이 추호라도 잘못 관리되거나 오용되지 않도록 철저를 기했다.[26] 교회 직인(職印)도 만들어 교회 공식 문서에 직인을 찍도록 조치하였다. 예배당 게시판을 설치하고 교회의 여러 가지 알림 사항은 게시판에 게시하여 교인들이 두루 알 수 있도록 하였다. 무엇보다 교회의 역사를 정리하고 후세에 남기기 위해 교회의 연혁을 만들기로 하고 이를 위한 위원을 선정하였다. 주 목사의 역사의식을 읽을 수 있는 대목이다.

이런 일련의 개혁 조치는 교회의 기강을 바로 세우고 교인들이 신앙에 철저를 기하게 하여 교세 확장에도 적잖은 영향을 주었다. 1933년 정월 첫 주일 주보를 300매 인쇄키로 결정한 것을 보면 그가 부임해 온 지 1년 반 만에 교회의 상처가 치유되고 교회가 성장한 것을 알 수 있다. 1931년 11월 15일 주일 성찬식에 144명이 참석하였는데 1년 후인 1932년 11월 13일 성찬식에는 약 200명이 참석했다는 기록이 있다. 이는 교회 성장의 모습을 확연히 보여 준다.

주 목사는 교회 내외의 정비를 어느 정도 마친 후 교인들의 내면을 새롭게 하기 위한 작업에 착수했다. 먼저 교인들의 영적 쇄신을 위해 사경회를 개최하여 흐트러진 마음을 정돈했다.

교육·치리 목회

주기철 목사는 초량교회에서 그랬던 것처럼 문창교회에서도 주일학교 교육에 역점을 두었다. 유년이나 장년을 막론하고 성경을 제대로 배워야 바른 신앙을 갖게 되고 바른 신앙을 가진 사람만이 어떤 어려움이나 마귀의 유혹을 이길 수 있다는 확신을 가졌던 것이다. 먼저 여러 곳에 흩어져 있던 주일학교 지부를 축소하고 단일화했으며 주일학교 교사도 강화하여 유년부에 25명의 교사를, 장년부에 13명의 교사를 임명하였다. 장년부 교사에는 부인 안갑수와 후에 주 목사의 후처가 된 오정모 선생도 포함되어 있었다.[27]

주 목사는 교회학교 교사들을 적극 후원하고 도와 교회 내의 주일학교가 활성화되었다. 유년부로부터 중등·대학·장년에 이르기까지 교회교육을 원활히 하는 것이 교회의 장래를 기약하는 것이고, 교회 성장의 기초가 된다는 사실을 직시하고 있었다. 주 목사가 주일학교교육을 얼마나 중요시했는지는 당시 조선주일학교연합회 간사 허봉락의 식비를 문창교회가 담당하기로 한 것에서도 엿볼 수 있다. 주 목사는 한국 전체 교회의 주일학교교육에도 관심을 갖고 후원했던 것이다.[28]

주일학교교육의 효율을 기하기 위해 주 목사는 교육관 건축을 시도하였다. 1932년 10월 2일 제직회를 소집하고 교육관 건축 기성회를 조직하였다. 이 일을 홍보하고 관심을 모으기 위해 그는 발기취지문 500매, 연보 방법 500매, 연보 약정서 200매 등을 인쇄하여 배포하고, 교회 각 부서 간부들을 소집하여 연합 간담회를 가졌다. 주 목사가 발기위원회 회장이 되어 취지를 설명하고 헌금을 하여 6천5백 원이 약속되었다. 이 건축은 주 목사가 문창교회에 재임하는 동안 완성되지 못하고 그가 평양으로 떠난 후에 완공되었다. 208평 목조 2층의 단아한 건물은 영사실까지 갖춘, 당시로서는 전국 최고 수준의 교육관이었다. 주 목사의 교육에 대한 관심과 배려가 이런 좋은 교육관을 낳았다.

주 목사의 추상같은 신앙심은 기독교 신앙의 오염과 변질을 극도로 경계하였다. 이는 교인들의 신앙생활 건전화로 이어져 바른 신앙생활을 할 수 있도록 유도하는 첩경이 되었다. 주 목사는 초량교회에서 그랬던 것처럼 교회법을 위반하고 문란한 행위를 한 사람들을 권고하고 이를 듣지 않으면 교회법에 따라 문책하였다. 제직회록에 보면, 적지 않은 사람들이 교회법을 어기고 당회의 권고를 받아들이지 않아 치리받은 사실이 기록되어 있다.

한번은 유년부 교사 간담회를 진행하는데, 어떤 사람이 당회원들에게 불손한 언사를 했다. 주 목사는 이는 교회법을 어기는 것이기 전에 교회 지도자와 어른들에 대한 올바른 태도가 아니라고 그를 책망하였다. 또한 교회에 와서 기도하는 것은 바람직한 일이지만 젊은 남녀가 밤에 예배당 불을 켜지 않고 어두운 데서 기도하는 것은 도덕상 좋은 일이 아니라며 금지 명령을 내렸다. 그럼에도 불구하고 소년면려회 지도자 한 사람이 여회원들과 한방에서 오래 기도한 일이 여러 번 있자 당회는 덕을 세우는 데 좋지 않으므로 금하라고 경고했다. 하지만 이에 불응하고 계속하자 소년면려회 지도자, 주일학교 교사, 찬송 인도를 못하도록 조치하였다.

요즘에는 별 문제를 삼지 않는 불신자와의 결혼으로 인해 책벌한 일도 여러 번 있었다. 한국 교회의 전통은 믿는 사람은 믿는 가정의 사람과 혼인하는 것이었다.[29] 불신 가정의 사람과 혼인을 하면 자칫 신앙을 잃을 수 있고 신앙이 가정불화의 원인이 될 수 있기 때문이었다. 문창교회는 불신자와 혼인한 한 사람을 권찰직에서 해직하고 6개월간 책벌하였으며, 간음한 사람에게는 무기책벌, 학습명부에서 삭제, 1년간 책벌 등을 내리기도 했다. 엄격한 치리는 일벌백계(一罰百戒: 한 사람을 벌주어 백 사람을 경계한다)로, 뭇 교인들에게 교훈을 주어 누구든지 교회법을 어기면 벌을 받게 된다는 사실을 주지시키려는 목적도 있었다.

경남노회장 피선과 이단 척결

주기철 목사는 1932년 1월 5일 밀양읍교회에서 개최된 제31회 경남노회 정기회에서 노회장으로 피선되었다. 이미 1928년 1월에 부노회장으로 피선된 일이 있었고, 2년 후인 1930년 다시 부노회장에 선임되었었다. 따라서 노회장을 할 순서가 되었던 것이다. 노회 내에는 그의 영력과 목회에 대한 소문이 이미 나 있었던 터라 노회장 선임은 자연스러운 일이었다.

주 목사는 노회장에 선임된 후 노회 내의 여러 업무를 처리하는 데 심혈을 기울여 한 가지씩 정리해 나갔다. 특히 노회 내에 어려운 문제가 하나 있었는데, 신진리파 이단 사설 문제였다. 신진리파는 최태용(崔泰容)이 일본 유학 시 우치무라 간조(內村監三)의 무교회주의 신학의 영향을 받고 귀국하여 시작한 이단 사설이었다. 최태용은 순육론(純肉論)에 근거하여 다음과 같은 이단설을 주창하였다.

1. 예수는 육(肉)이다. 소위 순육설(純肉設), 그러나 이 육은 하늘에서 내려온 육이다.
2. 현대인이 성신의 은사를 받아서 글을 쓴다면 그것도 성경이다.
3. 십계명은 불필요한 것이다.[30]

이는 첫째로 예수의 신성을 부인하는 것이요, 둘째로 성경을 성령의 감동으로 사도들과 그 제자들이 쓴 것에 한정하는 교회의 법을 부인한 것이고, 셋째로 하나님의 명령인 십계명을 부인함으로써 기독교의 근간을 흔드는 이단을 주창한 것이다.

그런데 최태용의 이런 사상을 백남용(白南鏞)이 일본에서 유학하고 돌아와서 퍼뜨리고 다녔다. 경남 지방에서는 1931년 평양 장로회신학교 재학생이던 김해 대지교회 전도사 김 모 씨가 백남용을 초청해서 강연을 들었고, 양산읍교회에서는 최태용의 집회가 있었다. 주 목사는 이런 이단들이 준동하는 것은 결코 용납할 수 없다고 판단하여 1933년 7월 3일 이에 동조하는 여러 사람을 치리하였다. 교회의 진리 수호에 엄격한 잣대를 들이댄 주 목사와 경남노회는 다시는 이런 이단사상이 유포되어서는 안 된다는 면에서 교회법상 가장 무거운 징계인 '출교' 조치를 단행하였다. 그 후 주 목사는 순육론을 신학적으로 그리고 교리적으로 짚고 넘어 가는 것이 좋겠다고 판단하여 평양 장로회신학교의 박형룡 교수를 초빙하여 노회 주최 교역자 수련회를 7월에 1주간 개최하였다.

연합정신의 목회

주 목사가 신학교 재학 시 네 개의 기숙사에 지방별로 분산되어 기거하던 제도를 철폐하고 여러 지방 학생들이 함께 거주케 했다는 것은 이미 언급하였다. 그의 이런 연합의 정신은 목회에서도 여실히 드러났다. 1930년대에 이르러, 생명을 걸고 한국에 와서 복음을 전해 준 생명의 은인과 같은 선교사들에게 적대 감정을 표출하는 예가 심심찮게 나타났다. 물론 일차적 책임은 선교사들에게 있었던 것으로 보인다. 복음을 가르치는 선생의 입장에 서서 어느 정도 성숙해 가는 한국 교회를 여전히 어린 아이로 보고 있었던 것이다. 고압적이고, 자만에 빠져 있고, 항상 가르치려 들며 한국 교회를 업신여기는 선교사들의 태도를 못마땅하게 생각하는 이들이 차차 많아졌다.[31] 이런 태도를 가진 선교사들은 극히 일부였겠지만, 미꾸라지 한두 마리가 온 연못을 더럽히는 것 아닌가. 하지만 몇 사람의 선교사들이 그렇게 했다고 해서 모든 선교사가 그런 행동을 한 것처럼 매도하는 것은 옳지 않다. 주 목사는 이 점에 주목했다. 우리에게 생명의 복음을 전해 준 선교사들에 대해 한국 교회가 각별한 감사와 관심 그리고 존경의 마음을 지닐 것을 강조하여 선교사들과 한국 교회 사이에 틈이 나지 않도록 애를 썼다.

문창교회 역사에서 가장 고통스럽고 가슴 아팠던 사건은 박승명 목사 사건으로 인한 교회 분열이었다. 다투었던 교인들과 박 목사를 따라 나가 독립교회를 이룬 형제들 간의 화해는 무엇보다 시급히 해결해야 할 중대한 사안이었다. 그러나 양측이 받은 상처가 너무 깊고 커서 쉽게 화해나 용서를 이루기는 어려운 형편이었다.

그러나 주 목사는 이 문제를 해결하지 않고서는 "예물을 제단 앞에 두고 먼저 가서 형제와 화목하고 그 후에 와서 예물을 드리라"(마 5:24)는 말씀에 순응할 수 없다고 판단했다. 주 목사는 갈라져 나간 독립교회 교인들과 문창교회 교인들 간의 화해를 위해 기도하였다. 양 교회가 나누어진 지 10년이 지났으나 여전히 두 교회 간의 화해는 이루어지지 않고 갈등의 앙금이 남아 있던 상태였다. 주 목사는 1936년 1월 19일 임시제직회를 소집하여 이 문제 해결을 역설하고 주님 앞에서 형제들 간에 화해를 이루지 않고 어떻게 하나님께 바른 예배를 드릴 수 있겠는가 반문하면서 제직들을 설득, 드디어 양 교회 제직들이 간친회를 갖기로 결의하였다.[32] 이를 적극 추진하기 위해 준비위원을 선정하고 독립교회 측과 접촉하여 이 문제를 타결하였다. 드디어 상처 입고 갈라졌던 두 교회의 제직들이 모여 용서하고 용서받는 화해의 장이 마련되었다. 이로써 "너희가 서로 사랑하라"고 당부하신 주님의 명령을 실천했던 것이다. 이는 주 목사의 화해·연합 정신의 구현이었다.

주 목사는 마산 지역에 있는 타 교파와의 관계도 돈독히 하였다. 이웃에 있는 성결교회 담임인 김 목사의 모친이 세상을 떠났다는 소식을 접하고 부의금으로 2원을 보냈다. 비록 교파는 다르지만, 이웃 교회 목사가 슬픔을 당했을 때 잊지 않고 챙기는 모습에서 주 목사의 주도면밀함과 화해의 정신이 엿보인다.

이별과 만남

주기철 목사는 문창교회에서 목회하는 동안 인생의 고통을 맛보았다. 조용히 가정을 이끌며 내조하던 부인 안갑수가 갑자기 세상을 떠난 것이다. 사인에 대해서는 자세히 알려진 바가 없으나 민경배는 이렇게 전한다. 주 목사와 안 사모가 문창교회에 온 다음 해인 1932년, 5남 광조를 낳아 기르던 중 안 사모의 언니가 사망했다는 소식을 듣고 김해에 갔다가 피곤이 겹쳐 돌아왔다. 피곤 탓인지 코밑에 종기가 났는데, 의사이자 문창교회 장로인 이순필이 이를 보고 종기를 제거하는 게 좋겠다고 제안했다. 그의 의견에 따라 간단한 수술을 한 뒤 주 목사의 모친이 몸보신해 준다고 인삼을 달여 주었는데 그 물을 먹고 나서 열이 높아져 사흘 정도 앓다가 1933년 5월 16일에 세상을 떠나고 말았다.[33]

안갑수는 1900년 5월 21일생으로 주 목사보다 세 살 아래였는데, 서른세 살 한창 나이에 하나님의 부르심을 받았다. 막내 광조가 한 살로 아직 젖을 떼지도 않은 상태에서 어린 아들 넷과 젊은 목사 남편을 뒤에 두고 홀연히 가 버린 것이다. 주 목사와 교회는 엄청난 충격에 빠졌고, 이 일을 수습하는 것이 큰 문제였다. 소천 당일인 5월 16일 밤늦게 이순필 장로는 당회장을 대신하여 긴급 제직회를 소집하였다.

안 사모의 장례식은 19일 교회장으로 거행되었고, 시신은 마산 무악산 공동묘지에 안장하였다.[34] 주 목사는 안갑수 사모가 회장으로 봉사했던 경남노회 여전도연합회 임원들이 안갑수의 장례식 때 많은 수고를 한 것을 기억하고 이듬해인 1934년 경남노회 여전도연합회 총회가 모였을 때 총회 앞으로 감사의 편지를 보냈다. (이 편지는 부록에 실려 있다.)

안갑수를 평생의 반려로 맞아 5남 1녀를 낳고, 물질적으로 풍요하지는 않았지만 행복한 가정생활을 하던 주 목사에게는 아직 어린 자녀들, 그리고 젖도 떼지 않은 아이가 있는 가정에 주부가 없다는 사실은 상상만 해도 암담함 그 자체일 수밖에 없었다.

그런데 엎친 데 덮친 격으로 안 사모가 세상을 떠난 다음 해인 1934년 8월, 부친 주현성 장로가 세상을 떠났다. 수를 누리고 떠났다고는 하지만, 부친을 여읜 아들의 슬픔 또한 적지 않았다. 게다가 홀로 남은 모친을 모시는 일도 그렇게 쉬운 일이 아니었다.

36세의 젊은 목사가 여러 아이들을 데리고 적지 않은 규모의 교회를 목회한다는 것은 용이한 일이 아니었다. 특히 젖먹이 막내를 돌보는 문제는 간단하지가 않았다. 그러니 자연스럽게 주 목사의 재혼 이야기가 나오기 시작하였다. 먼저 나이 많은 권사들에게서 주 목사의 재혼 이야기가 구체화되어 갔고, 누가 주 목사의 아내가 될 것인지를 놓고 고민하던 중 사람들의 이목이 오정모에게 쏠리게 되었다.

오정모(吳貞模)는 1903년 평남 강서군 성태면 가장리에서 안식교인 오석필의 장녀로 태어났다. 고향에서 초등학교를 마치고 평양에 있던 감리교 계통의 정의여학교를 졸업한 뒤 마산 의신여학교 교사로 재직하면서 문창교회에 출석하고 있었다. 오정모는 집사로, 장년부와 소년면려회 교사로 봉사하고 있던 믿음 좋은 처녀였다. 그러나 몸이 항상 병약하여 결혼하고 가정을 갖는 것보다는 후학 양성과 교회 봉사로 일관하겠다는 생각을 갖고 있었기에 서른 살이 넘었지만 미혼이었다. 오 선생의 신앙생활은 한 치의 빈틈도 없이 철저하게 이어졌다. 새벽기도를 한 번도 거르지 않았고, 교회에서 맡은 일에 충성을 다했으며, 금욕생활로 자신을 엄격히 관리하여 많은 교인들에게 신앙의 표본이 되었다.

주 목사의 재혼 이야기가 나오면서 오정모가 주 목사의 사모가 되었으면 하는 생각이 전해지자 오정모도 이 일을 숙고하게 되었다. 어린것들을 데리고 어려운 목회활동을 하는 주 목사를 바라볼 때 선뜻 결혼을 하겠다고 나설 여자는 없었다. 오정모는 주 목사와의 결혼이 행복한 부부생활이나 가정생활과는 거리가 멀다는 것을 넉넉히 짐작했지만, 주 목사와 자녀들을 위해, 그리고 교회를 위해 십자가를 지는 일이라고 여겨 하나님께서 명하시면 마다할 도리가 없다고 생각했다.

한편 시간은 흘러 주 목사가 안갑수와 사별한 지 2년 반이 지나고 있었다. 젖먹이 아이와 나이 어린 아이들 뒤치다꺼리를 하면서 힘들게 목회하는 주 목사를 바라볼 때, 오정모는 더 이상 자기가 져야 할 십자가를 거역할 수 없다고 판단했다. 이것이 하나님께서 가라고 하시는 십자가의 길이라고 여긴 오정모는 드디어 결혼을 승낙하였다. 이 결혼 승낙은 오정모 개인에게나 주 목사에게 그리고 한국 교회에 한 획을 긋는 중대한 결단이었다. 주 목사가 서슴지 않고 순교의 길로 나서게 되는 중요한 동기가 오정모에게서 나왔기 때문이다.

주 목사가 만 38세, 오정모가 만 32세 되던 1935년 11월 두 사람은 결

혼을 하였다. 주 목사는 재혼이었고, 오정모는 초혼이었다. 상처한 목사
가 자기가 섬기던 교회의 교인과 재혼을 하게 되면 교회를 떠나는 것이
좋다는 말들을 한다. 아마도 별로 덕이 안 된다는 이유에서 나온 말이리
라. 주 목사는 문창교회를 떠날 생각을 한다. 주 목사가 문창교회에 와서
모범적인 목회를 했지만, 시무장로 자녀들이 교회법을 어긴 일로 치리를
한 것이 장로들과의 관계를 소원(疏遠)하게 했을 뿐 아니라 큰 뜻을 갖고
시공한 교육관 건축이 재정 어려움으로 인해 여러 해 지연되고 있었던
것도 주 목사의 마음에 걸림돌이 되고 있었다. 이때 하나님의 뜻이 또 다
른 곳에서 움직이고 있었다. 이는 순교의 길로 가는 길목에서의 부름이
었다. 평양 산정현교회에서 주 목사를 부르고 있었던 것이다.

금강산 목사 수양회

주 목사가 문창교회를 사임하고 평양 산정현교회로 가기 직전인 1936
년 4월 30일부터 5월 4일까지 금강산 기독교수양관에서는 전국 200여
명의 목사가 모여 수양회를 개최하였다. 주 목사는 이 수양회의 강사 중
한 사람으로 참석하였다. 목사들이 많이 모이면 으레 자기들의 정치적
목적에 이용하려 책동하는 자들이 있게 마련이다. 이 당시도 예외는 아
니어서 여러 잡다한 일들이 있었음을 〈기독신보〉는 보도하였다.

　　예정한 순서에 의해 진행하는 중 여러 가지 문제로 강연하였으며 이 기
　　회를 이용하여 암암리에 여러 가지를 책동하는 목사, 인쇄물을 살포하는
　　목사들이 있어 수양회를 음모와 책동하는 기회로 이용함을 본 많은 회원

❀
문창교회를 사임하고 평양 산정현교회로 가기 직전인 1936년 4월 30일부터 5월 4일까지 금강산 기독교수양관에서는 전국에서 200여 명의 목사가 모인 수양회가 개최되었다. 주기철은 강사 중 한 사람으로 참석하여 "목사직의 영광" 이라는 제목으로 설교하였다.

금강산 기독교수양관 전경.

은 이렇게 불순한 수양회는 참가하지 않은 것만 못하다고, 후회하는 목사도 있었다 하며 몇몇 선교사들도 이에 합류하여 같은 행동을 취하는 자가 있었다 한다.[35]

위와 같은 분위기는 이런 때를 이용하려는 정치꾼 목사들의 책동이 주원인이었겠지만, 뒤에서 사주하는 일본 경찰의 책동도 없지 않았을 것이다. 이와 같은 사실은 "이번 수양회에 강원도 경찰부를 비롯하여 고성 경찰서, 장전 경찰서에서 경관 60여 명이 출동하여 엄중 경계하였고, 연사 중에 주의와 중지를 당한 사람까지 있었다고 한다"[36]는 보도에서도 알 수 있다.

당시에 뿌려진 유인물 중에는 노회를 탈퇴하여 새 노회를 만들려는 사람들에 대한 인신공격과 〈기독신보〉에 대한 기독교서회의 부당한 행위 등이 고발되어 있었다. 이와 같은 행위를 한 사람들의 통탄스런 작태가 신문 보도로 남아 있다.

선교사들이 귀한 돈을 들이고 각 교회의 어린 양들의 기름을 짜서 거두어 가지고 모이게 된 그 수양회의 목적이 형제를 욕하고 사람을 죽이는, 형제를 생매장하려는 인쇄물을 배포하는 데 소용되는 회합이 된다는 것을 어찌 통탄하지 아니할 것인가. 임종순 목사의, 주기철 목사의, 구례인 선교사의 그 말이 어떠하던가. 귀 있는 자는 들었을 것이다. 그래도 양심의 화인을 맞아서 은혜가 임하려는 은혜 자리를 마귀의 장난판을 만들려고 할 것을 누구가 꿈이라도 꿀 수 있었으랴.[37]

주 목사는 이 모임의 설교 본문을 예레미야 1장 4절 이하를 택하고, 목사 수양회라는 점을 감안하여 "목사직의 영광"이라는 제목으로 설교하였다. 설교 원문은 현존하지 않고, 현장에 있던 〈기독신보〉 기자가 발췌하여 신문에 수록한 내용만 남아 있다. 이것도 전편만 남아 있고, 후편 설교를 실은 신문이 현존치 않아 후반부 설교는 알 수 없다. 설교의 요지는 다음과 같다.

> 목사라는 것은 영적 지도자라는 의미, 즉 민중의 영적 지도자의 호칭이다. 성경에 기록되어 있는 선지자, 제사장, 사도, 목사, 감독, 장로 등의 직분을 통합한 직분이 목사직이다.
>
> 세상에는 국가를 위하여 사는 자가 있고, 민족을 위하여 사는 자가 있고, 사회를 위하여 사는 자가 있으되, 우리 목사들은 하나님이 직접으로 자기의 영광을 위하여 살게 하신 자들이다. 세상이 목사를 오해하여 민족주의자라 하는 자가 있고, 세상이 목사를 오해하여 사회사업가로 아는 자가 있으나, 목사는 그러한 한계에서 초월하여 오직 하나님의 영광과, 이름과, 나라를 위하여 사는 하나님의 사자인 것뿐이다.
>
> 보라! 모세와 엘리야와 나단과 세례 요한 등의 참된 선지자들을. 그들은 죽음을 개의치 아니하고 하나님의 말씀을 그대로 전하였다. 오늘의 교회 안에 안면(顔面)에 가리워, 권위에 눌려, 직업적 야비(野卑)로 인하여 직언이 없어진 것이 일대 통탄사이다. 목사직의 본질은 그런 것이 아니다. 하나님이 시키는 것이면 어떠한 때, 어떠한 곳, 어떠한 경우, 어떠한 사람에게라도 전하는 것이 목사이다. 제왕(帝王)을 충간(忠諫)하는 자 목사이요, 대통령을 훈시하는 것이 목사이다. 목사는 이에 하나님 앞에 선 하나님의 대언자이다.[38]

이 설교에서 우리는 주 목사의 신앙 중심과 목사직에 대한 확고한 신념을 엿볼 수 있다. 목사는 하나님의 부르심을 받은 사람이요, 하나님의 명령만 따르는 사람이다. 그러므로 왕이나 대통령에게도 충언을 간(諫)할 수 있는 사람이라는 것이다. 〈기독신보〉의 보도에 따르면, 주 목사가 설교 중 경찰의 제지를 받아 더 이상 설교를 못하고 강대에서 끌려 내려왔는데, 집회가 산회한 것은 바로 "제왕을 충간하는 자……"라는 대목 때문임을 짐작할 수 있다. 이런 신념과 확신이 그가 우상 앞에 무릎 꿇지 않고 끝까지 신앙을 지킬 수 있었던 토대가 된 것이다.

주 목사는 금강산 목사 수양회를 다녀온 후 얼마 되지 않아 문창교회를 사임하고 평양 산정현교회로 임지를 옮긴다. 그런데 문창교회 기록에는 이 일에 대해 일체 언급이 없다. 너무 급작스럽게 이루어진 일이고, 또 너무 섭섭한 나머지 기록을 제대로 하지 않은 것이 아닐까 추측만 할 따름이다.

주기철 목사가 언제 사임했는지에 대한 정확한 기록은 없다. 1936년 7월 19일 당회록 마지막에 의장 주기철의 인(印)이 보이고, 같은 해 8월 2일 정기제직회 때는 이순필 장로가 임시 회장, 10월부터는 선교사 맹호은이 당회장으로 일한 것으로 보아 주 목사는 1936년 7월 말까지 사역하고 문창교회를 사임한 것으로 보인다.

평양 산정현교회

평양 산정현교회는 평양 장로회 선교부의 결의에 따라 1906년 평양에서 네 번째로 세워진 교회로 선교사 편하설(片夏薛, C. F. Bernheisel)이 개척했다. 평양 최초의 교회는 널다리[板洞]교회로 출발하여, 평양중앙교회, 장대재교회를 거쳐 장대현교회로 명칭이 변경되었다. 장대현교회는 평안남도와 평양 지역 최초의 교회로서 날로 부흥하여 1903년 남문밖교회, 1905년 창전리교회, 1906년 산정현교회를 분립하였다. 산정현교회를 설립하고 초대 목사로 사역했던 편하설 선교사는 일기에 교회 설립에 대한 기록을 남겼다.

1906년 1월 25일

도시에서의 사역의 필요성을 고려해 본 후에 남문과 중앙교회 사이 지역에 새 교회를 따로 세우기로 결정했다. 우리가 내일부터 열흘간 주최하기로 한 전도대회를 위해 중앙교회가 너무 작으리라 생각되어 특별히 이런 결정이 내려졌다. 나는 새 교회의 목사로 임명되었고 좀더 중심부에 교회를 세우기 전에는 동문교회에서 예배를 드릴 것이다. 나는 오늘밤 기도회에서 지부 사람들을 만났다. 50명에서 60명이 나왔다.[39]

산정현교회 설립연도가 《평양산정현교회사기》[40]에는 1907년 정월로 되어 있고 편하설의 일기에는 1906년 정월로 되어 있는데, 두 자료에 언급한 시기가 서로 다른 것은 분립 결정이 되고 나서 1년 후에야 비로소 예배가 진행되었기 때문으로 보인다.

처음 산정현교회는 명칭을 '평양성 제4교회'라고 하였는데 닭골[鷄洞] 산정현에 예배당을 건축한 1907년부터 '산정현교회'라고 불렀다. 산정현교회가 시작될 때 편하설 선교사를 목사로 하였고, 조사 한승곤, 영수 계택선, 집사 최정서·김용흥·정이도·김동원·변흥삼·박정익 등이 봉직하였다. 이듬해인 1908년 조사 한승곤과 영수 계택선 두 사람을 장로로 장립하여 당회가 구성되었다.

교회 설립 이후 1년 만인 1907년에는 교우가 3백 명으로 늘었고 1910

년 가을 사경회 이후에는 5백 명에 이르렀다. 1917년 강규찬 목사가 부임했을 당시에는 등록 교인 6백여 명, 주일 출석 인원이 4백여 명이었다. 유년주일학교 또한 부흥하여 1918년 남녀 학생이 2백여 명이나 되었다. 1923년 장립 집사가 생겼을 때에는 출석 교인수가 1천여 명을 넘어 당시 교회로서는 드물게 급성장을 하였다. 오후 출석 인원이 약 500명, 당회원이 9명, 제직원 18명, 열네 개 구역에 남녀 권찰이 56명이었으며, 공부반은 장년 남반이 20반, 여반이 30반, 유년주일학교 학생이 300명 가량이었고 교회 경비는 3천여 원에 달하여 여전도사 두 명을 세워 8개월씩 전도하였다.

산정현교회는 교인들의 자체 헌금으로 1907년 첫 예배당을 평양성내 용흥면 삼계리동 서편 산정현 위에 공사비 1천여 원을 들여 56평의 건물로 완공하였다. 그러나 이 예배당이 비좁아 새 예배당 건축 문제가 제기되었고, 1918년에는 4천여 원의 공사비를 들여 예배당 40여 평을 증축하였다. 1921년에는 3천 원을 들여 목사 사택이 딸린 대지를 사서 확장하였고 사택을 개축하였다.

1917년 강규찬 목사가 부임하여 15년간 목회를 하면서 산정현교회를 안정적으로 잘 이끌었다. 강규찬 목사가 은퇴(1933년)하기 전 박형룡 목사가 4년간의 미국 유학생활을 마치고 1927년 귀국하여, 산정현교회 전도사로 시무하였다. 그는 평양노회에서 목사안수를 받고 1928년 산정현교회 부목사가 되었다. 부목으로 있던 박형룡 목사가 1931년 4월 평양 장로회신학교 전임교수로 가게 되어, 강규찬 목사 은퇴 후 산정현교회 담임목사 직은 미국에서 돌아온 송창근(宋昌根) 목사가 승계하였다.

송창근 목사는 1889년 함북 옹기에서 태어나 초등학교 교육을 받고 간도로 가서 독립군 양성을 위해 이동휘가 세운 명동중학교에서 공부하였다. 그러나 재정문제로 이 학교가 문을 닫게 되면서 러시아로 건너가려던 이동휘를 따라가려 했으나, "자네는 고향으로 돌아가 목사가 되는 것이 좋겠네"라는 말을 듣고 신학을 결심하여 간도에 간 지 7개월 만에 귀국하였다. 이후 서울 피어선성경학교를 거쳐 일본 아오야마학원 신학부 2년에 편입하여 1926년 졸업하였다. 졸업 후 미국으로 건너가 샌프란시스코대학 신학과에 입학하였고 그해 9월에 프린스턴 신학교로 옮겼다.

송창근이 미국 덴버대학교에서 박사학위를 받고 돌아와 산정현교회에 올 때 김린서는 그에 대해 부푼 기대를 하며 다음과 같은 기록을 남겼다.

> 씨는 총명한 위에 다독하고, 다정한 위에 결벽의 사람이다. 경건문학을 애호하여 프랜시스 연구로는 조선에서 제일인일 것이다. 필로 변으로 이름을 날리기는 동경에서 돌아온 후 〈신생명〉지 집필 시대였고 평양에 와서는 한 좋은 목사로서 각처에서 환영받은 부흥사였다. 그 다애한 일면은 목회자 되기에 좋으나 그 강직한 일면은 처세도에 불리해 보인다. 청년 목사인 씨에 대한 기대는 아직 장래에 더 많다. 서도 사람이라 할 만치 서도지우(西道知友)가 많고, 남도 사람이라 할 만큼 남도지우(南道知友)를 많이 가진 평양 송 목사는 남북 절충의 안전판이 되었거니와…….[41]

송 목사는 귀국하여, 장로교회 법에 따라 평양 장로회신학교에서 1년을 수학하고 나서 평양노회에서 목사안수를 받았다.[42]

당시 한국 사회와 교회의 지도자들인 조만식, 김동원, 오윤선, 김찬두 등의 쟁쟁한 인물들이 장로로 있던 산정현교회는 일본과 미국에서 유학하고 돌아온, 지식이 풍부한 송창근 목사를 청빙하였다. 미국에서 신학박사 학위를 받고 평양 장로회신학교에서 조직신학을 가르치던 박형룡 목사가 협동목사로 돕고 있었고, 한국 교회 진보신학의 기치를 들었던 김재준 목사 역시 미국에서 유학을 마치고 돌아와 숭인상업학교 성경선생으로 있으면서 산정현교회에 출석하고 있었다. 참으로 당대 최고의 목사들이 포진한, 그래서 목회자들의 질적 수준으로는 한국 최고의 교회였다. 그러나 교회는 목회자들의 지적 수준과 함께 가는 것은 아니라는 사실이 곧 드러나게 된다.

송창근 목사는 일본에서, 그리고 미국에서 배운 신학과 지식으로 교회를 혁신하려는 의지를 가지고 추진했으나 보수의 온상이며 그동안 여러 목회자의 보수 신학에 물든 산정현교회 교인들, 특히 장로들과는 처음부터 화합이 어려워 보였다. 그뿐 아니라 송 목사의 교회 사역에 도움을 주고 있던 박형룡 목사와 김재준 목사는 같이 프린스턴에서 공부하였지만, 서로 극단적인 노선으로 신학적 입장을 달리하고 있었다. 세월이 흐른 뒤, 보수주의를 견지한 박형룡 목사는 결국 오늘의 합동 측 태동에 기여했고, 자유·진보 신학을 지향했던 김재준 목사는 기독교장로회를 출발시킨 장본인이 되었다.

또 하나 어려운 문제는 산정현교회의 민족운동 기류였다. 실상 조만식 장로나 김동원 장로는 민족운동과 독립운동에 적지 않은 관심과 활동을 한 이들이었다. 1911년 '105인사건'이 일어났을 때 김동원은 이 일에 개입했다는 혐의로 2년간 옥고를 치렀고, 1919년 3·1운동이 발발했을 때는 담임목사 강규찬을 위시하여 조만식, 김동원 장로가 시위를 주도한 혐의로 체포되어 옥고를 치렀다.[43] 이런 교회 분위기는 자연히 성경 중심의 교회로 이끌기에도, 그렇다고 사회적 문제에 관심을 두고 목회하기에도 문제가 있었던 것이다.

송창근 목사가 산정현교회에서 목회하면서 장로들과 부딪친 문제 가운데 하나는 예배당 신축이었다. 1935년에 들어서면서 예배당 신축 문제가 대두되었는데, 새 예배당 건축을 위한 건축비 조달 문제로 의견이 상충하였다. 당시 예배당은 1918년에 지은 40여 평을 증축한 것으로 1천여 명이 넘는 교인들을 수용하기에는 비좁은 형편이었다. 이에 장로들은 예배당 신축을 위한 재정을 그동안 교인들이 헌금한 것과 교회 소유의 토지를 처분해서 충당하자고 제안한 반면, 송 목사는 그럴 것 없이 교인들이 건축헌금을 하여 충당하자는 안을 내놓았다. 쌍방이 자기 의견을 고집하면서 충돌은 자연스런 현상이 되었다.

하지만 이 문제는 실상 돈 때문에 생긴 것만은 아닌 것 같다. 김린서 목사는 이 사건에 대해, 당시 산정현교회 장로인 김동원·조만식은 〈동아일보〉의 경영진으로서 30만 원이라는 거금으로 신문사 사옥을 짓는 사람들이었는데 3만 원짜리 예배당을 짓는들 무슨 문제가 될 수 있겠느냐고 꼬집었다.[44] 결론적으로 말하면, 이 일은 송 목사를 사임시키려는 작전으로 보아야 할 것이다. 장로들은 송 목사의 목회를 더 이상 묵과할 수 없다고 판단했던 것 같다.

이즈음 총회에서는 소위 '아빙돈단권주석 사건'이 대두되었다. 당시 신생사(新生社)에서 출판한 《아빙돈단권주석》은 감리교회가 선교 50주년을 기념하여 유형기(柳瀅基) 목사의 책임하에 번역·출판한 것인데, 그 번역자들 중에 장로교 목사인 송창근, 채필근(蔡弼近), 한경직(韓景職) 등이 포함되어 있었다. 당시 평양 장로회신학교 교수였던 박형룡 목사는 그 책 내용이 장로교의 전통 신앙에 위배됨을 지적하고 교계 원로 길선주 목사와 함께 이 문제를 총회에 제기했다. 그들은 그 집필자의 대부분이 자유주의 신학자임을 지적하며 장로교회 내의 침입을 용인할 수 없다고 했다. 또한 번역진에 "장로교의 목사가 있는 것은 크게 유감된 일로서 엄중한 책임 규명을 함으로 후일에 경계를 삼아야 할 것을 역설하였다."[45] 이로써 1935년 24회 총회에서는 길선주 목사의 의견에 따라, "신생사 발행 성경주석에 대하여는 그것이 우리 장로교회의 교리에 위배되는 점이 많으므로 장로교회로서는 구독치 않을 것이며, 동 주석을 번역한 본 장로교 교역자에게는 소관 교회로 하여금 사실을 심사케 한 후, 그들로 하여금 번역의 시말을 기관지를 통하여 표명케 할 것"을 결정·선포하였다.

이에 따라 채필근 목사는 총회의 권고에 순응하여 즉석에서 번역의 과오를 사과하였으나, 송창근 목사와 몇몇 목사들은 교리의 위배를 이유로 한 사과와 같은 것은 전혀 있을 수 없으며 신학의 자유를 억제하려는 총회의 독단에 응할 수 없다고 표명하였다. 이것은 "실로 한국 교회에 있어 자유주의 신학사상의 보수주의 신학사상에 대한 도전의 효시였다"[46]고 김양선 목사는 기록하였다. 보수의 온상이었던 평양에서 송 목사의 자유주의 신학 경향은 수용이 용이치 않았다.

이런 분위기에서 진보주의적 신학에 토대를 둔 송창근 목사의 설교는 자연스럽게 문제가 될 수밖에 없었다. 보수적 색채로 물든 산정현교회 장로들이나 교인들은 송 목사의 그런 설교에 만족할 수 없었고, 오히려 반발을 불러왔다. 결국 송창근 목사는 그의 신학이 진취적이라는 이유로 장로들과 보수적인 교우들에 밀려 부산에 있는 호주 선교부의 사회사업기관을 맡아 달라는 요청을 받고 부산으로 떠날 수밖에 없었다. 그가 산정현교회에 온 지 만 4년이 되던 1936년 4월의 일이다. 그가 산정현교회를 떠나면서 내뱉은 말은 자신의 심정을 여실히 나타낸다.

> 조선 교회에 누구의 당이 있다, 누구의 파가 있다 하여 서로 노려보고 못 믿어 한 터이요, 게다가 같은 조선 사람으로서 남(南)놈, 북(北)놈 하여 스스로 갈등을 일삼으니 이 어찌함인가……. 50년 희년(禧年: 기쁨의 해)인가, 50년 희년(噫年: 탄식할 해)인가![47]

한국 교회가 아직 성숙하지 못하여 다양한 신학을 수용할 수 없었던 상황은 이해하지만, 당시 상황에 맞지 않은 신학을 거론한 송 목사의 책임 또한 없다 할 수 없다. 한국 교회의 보수·진보 간에 간격이 벌어지고 있음을 예시하고 있는 이 사건은, 후에 장로교회가 보수·진보로 갈릴 불길한 예감을 던져 주었다.

> 그 사랑 많은 면은 목회자 되기에 좋으나 그 강직(剛直)한 일면은 세상 살아 가는 데 불리해 보인다. 청년 목사인 그의 신앙의 열의는 날로 더하여 가고 교회 봉사의 정성은 지극하니, 그에 대한 기대는 장래에 더 많다.[48]

김린서 목사는 송 목사의 장단점을 잘 짚으면서 시대에 앞서가는 젊은 목사의 앞날을 불안한 눈으로 바라보고 있었다.

송 목사가 부산으로 떠나던 날 평양역에는 많은 교인과 지인들이 나와 배웅하였다. 김린서 목사는 "부산으로 남천(南遷)할제 평양역에는 교인의 울음소리, 평양을 아니 떠나지 못하는 북방(北方) 목사의 사정은 모르거니와 우는 교인을 버리고 가는 목사의 눈물도 대동강에 떨어졌을 것이다"[49]라고 적고 있다.

산정현교회 부임과 예배당 신축

산정현교회는 송창근 목사가 떠나고 난 뒤 후임 목사 인선에 나서게 된다. 송 목사의 진보신학에 고통을 겪은 교회는 자연스럽게 보수신앙의 맥을 잇는 사람을 찾게 되었다. 진보신학으로는 일제의 신사참배라는 무서운 악의 세력과 맞서 싸울 수 없었다. 신사참배 문제가 불거졌을 때 이를 먼저 수용한 쪽이 진보 진영이었음을 유의하면, 송 목사의 퇴진과 더불어 보수의 화신이었던 주 목사가 부임한 것은 하나님의 섭리로 보아 의심할 여지가 없다.

당시 한국 교회의 상황에 대해 김린서 목사는 다음과 같이 설명하고 있다.

> 조선 교회의 절반 이상이 황해도 서쪽에 있으므로 서부 교회를 잘 지켜야 조선 교회는 탈 없이 발전할 것이다. 평양은 서부 교회의 중심인 동시에 조선 교회의 중심지이다. 그러므로 조선 교회를 지키려면 먼저 평양을 지켜야 한다.
>
> 5-6년 전 북쪽에는 사회주의가 번창하고, 남쪽에는 무교회 사상이 퍼져 나가는 것을 보고 사회주의와 무교회주의가 서쪽으로 밀려오기 전에 정통 복음주의와 교회 원리로 서부 교회를 지켜야 하겠다고 생각했다.
>
> 그러나 서부 교회를 살펴보면 벌써 민족주의의 개조 운동이 굳은 조직하에 세력을 잡고 있다. 중심지인 평양 교회는 어떤가. 선배들은 하나님을 의지하는 믿음이 굳세지만, 새 지도급 인사들은 하나님에 대한 믿음이 약하다. 시대가 교차하는 때에 교회마저 중단되는 형국이다. 동서남북 교회를 살펴보면 한 손으로 사회주의와 무교회주의를 막아 내고 또 한 손으로 민족운동자의 손에서 교회를 빼앗지 않으면 안 되겠다.[50]

서쪽, 즉 평양을 사수해야 한다는 김린서의 예언자적 예지가 빛난다. 공산주의, 무교회주의, 민족주의 등이 궁극적으로는 복음에 배치된다는 의미였다. 이 중차대한 사명을 질 사람이 누구였는가. 그가 바로 하나님께서 예비하신 주기철 목사였다.

나이로 보나 경력으로 보나 한국 교회에서의 위치로 보나, 주 목사가 한국 교회의 중심지인 평양에, 그것도 거목들이 기라성처럼 늘어선 산정현교회 담임이 된다는 것은 걸맞지 않았다. 그러나 하나님의 섭리는 사람들의 생각과는 다르게 움직이고 있었다. 산정현교회는 서울이나 대구, 부산 같은 대도시를 지나 멀리 남녘 소도시 갯마을에서 목회하고 있던 주기철에게 눈길을 주기 시작하였다.

산정현교회 장로요, 주기철 목사가 오산학교에 다닐 때 교장으로 직접 가르쳤던 조만식 장로가 먼저 그를 응시하고 있었다. 과거에 자기가 가르쳤던 수많은 제자들 중에, 그리고 그중 목사가 된 사람들 중에 누가 산정현교회에 와야 되는지를 기도하며 심각하게 고려하던 조만식에게 주기철이 떠올랐던 것이다. 당시 평양 장로회신학교 교수이자 산정현교회 협동목사로 있던 박형룡 목사도 주기철 목사 청빙에 강력한 권고를 했다. 박형룡 목사와 주기철 목사의 교류는 주 목사가 경남노회장으로 있을 때, 노회 내에 횡행하는 이단 사설을 정리하기 위해 박형룡 목사를 초청하여 강연을 들은 것이 계기가 되었다. 박형룡은 주 목사를 1933년과 1935년 두 차례에 걸쳐 신학교 사경회 강사로 청빙하여 은혜로운 말씀을 전하게 했다. 그뿐 아니라, 금강산 기독교 수양관에서 열렸던 목사 수양회 등에서 주 목사의 설교를 들은 박형룡 목사는 산정현교회 담임으로 주기철이 오는 것이 가장 적합하다고 판단했을 것으로 보인다.

당시에 주기철 목사가 교섭되고 있다는 이야기를 들은 김린서 목사는 이 일에 대해 다음과 같이 기록했다.

> 목사를 잃은 산정현교회는 아직 후임을 청빙하지 못하여 교인 출석이 현저히 줄어들었다. 교회에 목사 있을 때보다 목사 없을 때에 더욱 목사의 필요를 느끼게 한다. 사람은 많은데 정작 마땅한 사람을 찾으려면 구인난(求人難)이다. 경남 주기철 목사를 교섭 중에 있다 하니 성사되면 좋겠다.[51]

산정현교회는 송창근 목사 사임 뒤 후임 목사가 정해지지 않아 자연히 교인이 줄어들었고, 교인들의 혼란을 막고 교회의 안정을 위해 후임 목사 인선을 서두르기 시작했다.

결국 산정현교회는 주기철 목사를 담임목사로 청빙하기로 결정하고 조만식 장로가 당회 대표와 더불어 친히 마산까지 내려가 주 목사를 청빙했다. 옛 스승의 불연한 방문을 받고 당황해하던 주 목사에게 산정현교회의 청빙은 사실 생경한 일이었다. 자신은 그렇게 큰 교회에 갈 자격도 없고 가야 할 이유도 없다고 판단했다. 그러나 누가 하나님의 예정을 거역할 수 있으랴. 그는 결국 산정현교회의 부름에 응답하기로 결심했으니, 이는 죽음의 길로 가는 응답이었다. 그 앞에 무슨 일이 놓여 있는지 아는 사람이 없었으나 하나님은 민족교회의 제물인 희생양을 마련해 두신 것이다.

재혼과 더불어 교회 내의 분위기가 전과 같지 않다고 판단한 주 목사는 교회를 떠나는 것이 피차 덕이 되리라고 판단하고 1936년 7월 6일 평양 서문밖교회에서 모인 평양노회에 목사 이명청원서를 접수했다.[52] 이로써 주 목사는 약 6년간 목회하던 문창교회에서 1936년 7월 26일 마지막 주일 설교를 하고, 노모와 오정모 사모, 그리고 아들 4형제를 데리고 평양으로 올라오게 되었다. 평양에 입성하는 주 목사에게는 큰 교회에 부임하는 기쁨이나 감격과는 거리가 먼 고통스런 문제들만이 기다리고 있었다.

마산으로 갈 때도 골치 아픈 문제가 쌓여 있던 교회로 갔는데, 평양행도 마찬가지였다. 전임 송창근 목사 사임 문제, 예배당 건축 문제 등 산정현교회에도 골치 아픈 문제가 산적해 있었다. 그는 문제를 안고 있는 교회에서 문제를 풀어 나가는 해결사 노릇을 하는 목회자였다. 크게는 한국 교회가 안고 있는 신사참배라는 무거운 십자가를 온몸으로 지고 가야 하는 고통스런 여정이기도 했다.

주기철 목사가 산정현교회에 부임한 것은 1936년 7월이다. 그러나 주 목사의 부임과 목회에 대한 자료가 전혀 없어 이 문제에 관하여는 벽에 부딪친다. 제한적이나마 산정현교회의 역사가 남아 있는 게 다행이다. 현재 확인되는 산정현교회 역사는 창립 때부터 1924년까지의 것뿐이다. 그로부터 해방이 되는 때까지, 그리고 해방부터 남한에 여러 산정현교회가 세워지기까지의 역사는 자세히 아는 사람이 없다. 있다 해도 이미 고인이 되었거나 접촉이 어렵다. 다행히 김린서 목사가 단편적으로나마 주 목사와 산정현교회의 관계에 대해 관심을 갖고 써 놓은 자료가 약간 남아 있고, 또 주 목사의 글이 몇 편 남아 있을 뿐이다. 그러나 역사는 사료가 있을 때만 쓰는 것이 아니고 개연성을 갖고 써 나갈 수도 있는 법. 물론 이런 경우 확정적인 역사가 될 수 없으니 더듬어 찾는 역사가 될 수밖에 없다.

주 목사는 가족과 함께 간단한 살림을 정리하여 평양에 입성하였다. 그의 입성은 한 가족의 입성이었지만 한국 교회사에 커다란 획을 긋는 사건이었다. 산정현교회의 예배당 건축 문제로 불거진 송창근 목사와 장로들 간의 갈등은 송 목사가 이임했다고 해서 정리된 것이 아니었다. 교인들 중에 여전히 송 목사를 따르는 사람들이 남아 있는 상황에서 새로 부임한 주 목사에게 주어진 첫 번째 임무는 예배당 신축이었다. 여기에는 단순히 목사와 장로 사이의 문제를 넘어 당회와 청장년, 부녀회를 비롯한 계층 간, 세대 간의 갈등이 복합적으로 얽혀 있었다.

어떻게 보면 이 문제는 당회에 대한 저항의 의미가 있었다. 주 목사는 이런 어려운 상황에 놓여 있는 건축 문제를 지혜롭게 해결하기 위해 기도하던 중, 좋은 제안을 하게 되었다. 송 목사가 주장하던 교인들의 헌금안과 당회가 주장하던 교회 부지 매매안의 절충으로 일부 헌금, 일부 매

각의 중재안을 내놓은 것이다. 이것은 송 목사 편을 들었던 교인들에게나 장로들 편을 들었던 교인들에게나 받아들이기 좋은 제안이었다. 이 안은 당회와 제직회에서 순조롭게 타결되어 예배당 건축에 박차를 가하였다. 김린서 목사는 이 일에 대해서도 기록을 남겨 두었다.

> 산정현교회에서는 마산 주기철 목사를 새로 청빙함과 동시에 2만 원 예산으로 새 예배당을 건축하기로 하고 교인 중 모 미망인이 기증한 토지 6천여 원 상당의 토지를 팔고, 나머지는 교인들의 헌금으로 충당하려 한다. 새 예배당에, 새 목사에, 새 열심을 더하면 참 좋은 교회를 이룰 것이다.[53]

주 목사는 1937년 3월 7일 주일예배 때 성도들에게 교회 건축과 관련된 설교를 하였다. 주 목사의 뜨거운 설교를 통해 하나님은 놀랍게 역사하셨다. 이날 산정현교회의 모든 성도는 성전 건축을 위해 4만 원의 연보를 하였고, 이에 힘입어 7만 원의 새 예배당 공사를 시작하게 되었다. 이는 당시까지 조선 교회에서 최고액의 헌금이었다.[54]

건축비가 마련된 후에야 주 목사는 교회 신축을 위한 사경회를 열었다. 당시 기존의 교회들은 성전 건축을 위한 부흥회를 하면서 헌금을 독려하였는데 산정현교회는 사경회 없이도 자발적인 헌금이 이루어지는 아름다운 모범을 보여 주었다. 주 목사는 1937년부터 십일조를 강조하기도 했는데 그때까지의 한국 교회의 전통에서 십일조가 강조된 적은 거의 없었다. 주 목사는 받은 은혜에 대한 감사의 표현과 헌금을 하는 책임, 이 두 가지를 십일조를 바치는 이유로 강조했다. 따라서 산정현 교인들은 자신들이 가진 모든 것이 하나님으로부터 왔다는 것을 잊지 않고 감사하는 생활을 훈련하였다.

교인들은 합심하여 연보하였다. 공사가 시작되고 나서 정초석을 놓았

주기철은 초량교회, 마산 문창교회를 거쳐 1936년 7월 말부터 평양 산정현교회에서 시무했다.
옛 산정현교회 예배당과 산정현교회 제직원들(1937. 11.).

는데 그 속에 성경 한 권과 은돈 일 원짜리 일곱 개, 그리고 교회 약사를 적은 종이를 넣었다. 예배당을 건축하는 동안에는 숭실대학 강당을 빌려서 예배드렸다. 잡지 〈계자씨〉는 산정현교회 건축 관련 소식을 이렇게 전한다.

산정현교회 소식

이 교회는 5만 원 예산으로 예배당을 신축 중이요 임시 예배당으로 숭실대 강당을 사용 중이며 금년 신(新)사업 중의 하나는 송영길(宋永吉) 목사를 유년 목사로 청빙하여 아동 지도에 전력케 하였는데, 이것은 전 조선 교회에 전무(全無)한 아름다운 사업이다. 5월 10일에 3백여 주일학생과 함께 모란봉 건너편에서 환영야유회를 개최하였다고 한다.[55]

산정현교회가 예배당을 신축한다는 소식은 당시로서는 알려야 할 만한 소식이었던 것이다. 예배당 건축만도 힘겨운 일인데, 주 목사는 여전히 건축은 건축이고 목회는 목회라는 목회철학에 입각해서 그의 확고한 신념 중 하나였던 교육 목회를 위해 한 가지 중요한 결단을 하였다. 교육 전담 목사를 청빙한 것이다. 유년목회 전담으로 온 송영길 목사는 평양장로회신학교를 31회로 졸업하고 목사안수를 받았다. 신학교 시절 주 목사가 인도하는 사경회 때 말씀으로 많은 감동을 받은 송 목사는 주 목사가 새로 부임하여 목회를 시작한 산정현교회에서 주 목사를 도와 교육을 전담하게 된 것을 영광으로 생각했으며, 또한 좋은 배움의 기회로 여기고 목회를 시작하였다. 〈계자씨〉에서 거론한 것처럼 교육 전담 목사를 둔 것은 당시 조선에 전무한 일이었다. 이런 일은 주 목사의 교육 목회 중심의 결단을 보여 주며, 교육 전임을 둘 만큼 산정현교회가 재정적으

✿ 주기철은 평양 산정현교회 예배당 건축과 함께 교육 목회를 위해 유년 목회 전담으로
송영길 목사를 청빙했다. 잡지 〈게자씨〉에서 거론한 것처럼 교육 전담 목사를 둔 것은
당시 조선에 전무한 일이었다.
송영길 목사 환영 기념(1937. 4. 16.).

로 여유가 있었다는 증거가 된다.

1930년대 중반은 일제가 태평양전쟁을 일으키기 위해 차근차근 준비하면서 한국민들과 교회를 더욱 옥죄기 시작하던 때였다. 이런 어려운 때 조선 최대의 건물을 짓기 시작한다는 것은 어떻게 보면 무모한 일 같기도 하고 섣부른 일을 저지르는 것 같기도 하였다. 하지만 산정현교회는 건축을 시작한 지 6개월 만인 그해 9월 5일에 입당예배를 드렸다. 대지 967평 건평 414평의 벽돌로 지은 2층 새 성전은 당시 유명한 건축 기사였던 산정현교회 청년 최시화가 설계를 맡았다. 건물 2층은 전부 예배당 본당으로, 아래층 입구 쪽은 주일학교용 예배실로, 그 뒤편은 둘로 나누어 오른쪽은 식당, 왼쪽은 당회실로 배분하고, 화장실은 지하에 두었다. 완공은 1938년 2월 8일에 하였다. 새 예배당을 건축할 계획을 세우기 3년 전부터 새벽마다 예배당에 엎드려 새 예배당을 달라고 간구하였던 최봉석(최권능) 목사는 새 예배당을 허락받았다고 감격하였다. 최봉석 목사는 산정현교회 전도목사로 산정현교회를 위해 늘 기도하였다. 김린서 목사의 회고다.[56]

산정현교회 새 예배당은 화려하고 웅장하게 건축되어 9월 5일 주일에 입당예배를 드렸다. 주기철 목사뿐만 아니라 제직과 교인들의 노력이 컸음은 말할 나위 없다. 그러나 예배당 건축의 논의가 없던 3년 전에 5, 6개월 동안이나 새벽마다 구예배당에 엎드려 예배당을 달라고 간구한 최권능 목사의 기도가 있었다는 사실을 아는 이가 적다.[57]

송창근 목사가 산정현교회에 오기 전에 평균 교인수가 장년 800명, 주일학교 400명으로 합 1,200명이었다. 그러나 송 목사가 부임하고 나서 여러 문제가 발생하더니 송 목사가 떠나고 주 목사가 올 무렵에는 장년이 약 100명 선으로 급락하고 말았다. 하지만 주 목사 부임 이후로는 상황이 바뀌었다. 주 목사가 영적 감동이 있는 말씀을 선포하고, 좋은 예배당까지 마련되자 교인이 급속도로 증가하기 시작한 것이다. 주 목사가 부임한 지 1년 만에 100여 명의 교인이 600명으로 늘어나 6배의 성장이 가시화되었다. 이는 예배당도 예배당이려니와 주 목사의 영성 때문이었다.

평양 장로회신학교 사경회

주기철 목사는 평양 장로회신학교 졸업생 중에서 모교에 가장 많이 초청받은 강사 중 한 사람이다. 그가 처음으로 모교에 초청된 것은 1933년 11월, 마산 문창교회에 시무할 때 평양 장로회신학교에서 매년 모였던 사경회 강사로 초빙되었다. 주 목사는 험난한 세태 속에서 목사가 될 후배들에게 목사에게 가장 중요한 사생관(死生觀)에 대한 설교를 하였다. 이것이 그 유명한 "일사각오"(一死覺悟)라는 제목의 설교이다. 주 목사가 직접 작성한 이 설교 원문은 전해지지 않고 있다. 다만 김린서 목사가 옛 기억을 더듬어 재생해 놓은 것이 남아 있을 뿐이다. 따라서 그 내용은 주 목사의 설교와 동일하지 않을 수도 있다. 그러나 그 줄거리는 대동소이할 것으로 생각된다. 본문은 요한복음 11장 16절, "디두모라 하는 도마가 다른 제자들에게 말하되 우리도 주와 함께 죽으러 가자 하니라"였다. 김린서 목사가 재생한 내용을 요약하면 다음과 같다.

일사각오(一死覺悟)

1. 예수를 따라서 일사각오

십자가를 지시기 위해 예루살렘으로 올라가시는 예수를 따르는 길은 자기의 생명을 아끼고는 따라갈 수 없는 길이다. 예수를 버리고 사느냐, 예수를 따르고 죽느냐의 갈림길에 놓여 있는 도마였다. 예수를 버리고 사는 것은 정말 죽는 것이요, 예수를 따라 죽는 것은 정말 사는 것이다. 이를 깨달은 도마는 "우리도 죽으러 가자"라고 말하였다. 예수를 환영하던 한때는 사라지고, 수난의 때는 박도하였나니, 물러갈 자는 물러가고 따라갈 자는 일사를 각오해야 한다. 예수님께서 말씀하시기를 "무릇 나에게 오는 자는 부모와 처자와 형제와 자매와 자기의 생명보다 나를 더 사랑하지 아니하면 능히 나의 제자가 되지 못하고 또 누구든지 저의 십자가를 지고 나를 좇지 아니하면 능히 나의 제자가 되지 못하리라"(눅 14:26-27)라고 하신 말씀이 곧 우리에게 하신 말씀이다.

2. 남을 위해 일사각오

예수의 삶 전체는 남을 위한 것이었다. 이 세상에 탄생하심도 남을 위하심이요, 십자가에 죽으심도 죄인을 위하심이었나니 이 예수를 믿는 자의 행위도 또한 남을 위한 희생이라야 한다. 세상 사람은 남을 희생하여 자기의 이익을 도모하지만 예수교는 자기를 희생하여 남을 구원하는 것이다. 자기가 죽고 이웃을 사랑하는 일(殺身愛人), 그 얼마나 숭고한 정신이며 그 얼마나 거룩한 행위이냐! 선교사 아펜젤러는 조선 감리교회의 기초석이요, 배재와 이화학당의 아버지시다. 이보다 그의 최후는 더욱 고귀하였나니 마지막 전도여행에 수증기선으로 남쪽으로 가다가 그 배는 불행히 파선하였다. 자기는 일등실 손님으로 구조를 받아 살 수 있음에

주기철은 평양 장로회신학교 졸업생 중에서 모교에 가장 많이 초청받은 강사 중한 사람이었다. 그가 처음으로 모교에 초청된 것은 1933년 11월로 이날 그 유명한설교 "일사각오"(一死覺悟)를 하였다.

사경회를 마치고 교수들 및 학우들과 함께(1935. 12. 20.).

도 불구하고 동행자인 조선인 여학생을 건지려다가 그만 죽어 버렸다. 오! 이 얼마나 거룩한 죽음이냐! 남을 위하여 일개 외국인 여학생을 위하여 만리타국에 그 생명을 버리는 그 정신은 우리 조선 교회 역사상에 살아 있고 그 영혼은 하늘나라에서 영원히 빛나리로다. 더구나 그 아들 그 딸도 조선을 위하여 선교를 계속하고 있지 아니한가?

남양 군도와 인도와 중국의 선교를 위하여 목숨을 버린 자 백이요 천이다. 이들은 다 예수의 정신을 계승한 희생이다. 그때 나사로를 위하여 일사각오한 도마는 후일 억만의 인도인을 위하여 목숨을 버리었도다! 숭고할거나! 도마의 일사각오! 오늘 우리에게도 남을 위한 일사각오.

3. 부활 진리를 위하여 일사각오

주님의 이번 베다니 행차는 죽은 나사로를 다시 살리기 위하여서의 모험이다. 주님이 베다니에 도착한 때는 벌써 나사로는 죽은 지 나흘이 되어 슬픔의 베다니였나니 주님은 사랑하는 나사로의 무덤 앞에서 인생의 비극을 눈물 흘리며 우시었다. 기도와 함께 "나사로야, 나오라" 하시는 예수님의 말씀에 응하여 천지도 놀라는 듯 나사로는 부활하였다. 아! 부활! 할렐루야! 영광일세. 이는 주님의 부활과 신자의 부활을 믿게 하는 큰 이적이다. 도마가 이번에 예수께 순종하여 부활의 사실을 목도하고 "우리도 또한 가서 같이 죽자" 함은 미리 안 것은 아니나 부활을 목도할 수 있는 일사의 각오라 할 수 있다.

후일 도마는 예수의 부활을 확신하고 크게 깨닫고 "나의 주시며 나의 하나님이시라"(요 20:28)고 증거하였다. 그런 도마는 나사로의 부활을 통하여 예수의 부활을 확신하는 동시에 신자의 부활을 확신하였다. 그래서 도마는 이 부활의 복음을 페르시아와 인도에 전하였다.

일사각오한 뒤에 승리가 있고, 광명이 있고 살 길이 있다. 하물며 하늘에서 내려온 진리, 부활의 진리리요. 내세를 부인하는 공산당 무리도 그 주의를 위하여 목숨을 버리거늘 영생을 믿고 부활을 소망하는 신자들은 왜? 죽음을 두려워하느냐?

부활의 복음이 우리에게 이르기까지 [순교의] 피로써 전해져 내려오는 것이다. 궁중에 봉쇄된 성경을 개방하여 만민의 성경이 되기 위하여는 위클리프의 백골이 불에 태워지고 틴달의 몸이 재가 되지 않았는가? 신학생 여러분, 제군의 읽는 성경은 피의 기록! 피의 전달이다. 신학을 말함으로 제군의 사명이 다 되는 것인가. 피로써 전하여 온 부활의 복음을 위하여 인도 도상에 피를 뿌리었소. 오! 오늘 우리에게도 부활의 복음을 위한 일사각오![58]

이 설교는 후배 신학생들에게 전해 준 피 끓는 애절한 절규였다. 주님을 위해 목숨을 버려 신앙을 지키고, 복음을 전파하자는 내용이다. 자기의 생명이 아까워서 신앙 보수를 못하면 그가 어찌 목사요, 그리스도의 제자일 수 있는가 하는 뜻이다. 자신이 그렇게 살아가지 않으면, 또 순교의 각오가 되어 있지 않으면 함부로 할 수 없는 설교요 권면인 것이다. 주 목사는 선배답게, 그리고 자기가 설교한 대로 주님을 위해 죽음의 길을 감으로써 우리 앞에 영원히 살아 있는 것이다.

노회와 총회에서의 활동

주 목사가 산정현교회에 부임한 지 1년이 지난 1937년 4월 6일, 제33회 평양노회가 남문밖교회에서 있었다. 이때 주 목사는 이승길(李承吉),

길진경, 최지화, 최창근, 김경환, 백승건, 김인실 목사 등과 함께 총회 총대로 선출되었다. 평양노회같이 역사가 오래되고 내로라하는 연세 높은 선배들이 집합되어 있는 노회에서 이명한 지 1년밖에 안 된 약관 40세의 주 목사가 총대로 선출되었다는 것은 그의 영성이 그만큼 드높았다는 증거이다.[59] 총대로 선출되던 그해 10월 5일, 평양 서문밖교회에서 모인 제34회 평양노회에서 부노회장으로 선출된다. 이 역시 노회 전입 불과 1년 만에 이루어진 일이다.[60]

주기철이 총대가 되면서 그의 활동 무대는 노회에서 총회로 옮겨 간다. 그가 총대로 참석했던 1937년 9월 10일부터 16일까지 대구 남성정교회(현 대구제일교회)에서 모였던 제26회 총회는 그가 참석한 마지막 총회였는데, 이때 그의 활동은 범상한 일이 아니었다. 그는 전국에서 모인 선배 목사들을 제치고 닷새 동안 계속해서 설교를 하는 놀라운 일을 하였다. 첫째 날은 밤 8시에 개회해서 새벽기도회가 없었고, 둘째 날 새벽기도회 때는 대표 기도를, 셋째 날 새벽부터 총회가 마치던 일곱째 날까지는 연속해서 설교를 하였다.

제2일 새벽기도회   리문주 씨 사회로 찬송가 제7장을 합창하고 김성택, 주기철 양씨로 기도케 하고……

제3일 새벽기도회   주기철 씨가 스가랴 4장 1-6절까지 봉독하고 "성신의 능력"이라는 제목으로 강도하고……

제4일 새벽기도회   주기철 씨가 성경 누가복음 11장 5-13절까지 봉독하고 기도 후 "성신받는 길"이라는 제목으로 강도하고……

제5일 새벽기도회   주기철 씨가 마태복음 16장 21-27절까지 봉독하고 "십자가의 길로 가자"라는 제목으로 강도하고……

제6일 새벽기도회 주기철 씨가 기도하고 예레미야 44장 1-6절까지 봉독하고 "하나님이 제일 미워하시는 죄"라는 제목으로 강도하고……

제7일 새벽기도회 주기철 씨가 성경 에베소서 6장 10-23절까지 봉독하고 "예수를 사랑하는 마음이 변하지 말자"라는 제목으로 강도하고……[61]

당시 목사 총대가 82명, 선교사 총대가 35명, 합하여 117명의 목사가 총대로 참석하고 있었는데, 유독 주기철 한 사람이 계속해서 새벽기도회를 인도했다는 사실에서 우리는 하나님의 섭리를 깨닫게 된다. 무슨 이유에서였을까?

그가 정한 설교 제목도 예사로 여겨지지 않는다. 처음 이틀 동안에는 성령에 대한 말씀을 전했다. 첫 번째가 "성신의 능력"이었고, 두 번째가 "성신받는 길"이었다. 기독교 신앙의 근본은 성신(성령)을 받고 능력을 받은 후에야 비로소 참된 신앙을 소유할 수 있고, 어떤 어려움이나 시험도 이길 수 있음을 보여 준다. 모든 기독교인 그리고 목사, 장로들은 성신을 받아야 비로소 능력을 받게 된다는 것이다. 세 번째 설교는 "십자가의 길로 가자"라는 제목이었다. 기독교인의 삶은 십자가를 지는 일이다. 주님도 내 제자가 되려는 자는 자기 십자가를 지고 나를 따르라고 하셨다. 십자가의 길로 가지 않는 자는 주님의 제자가 될 수 없다. 십자가 없는 기독교 신앙은 없다.

네 번째 설교는 "하나님이 제일 미워하시는 죄"라는 제목이다. 하나님이 제일 미워하시는 죄가 무엇인가? 두말할 필요 없이 십계명의 제1계명인 "내 앞에 다른 신을 네게 두지 말라"이고 둘째 계명인 "……우상을 만들지 말고 섬기지 말고 절하지 말라"인 것이다. 이 두 가지 죄악, 즉 우상을 숭배하고 절하는 죄는 곧 신사참배하는 죄인 것이다. 주 목사는 이 대목을 겨냥하고 설교한 것으로 여겨진다. 마지막 날에는 "예수를 사랑하는 마음이 변하지 말자"였는데, 에베소 교회처럼 처음 사랑을 버리는 죄를 짓지 말고, 마지막까지 예수를 사랑하는 마음을 변치 말고 신앙과 믿음의 절개를 지키자는 내용이었다. 그는 예언자처럼 이듬해에 한국 장로교회가 하나님께 씻을 수 없는 죄악을 범하고, 이 총회가 민족교회사에 천추의 한으로 남을 신사참배를 결정할 것을 지켜보는 것처럼 피 끓는 심정으로 이 말씀들을 선포하였던 것이다. (제5일 새벽기도회 설교인 "십자가의 길로 가자"는 부록에 실려 있다.)

마치 주 목사는 이 총회가 곧 신사참배를 결의하는 배도의 길을 갈 것을 예견하는 것처럼, 주님과 동행하고 주님이 가신 십자가의 길로 가는 것만이 승리의 길이라고 애절하게 호소하였다. 그러나 친일파 목사들은 앞장서서 신사참배 결의로 회의를 몰아가고 있었다. 특히 주 목사가 속해 있었던 평양노회가 신사참배 결의안을 적극 추진하고 총회에서 불법적으로 통과시켰다는 것은 역사의 이율배반과 더불어 양심에 화인 맞은 자들의 소행이었음을 역사가 지난 후에 우리는 알게 된다.

일제의 황국신민화 정책과 신사참배

1910년 국왕인 순종(純宗)을 제쳐놓고 일제의 주구(走狗)들에 의해 일방적으로 한·일 병탄이 이루어진 후부터 일제는 한국 교회를 조선 통치에 가장 걸림돌이 되는 단체로 생각하고 한국 교회 제압을 구체화하기 시작했다. 그로부터 온갖 위협과 파괴 공작을 다하던 일제는 1930년대에 들어와서 신사참배로 한국 교회를 시험대에 올려놓았다. 아시아 제패와 세계 제패의 망상을 꿈꾸던 일제는 조선 교회를 정신적으로 완전히 일본화하기 위한 방편으로 신사참배라는 올무를 교회 앞에 놓았다. 한국 교회는 서글프게도 이 올무에 걸리게 되었고, 결국 국가의식이므로 국민 된 도리로 참배를 해야 된다는 미명하에 우상 앞에 절하고 신앙의 정조를 버리는 무서운 죄악을 범하고 말았다. 그러나 그중에서도 끝까지 신앙의 절개를 꺾지 아니한 주기철, 최봉석 목사 등 50여 명이 순교함으로써 우상 앞에 무릎 꿇은 동역자들과 우리 교회와 민족의 죄악을 그들의 고귀한 순교의 피로 씻어 내고 있었다.

아시아 제패의 꿈을 이루기 위해서 한국을 그 전초기지로 삼을 수밖에 없다고 판단한 일제는 한국민을 철저하게 황국신민화해야 할 필요를 느끼게 되었다. 한국인들을 일본에 동화시키는 정책이 필요했던 것이다. 초대 조선총독 데라우치(寺內正毅)는 《조선 지배 1910-11년의 연감보고서》에서 한국과 일본의 지리적·문화적 유사점들을 강조하면서 "두 백성들은 그 관심사도 동일하고 형제애로 서로 결합되어 있으므로 한 몸으로 융화하고 형성하려 하는 것은 자연적이고 필연적인 일의 과정이다"[62]라고 선언하였다. 따라서 이들이 그 목적을 달성하기 위해 착안한 것이 신사참배이다. 신사참배란 옛날의 천황(天皇)이나 무사들의 영을 섬기는 신사(神社)에 참배하는 것을 의미하는데, 이것을 전 국민에게 강요함으로써 일치성을 강조하고 또한 국가와 일왕(日王)에게 충성을 바치는 표를 삼으며, 한민족을 정신적으로 완전히 일본화하려는 야만적 정책이었다. 조선에서의 신사참배는 본래 일본인들에게만 적용되던 것이었지만, 조선총독부는 신사사원규칙(神社寺院規則)을 1915년 8월에 발표하고 다시 1917년 3월에 '신사에 관한 건'을 제정하여 조선의 식민지 동화정책으로 확립하였다.

1919년 일본 제국의회는 서울에 조선신궁(朝鮮神宮)[63] 건립을 결의하였다. 이 결의에 따라 신궁을 건축하는 데 약 4년이 걸렸고, 비용도 160만 원이 들었다.[64] 드디어 1925년에는 서울 남산 중턱에[65] 조선신궁이 완공되었는데 이를 계기로 저들은 본색을 드러내기 시작하였다. 신사참배는 동방요배(東方遙拜), 황국신민서사(皇國臣民誓詞)의 제창, 창씨개명(創氏改名), 일본어 상용(常用)으로 이어지는 일련의 한민족 말살정책 중 하나였다.[66] 그뿐 아니라 지원병 제도를 실시하여 청년들을 전쟁터로 내몰았고, 학도병 제도를 실시하여 대학생들을 전쟁터로 끌고 갔으며, 보국대(報國隊)를 만들어 노동력을 착취하였다. 미곡(米穀)을 강제 공출하고 색(色)옷을 장려한다며 흰옷을 못 입게 하여 민족정기를 말살하는 정책을 악랄하게 진행했다.

그중 신사참배 강요로 가장 무섭게 피해를 본 것은 교회였다. 왜냐하면 신사참배나 동방요배는 "우상을 섬기지 말라"는 기독교 신앙의 가장 핵심적인 교리에 위배되는 것이기 때문이었다. 처음에는 주로 일본인들만 참배를 하게 하였으나 내선일체(內鮮一體)를 강조하여 한국인들에게도 신사참배를 강요하기 시작하였다. 내선일체란 "한국 민족은 일본 민족과 운명을 같이하는 일본 민족의 일부이며, 소위 흥아(興亞)적 민족 해방의 대상이 아니라 일본 민족과 함께 아시아 제 민족을 서구 제국주의의 압제로부터 해방시켜야 할 주체"[67]라고 주장한 것이다. 내선일체에 대하여 미나미(南次郎) 총독은 이런 망언을 남겼다.

> 내선일체는……형상도, 마음도, 피도, 살도 모두가 일체가 되지 않으면 안 된다. ……내선은 융합에 있는 것도 아니고 악수하는 데 있는 것도 아니고 심신 함께 참으로 일체가 되지 않고는 안 되는 것이다. ……내선일체의 최후는 안으로부터 멀리까지 차별 없는 평등에 도달하는 데 있다.[68]

한 걸음 더 나아가 저들은 일본 민족과 한국 민족은 동조동근(同祖同根), 즉 조상과 뿌리가 같다는 터무니없는 논리를 내세우면서 우리 민족을 일본화하기 위한 이론적 근거를 삼았다.

일제는 먼저 통제가 손쉬운 학교로부터 신사참배의 공략을 시작하였고, 이어 기독교계에도 압박을 가해 왔는데, 처음에는 상대적으로 힘이 약한 군소 교단부터 시작해서 마지막에 가장 크고 강한 교단인 장로교회를 쓰러뜨리는 작전을 세웠던 것이다.

일제의 기독교 학교 탄압과 폭압 정책

일제는 기독교를 굴복시키기 위해 다음과 같은 지도 대책을 세웠다.

기독교에 대한 지도 대책

1. 시국 인식의 철저를 위하여 예수교 교역자 좌담회를 개최하고 지도계몽에 노력하여, 이를 통하여 일반 교도의 계몽을 담당하게 할 것.
2. 시국 인식 철저를 위한 지도 및 시설.
1) 교회당에는 될 수 있는 한 국기 계양 탑을 건설하게 할 것. 건설하지 않는 경우라 하더라도 축제일 또는 이유 있는 경우에는 국기를 게양하게 할 것.
2) 예수교의 국기에 대한 경례, 동방요배, 국가봉창, 황국신민의 서사 제창 등을 실시하게 할 것. 아울러 전승 축하회, 출정 황군의 환송영 등 국가적 행사에는 일반 민중과 마찬가지로 적극적으로 참가를 종용할 것.

3) 학교 생도의 신사참배는 국민교육상 절대적으로 필요하지만 일반 예수교도의 신사참배에 대하여는 지방의 실정을 참작하여 우선 교도의 신사에 대한 관념을 시정 이해시켜 강제로 함이 없이 실효를 거두도록 지도할 것.

4) 서력 연호는 역사적 사실을 증명하는 경우 외에 될 수 있는 한 사용하지 않도록 습관을 붙일 것.

3. 외국인 선교사에 대하여 이상 각 항의 실시는 선교사의 자각을 기다릴 것.

4. 찬미가, 기도문, 설교 등 그 내용이 불온한 것에 대하여는 출판물의 검열 및 임감(臨監) 등에 의하여 엄중 단속할 것.

5. 당국의 지도 실시 때에 그것을 즐기지 않는 완미(頑迷)한 교도로서 부득이한 경우에는 관계 법규(행정집행령, 경찰법 처벌규칙 기타)를 활용하여 합법적으로 조치할 것.

6. 국체에 적합한 예수교의 신(新) 건설 운동에 대하여는 그 내용을 엄밀히 검토하여 목적이 순진하고 장래 성과가 예상되는 것에 대하여는 이때 적극적으로 원조하여 줄 것.[69]

교회가 기독교 교리를 내세워 신사참배를 반대할 것을 예견한 일제는, 이 문제를 가지고 당장 기독교와 정면 충돌하는 것은 바람직하지 않다고 판단, 이것은 종교적인 문제가 아니고 국가의식이라는 논리를 내세웠다.

1. 신사참배는 종교의식이 아니라 국민의례이며, 예배 행위가 아니고 조상에게 최대의 경의를 표하는 것일 뿐이다.

2. 교육의 목적은 학생들의 지적인 육성에만 있는 것이 아니라 학생들로 하여금 천황의 신민이 되게 하는 데 있다. 그러므로 교사와 학생들이

모두 함께 신사참배를 통하여 천황에 대한 경의를 표하여야 한다. 그러나 일반인들의 신사참배는 자유에 맡길 뿐이고 강제하는 것은 아니다.[70]

일제가 각급 학교에 신사참배를 강요하게 된 배경은 두말할 필요도 없이 기독교 학교를 굴복시키기 위한 음모였다. 여기에는 한국 교회 지도자들과 선교사들 사이를 이간하고 이들 학교를 자기들의 손아귀에 넣어 식민지 교육의 도구로 삼으려는 의도가 분명히 담겨 있었다.

1932년 일제는 평양 서기산(瑞氣山)에서 열린 춘계황령제(春季皇靈祭)를 계기로 기독교 학교 공략에 나섰다. 평양에 있는 기독교계 학교에 참배를 강요했을 때, 선교사들이나 교사들은 우상숭배 행사에 참석할 수 없다는 입장을 분명히 전했다. 그러자 일제는, 그렇다면 제사 행위에는 참석하지 말고 제사 후 국민의례에만 참석하라는 타협안을 내세웠다. 이에 따라 숭실전문, 숭실중학, 숭의여중이 이 예식에 참석하게 되었고, 이를 기해 전국 학교들로 하여금 신사참배를 강요하게 되었다.

자연히 이 문제는 교회의 문제로 떠올랐고, 1933년 장로회 총회에는 전국의 여러 노회로부터 신사참배에 대한 문의가 왔다.[71] 총회는 이 문제를 해결하기 위해 차재명(車載明), 유억겸(俞億兼), 마펫(S. A. Moffett) 등의 교섭위원을 내어 당국과 협의를 원했으나, 일제는 핑계를 대며 교회와 정면 대결을 회피하면서 신사참배에 반대하는 학생이 있다면 당사자가 직접 청원하라고 하였다. 이로써 학교의 신사참배 문제는 총회 차원이 아닌 학교 당국과 일제와의 문제로 좁혀지게 되었다. 그러나 이것은 일제가 아직 교회와의 정면 대결을 피하고 학교를 굴복시킨 후 교회에 손을 대려는 작전이었다.

얼마 후 일제는 마침내 이 문제를 정면 돌파하기로 방침을 세우고 대만 총독을 지낸 야스타케 나오(安武直夫)를 평남지사로 임명하였다. 그는 1935년 11월, 중학교 이상 도내 공·사립학교 교장회의를 도청에 소집하면서, 회의 전에 모든 교장은 평양 신사에 참배하도록 명령하였다. 그러나 숭실중학교장 맥큔(McCune, 尹山溫)과 숭의여중교장 스눅(V. L. Snook, 鮮于理), 장로교가 연합하여 세운 숭인상업학교장 김항복(金恒福), 그리고 안식교 계통인 순안 의명(義明)학교장 리(H. M. Lee, 李希萬)는 신앙 양심상 참배할 수 없다고 거절하였다. 이에 당국은 이들에게 두 달의 여유를 주면서 그때까지 응하지 않으면 파면하겠다고 위협하였다.

일이 이렇게 전개되자 북장로교회 선교사들 간에 이견이 일기 시작하였다. 이에 따라 신사문제를 근본적으로 연구할 필요가 있다고 판단하고 홀드크라프트(J. C. Holdcraft, 許大殿)에게 신사의 본질, 의의, 목적 등에 대해 자세히 연구, 보고케 하였다. 그는 이에 대해 검토하고 나서 1937년 3월 10일 장문의 보고서를 통해 "신사에는 종교적 요소가 혼재되어 있으므로 참배는 불가하다"는 결론을 내렸다. 선교부는 이 보고서를 각 선교사에게 보내고 신사참배 불가 결론을 확인하였다.[72]

평양 시내 목사들이 모인 자리에서 선교회의 입장을 전하자 한국 교회 목사들도 이에 동조하고 신사참배를 단호히 거절하기로 결의하였다. 이에 따라 맥큔과 스눅 두 교장은 결국 파면되어 미국으로 추방당했고,[73] 다른 교장이 그 자리를 대신하였지만 그들 역시 신사참배를 거절하였다. 이들 학교는 1937년 마침내 폐교 신청을 하고 말았다.[74] 숭실전문학교는 이종만(李鍾萬)에게 넘어가 대동공업전문학교가 되었고, 중학교는 당국이 접수하여 제3공립중학교가 되는 비운을 겪었다.

북장로교계 학교의 폐교는 전국으로 확대되어 서울의 세브란스의전, 정신학교, 대구의 계성·신명학교, 선천의 신성·보성학교, 재령의 명신학교, 강계의 영실학교 등이 문을 닫았고, 서울의 연희전문도 1941년에

이르러 총독부로 넘어가는 비운을 맞게 되었다.[75]

남장로교회는 북장로교회보다 이 문제에 대해 더욱 강경하였다. 그들은 신사참배 문제는 유일신론과 다신론 간의 투쟁이라고 단정하고 여러 회의를 통해 확인하였다. 이 문제는 본국 교회의 총무 풀톤(C. D. Fulton)이 1937년 한국을 방문하면서 더욱 강화되었다. 그는 일본에서 태어난 선교사 2세로서 일본어, 관습, 종교에 대해 깊은 이해를 가진 사람으로 이 문제를 해결하는 데는 더없이 적합했다. 그는 신사문제를 다음과 같이 정의하였다.

> 첫째, [일본] 정부가 정의하는 종교는 기독교인들에게는 타당하지 않다.
>
> 둘째, 국가와 신도(神道) 사이의 어떤 차이도 찾을 수 없다.
>
> 셋째, 신사참배에는 여러 가지 종교적 요소가 많다.
>
> 넷째, 투옥과 고문, 그리고 죽음의 위협 아래서 표현되는 한국인들의 의견은 액면 그대로 받아들일 수 없다.[76]

이에 따라 남장로교회는 신사참배 절대 불가라는 입장을 정리하였다. 1937년 9월 새 학기가 시작되자 당국은 모든 학교에게 중국에 출정한 일본군의 승리를 아마테라스 오미카미(天照大神)에게 기원하라는 명령을 내렸다. 남장로교 선교부는 본국(미국) 교회의 훈령과 선교사들의 결의에 따라 학생들을 집으로 돌려보내고 각급 학교를 폐쇄하고 말았다. 광주의 숭일중학·수피아여중, 목포의 영흥·정명여중, 순천의 매산, 전주의 신흥·기전여중 등은 스스로 문을 닫았고, 군산 영명 등 10여 개 학교는 당국에 의해 폐쇄되고 말았다.

학교 문은 폐쇄되었으나 비어 있는 학교 건물은 한국 교회와 일제 앞에서 결코 타협할 수 없는 신앙의 확신을 웅변적으로 증언하고 있었다.

풀톤은 "학교들이 문을 닫았다고 하는 것은 기독교인들은 오직 한 분이시며, 살아 계시고 유일하신 하나님께만 예배해야 된다는 사실을 알게 하는 것이었으므로 결코 실패일 수 없다"[77]고 단호하게 말했다.

호주 선교부도 1936년 2월 "신사참배를 하거나 신사참배를 하도록 가르칠 수 없다"는 방침을 세우고, 그들이 운영하던 모든 학교를 스스로 폐쇄하고 말았다. 그러나 감리교계 학교들과 캐나다 선교회 계열 학교들은 신사참배를 받아들여서 별 어려움은 없었다. 그러나 선교회들 간에, 한국 교회들 간에 균열이 표출됨으로써 일제의 교회 억압은 손쉬울 수밖에 없었다. 선교사들이 우리 민족의 개화와 발전을 위해 고난 속에서 세우고 가꾸어 왔던 이 모든 학교가 일제의 민족 말살정책의 희생물로 폐교당하는 현실 앞에서 선교사들도, 교사들도, 학생들도 서러운 눈물을 흘리지 않을 수 없었다.

그러나 역사를 섭리하시고 우리 민족을 사랑하시는 하나님의 은총으로 이 모든 장로교계 학교들은 고난의 세월이 가고 해방이 온 후 모두 다시 문을 열고 그 본래의 사명을 수행하고 있으니, 역사는 신사에 참배하면서 학교를 계속했던 친일 학교들과 끝까지 우상 앞에 절하기를 거절하고 폐교했던 학교 중 어느 쪽이 옳았는지를 증언하고 있는 것이다. 신사참배를 하면서 황민화 교육을 계속했던 학교들은 민족 교회와 역사 앞에 무엇을 남겼을까?

일제는 1937년 7월 '노구교(蘆溝橋, 마르코폴로 橋) 사건'을 일으켰다. '노구교 사건'이란 1937년 7월 7일 일본군이 북경 교외의 노구교 부근에서 야간 연습을 하고 있을 때 중국군이 기습을 가해 왔다고 하여 일본 관동군 정예부대가 중국군 진영을 습격한 허위 날조된 사건을 말한다. 일제는 이 사건을 핑계 삼아 중·일전쟁을 시작하면서 기왕에 시작된 신사참배를 교회에까지 확장할 계획을 착착 진행시키고 있었다. 미나미 총독은 도지사 회의를 소집하여 조선신궁에서 국위선양을 위한 기원제를 올리고, 조선과 일본의 융합을 위해 일만일체(日滿一體: 일본과 만주가 한 몸이다), 선만일여(鮮滿一如: 조선과 만주가 하나이다), 내선일체(內鮮一體: 일본과 조선이 한 몸이다)의 표어를 주창하였다.[78] 그는 각지에 신사를 건립하게 하고, 모든 사람으로 하여금 신사에 참배하도록 하기 위해 이를 법제화하여, 각 부(府), 읍, 면에 신사를 세우는 1면1신사 정책을 세웠다. 동시에 각급 관공서, 학교, 파출소, 주재소 등지에 신궁대마(神宮大麻)를 넣어 두는 간이 신사격인 가미다나(神棚)를 설치하게 하였고, 한걸음 더 나아가 관청을 통해 신궁대마를 민가에까지 강매하여 각 가정에 가미다나를 설치하고 매일 아침 여기에 참배케 하였다. 매달 6일을 애국일로 정하고 국기게양, 국가봉창, 조서봉독, 동방요배, 근로봉사, 신사참배를 강요했으며, 1938년 10월 황국신민서사[79]를 제정하여 제창하게 하였고, 12월에는 일왕(日王) 사진을 전 학교에 배포하여 예배를 강요하였다.

1938년 2월에 육군특별지원병 제도를 정하고 3월에는 조선교육령을 제정하여 학교의 명칭, 교육의 내용을 일본 학교와 같이하여 조선어 상용(常用)을 금지하였다. 5월에는 국가 총동원 법이 조선에 적용되었고, 7월에 국민정신 총동원 조선연맹이 조직되었다. 1940년에는 일본 기원 2600년을 축하하는 의미에서 모든 한국 사람은 성(姓)과 이름을 일본식으로 바꾸는 소위 '창씨개명'을 실시하라고 명령하였고, 또한 국민징용령에 의하여 강제 연행이 시작되었다.[80]

3부

번제단 위에 오른 예수의 양

1차 검속

주기철 목사는 신사참배로 수차례 검속되어 많은 고난을 겪게 되는데, 일차 검속에 대한 자세한 기록은 남아 있지 않다. 다만 김린서 목사의 기록에 의하면, 1938년 2월 8일 주일, 헌당식을 하기 직전에 일제 당국이 주목사를 검속했다고 한다.[1] 검속 이유에 대해서는 평양 장로회신학교 학생 장홍련(張弘連)의 나무 절단 사건으로 추측한다. 이 사건의 전말은 이렇다.

1938년 2월 전국에서 가장 교세가 강한 평북노회가 일본 헌병 보조원 출신의 친일파 목사 김일선(金一善: 평북 구성 조악동교회)[2]이 노회장으로 선출되고 나서 그의 주동으로 선천 남교회에서 모인 노회에서 신사참배를 결정하여 첫 무릎을 꿇었다.[3] 이 소식이 신학교에 전해지자 평북노회 소속 장홍련[4]이 김일선 목사가 신학교 입학 기념으로 심어 놓은 나무를 찍어 버렸다. 이 사건은 엉뚱하게도 신사참배 반대운동으로 간주되어 일본 경찰은 장홍련을 비롯한 여러 학생들과 교수들을 연행하여 조사하였다.

그러나 알고 보면 이 일은 그렇게 큰 사건이 아니었다. 장홍련이 김일선의 행위에 분노를 느껴 그가 심어 놓은 나무를 찍은 것에 불과했는데, 일제는 이것을 침소봉대(針小棒大)하여 큰 사건처럼 확대하였다. 주기철 목사에게 혐의가 있어서라기보다는 장홍련의 노트에 주 목사의 이름이 나오는 것을 근거로 주 목사를 검거하는 사태로까지 번진 것으로 보인다. 그러나 주 목사의 1차 검속이 이 사건에 연루되었다는 직접적인 증거는 아직 없다.

헌당식을 앞두고 담임목사가 검속됨으로써 주 목사 대신 평양 장로회신학교 교수 이성휘 목사가 예배를 인도하였다. 그는 설교 중 "이 예배당은 예루살렘 성전과도 같습니다. 천정에는 수많은 십자가가 이루어졌습니다"[5]라고 말하였는데, 이는 주 목사와 산정현교회, 그리고 이 교회 교인들이 지고 가야 할 십자가를 예시한 것이 아닌가 싶다.

주기철 목사가 장홍련의 나무 남벌 사건과 연관되어 검속되었는지에 대한 기록은 김린서 목사가 기록해 둔 것 외에는 없다. 물론 김린서 목사의 기록이 정확한지도 검증해 봐야 할 부분이다. 왜냐하면 1938년 3월 22일부터 25일까지 산정현교회에서 제33회 평양노회가 열렸고, 주 목사는 부노회장에 연임되었으며, 또 총회 부총대로 선출되었다. 부총대는 총대에 결원이 생기면 대신 직임을 맡는 대기자이다.[6] 담임목사 없는 교회에서 노회를 한다는 것도 상상하기 어렵고, 구속되어 있는 사람을 부노회장에 연임한다고 하는 것도 자연스럽지 못한 점을 고려하면, 아마도 주 목사의 검속은 노회 후가 아닌가 생각된다. 그러나 이도 증명할 만한 기록이 없다.

김린서 목사의 주장을 수용한다면, 주기철 목사가 검속된 상태에서 제 33회 평양노회가 1938년 3월 22일부터 25일까지 목사 73명, 장로 151명, 선교사 3명 도합 227명이 모여 열렸다. 지난해에 주 목사가 부노회장에 선출되었기에 관례에 따라 부노회장 교회에서 노회가 열렸던 것인데, 담임목사도 없는 가운데 노회가 열려 주인 없는 집에 객들이 설치는 형상이 되고 말았다. 노회의 분위기도 전과는 사뭇 달라 도저히 기독교회 노회에서는 해서는 안 되는 일들이 자행되었다. 노회 회순 가운데 특별순서라는 것이 삽입되어 있었는데, 국기(일본기)를 게양하고, 황거요배를 하고, 출정 군인을 위한 헌금을 하여 일금 백 원을 모으고, 출전 황군을 위한 위문문을 발송했다.[7] 과거와는 전혀 다른 상황이 노회 회의석상에서 전개되면서 교회에 흑암의 구름이 서서히 밀려오는 감을 갖게 했다.

그렇다면 주 목사는 1차 검속 후 언제 석방되었는가? 이것도 확실한 증거는 없다. 다만 간접 증거만 남아 있을 뿐이다. 일제는 한국 교회에 신사참배를 강압하기 위한 정책을 세운 후에 이 일의 적극적인 추진을 위해 같은 기독교회의 지도자인 일본 기독교대회 의장 도미타(富田滿)를 한국에 파송하여 신사참배는 결코 신앙상의 문제가 아니고 다만 국가의 의식이라는 점을 강조했다. 그는 서울을 거쳐 평양에 와서 주 목사가 섬기던 산정현교회에서 평양지방 교회 지도자들을 모아 놓고 신사참배의 정당성을 주장했다. 이때 도미타와 동행했던 일행 중 한 사람이 동경에서 발행되던 일본 교회 기관지 〈복음신보〉에 기고한 글에 의하면 "이 교회(산정현교회) 목사는 전일(前日) 경찰서 유치장에서 석방된 형편이었다."[8] 이 기사를 보면, 주 목사가 석방된 이튿날 도미타 간담회가 있었으므로 석방 날짜는 1938년 6월 29일이 된다. 따라서 주 목사의 제1차 검속 기간은 약 5개월이 되는 셈이다.

도미타와의 설전

일제는 한국 교회의 본산이라고 여겨지는 서북 지방을 공략하기 위한
정지(整地) 작업에 착수하였다. 항상 악의 세력이 지배하는 시대가 되면
시류에 편승하여 신앙을 팔고 교회를 팔아넘기는 배반자들이 있게 마련
인데, 이때도 예외는 아니었다. 1938년 5월 1일, 평양에서 '내선교역자
간친회'(內鮮敎役者懇親會)가 열렸다. 이는 일제에 적극 협력하던 일본 교회
와 한국 교회가 친선을 나눈다는 명목의 모임이었다. 평양의 최고급 철
도호텔에서 열린 이 회의에 평양노회 소속 목사들과 평양에 있던 일본인
교회 목회자들이 함께 모여 "서로 대화를 하며 우정을 두터이"[9] 하고, 일
본과 한국 교회 지도자들의 상호 방문이 논의되었다. 이에 따라 한국 교
회 대표단이 일본에 가서 일본 정신과 기독교의 실체를 견학하기 위해
대표단을 구성하였다.

대표단은 평양노회장과 총회 서기를 역임한 장운경(張雲景) 목사, 평양
노회장과 총회장을 역임한 이승길 목사, 그리고 오문환 목사, 황해노회
노회장을 역임한 김응순(金應珣) 목사 등으로 구성되었다. 이들은 일본 내
주요 도시에 있는 각 교파 교회의 포교 상황을 시찰하고, 신사참배 문제
에 관한 많은 자료를 수집하고 돌아왔는데, 방문 기간 동안 일본 관민(官
民)들의 환대를 받았다. 일본을 방문했던 이승길, 장운경, 오문환 등은
후에 '평양기독교친목회'를 구성하여 한국 교회의 '친일화' 작업에 앞장
섰다.

이들의 일본 방문에 답방하는 형식으로 온 사람들이 도미타 일행이다.
그들은 1938년 6월 19일 도쿄를 출발하여 21일 부산에 도착하였다. 전
국 여러 지방을 돌아다니면서 신사참배의 당위성을 역설하였고, 서울을
거쳐 기독교의 근거지인 평양에 입성하였다. 도미타는 역사가 오래된 도

쿄 지바(芝)교회에서 오래 목회한 사람이었고, 일본기독교회(장로교회) 대회장과 일본기독교연맹 의장 등을 역임한 일본 교계의 거물이었다. 그 외 일본 기독교 상무위원(常務委員)이며 〈복음신보〉 주필 히다카 목사와 신학교 교수 등이 함께하였다. 이들은 신학적으로 보수적 장로교회의 전통을 고수하면서도 신사참배를 비롯한 일본의 군국주의 종교 정책을 적극 지지·후원했던 인물들이었다.

이들 일행은 6월 29일 서울을 출발하여 당일 평양에 입성하였다. 평양성의 여러 친일 색채를 띤 목사들의 환영을 받으며 하루를 쉰 후 이튿날 산정현교회에서 간담회를 가졌다. 도미타의 신사참배 정당성에 대한 강연이 먼저 있었다. 그는 신사참배는 이미 정부가 신사에 대해 국가의례일 뿐 종교가 아니라고 규정한 이상 이를 종교적으로 보아서는 안 된다는 점을 법령을 인용하며 자세히 설명하였다. 그 이후 질의응답 시간이 되자 일본어를 해득할 수 있는 목사들이 일본 신학자들이 써 놓은 글 중 신사와 종교를 일치시켜 해석한 것을 거론하면서 반론을 제기했다. 이에 히다카가 그것은 일본기독교회 신학자로서 받아들일 수 없는 것임을 역설하였다. 반론을 편 목사들 가운데 주 목사도 포함되어 있었는데, 그의 반론은 집요하고 논리 정연하였다. 주 목사의 집요한 논박에 대해 "이들에게 국어(일본어)는 우리(히다카 일행)에게 영어와 같아서 말로 할 수는 없어도 읽는 데 어려움이 없어서 주 목사 같은 자는 통역을 내세워 끈질기게 논구(論究)해 왔다"[10]고 기록했다.

주 목사가 이때 무슨 말을 했는지 기록은 없다. 다만 도미타의 대답을 통해 간접적으로 그 내용을 추정할 수 있다. 도미타는 다음과 같이 대답했다.

제군의 순교적 정신은 훌륭하다. 그러나 언제 일본 정부가 기독교를 버리고 신도로 개종하라고 강요하였던가? 그런 실례가 있으면 보여 달라. 국가는 국민 된 제군에게 국가의 제사의식을 요구한 것에 불과하다. 경관이 개인의 종교 사상을 가지고 제군에게 강요했다고 하는데 이 역시 국가가 승인한 것이 아니다. 기독교가 억압을 받는 때가 되면 우리도 순교할 것이다. 메이지 대제(明治大帝)께서 만대에 이를 대어심(大御心)을 가지시고 전 세계에 비교할 수 없을 정도로 종교의 자유를 부여하신 것을 경솔히 여겨 모독하지 말라. 민간 학자들이야 제 마음대로 글을 쓴다. 제군이 그런 데 일일이 마음을 두었다가는 방향을 잘못 잡게 될 것이다.[11]

도미타의 대답 가운데 "순교"라는 말이 두 번이나 나온다. 이때 논쟁에서 벌써 순교의 각오로 따지고 드는 주 목사의 모습이 그려진다. 순교라는 말은 쉽게 나오는 말이 아니다. 간담회 석상의 주 목사는 순교의 각오로 기독교 진리를 수호해야 한다는 굳은 의지를 다짐하고 있었다. 이 간담회가 얼마나 격정적이었던지, 일제에 협력하는 변절한 기독교회 지도자들과 진리 수호를 위해 생명을 내놓은 첨병들 간의 논쟁이 그칠 줄 모르고 계속되었다.

밤이 깊어 새벽 한 시가 넘었음에도 참석자들은 조금도 지친 기색이 없었다. 조선의 교역자들에게는 사활이 걸린 문제였다. 일신의 안위가 걸린 문제가 아니라 목회하고 있는 교인들의 안위가 걸린 일대 문제였다. 토론은 밤을 넘겨 진행되었다고 들었다.[12]

새벽 한 시가 될 때까지 사활이 걸린 문제로 격론을 벌였다고 기록했다. 이 간담회를 통해 주기철 목사는 신사참배를 철저히 반대하는 사람이라는 낙인이 찍혔다. 따라서 그는 일본 경찰의 요주의 인물 1호가 되었고, 이는 수난의 가시밭길을 갈 것이라는 암시이기도 했다.

　이러한 상황에서 일제는 한국 교회를 공략하기 시작하였다. 다음의 글은 이를 뒷받침한다.

> 전 조선에 50만에 달하는 예수교 신자들은 시국에 대하여 대단히 냉담한 태도를 가졌고 신사에 있어서도 이와 같은 국가적 행사에 참가하는 일은 기독교의 계명에 위반되는 일로 이를 긍정하지 않았고 혹은 예수를 가리켜 만왕의 왕이라는 설명을 하고 있으므로 불경죄로 잘 살펴서 처단되어야 할 것.[13]

　교회는 이제 마지막 벽에 부딪히게 되었다. 그동안 갖가지 박해를 견뎌 왔는데 이 마지막 억압을 어떻게 견디느냐가 관건이었다. 신사참배, 그것은 기독교인이라면 누구도 부인할 수 없는 우상숭배였다. 1935년 한국 교회가 신사참배 문제를 선명히 규명하려 할 때, 총독부 외사과(外事課)에 근무하던 일본 기독교인 오오타(大田)가 총독부를 대신하여 교회 지도자들을 찾아와서 신사는 우상이 아니고 애국적 행위인데 왜 거부하느냐고 물었다. 그때 교회 지도자들은 만일 총독부가 신사에 영(靈)이 없고 애국적인 행동일 뿐이라는 성명서를 낸다면 우리는 참배하겠다고 하자, 그는 "영이 있다"고 대답했다.[14] 따라서 교회가 신사참배를 하는 것은 우상 앞에 무릎 꿇는 결과가 되고 마는 것이었다. 그러므로 모든 교회는 이에 생명을 걸고 투쟁해야 했다. 그러나 교회는 그렇게 하지 못했다.

　신사참배를 제일 먼저 수용한 교회는 가톨릭이었다. 가톨릭은 1918년 "신사는 다른 신들을 위하는 곳이므로 참배할 수 없다"는 한국 천주교 장정(章程)을 작성하면서 신사는 종교임을 명시한 일이 있었다. 그러나 독일, 이탈리아, 일본이 3국 동맹을 맺은 후에는 갑자기 태도를 바꾸어

1936년 5월 교황 비오(Pius) 12세가 포교성(布敎省)을 통하여 "신사참배는 종교적 행사가 아니고 애국적 행사이므로 이를 용허한다"[15]고 다음과 같이 천명하였다.

> 일본제국 안에서 의식서는 신자에게 다음과 같이 가르친다. 즉 신사에서 행하는 의식은 국민으로서의 의무이다. 교육받은 자의 상식에 의하면, 신사 의식은 단순한 애국의 표현이며 황족과 국가의 훈공자(勳攻者)에 애친(愛親)의 마음을 표하는 것이다. 그러므로 이 같은 의식은 시민으로서의 가치를 갖는 것뿐이며, 가톨릭 신자는 이에 참가하는 것을 허용한다.[16]

이로써 가톨릭교회는 신자들에게 신사참배를 할 수 있는 길을 넓게 열어 두었다. 천주교회 총동원경성교구연맹은 일제에 협력하는 의미에서 1937년 10월 3일부터 9일까지 '총후(銃後: 후방)후원 강화주간'을 실시하고, 그해 말 자신들의 협력 사항을 결산하였다. 1937년 7월부터 1939년 12월 말까지 총동원경성교구연맹의 경성교구 49지방[본당]에서 이룩한 성과는 다음과 같았다. 동양의 평화, 황군 무운장구, 전몰장병의 위령을 위한 각종 기원미사 29,622회, 동 목적을 위한 기도 55,452회, 국방헌금 3,624원 23전, 일선 장병 위문금 932원, 병기 헌납 보조금 422원, 제일선에 보내는 위문주머니 691개, 시국강연회와 각종 좌담회 11,592회, 출정장병 가족위문 151회, 부상장병 위문 37회, 기타 각종 행사 165회였다.[17] 가톨릭에 이어 안식교가 1936년에 신사참배를 가결하였고, 이에 따라 성결교회, 구세군, 성공회가 잇따라 굴복하였다.

다음으로 조선에서 두 번째로 큰 교단인 감리교회도 일제 앞에 굴복하고 말았다. 1936년 6월에 개최된 제3차 연회에서 당시의 총리사 양주삼(梁柱三) 목사가 총독부 초청 좌담회에 다녀온 후 신사참배를 하기로 결정하였다.[18] 감리교 내에서 반발이 일자, 1938년 9월 다음과 같은 성명서를 발표하여 신사참배 원칙을 고수하였다.

> 연전(年前) 총독부 학무국에서 신사참배에 대하여 조회한 바를 인쇄 배부한 일이 있거니와, 신사참배는 국민이 반드시 봉행할 국가의식이요 종교가 아니라고 한 것을 잘 인식하셨을 줄 압니다. 그런고로 어떤 종교를 신봉하든 신사참배가 교리에 위반이나 구애됨이 추호도 없는 것은 확실히 알 수 있습니다.[19]

미나미 총독은 감리교 연회에 참석하여 다음과 같은 말을 하였다.

> 대일본 국민 된 자는 그가 믿는 신앙의 종교를 묻지 않고 동일하게 천황을 존숭하고 조선(祖先, 조상)의 신을 공경하며 국가에 충성을 다한다면 말할 나위도 없는 것으로 신교(信敎)의 자유는 대일본 국민 된 범위 안에서만이 허용되는 것이다. 고로 황국신민이라는 근본정신에 배치되는 종교는 일본 국내에 있어서는 절대로 그 존립을 허용하지 않는다.[20]

참으로 안타까운 노릇이었다. 마지막 투쟁에 동지가 있어야 하는데, 한국에 함께 들어와 선교하며 동고동락했던 감리교회마저 허무하게 일제에 무릎을 꿇자 이제 남은 교회는 장로교회밖에 없었다. 일제가 장로교회를 쓰러뜨리기 위해 회유와 폭압 정책을 썼을 것은 당연한 귀결이다.

이에 앞서 1938년 4월, 일제는 한국 기독교의 각파 지도자들, 즉 유형기, 최석모(崔錫模), 김응조(金應祚), 장정심(張貞心), 박연서(朴淵瑞), 김유순(金裕淳), 김종우(金鍾宇) 등을 서대문 경찰서에 모아놓고 교회가 신사참배를 수행할 것을 강요하고, 일본적 기독교에 입각하여 황도정신을 발양(發

揚)한다는 결의 및 선언문을 채택케 하였다.[21] 같은 해 5월에는 부민관 대강당에서 일본적 기독교 창립을 목적으로 하는 '조선기독교연합회'가 발족되었다. 또한 6월에는 조선 YMCA가 세계 YMCA연맹에서 탈퇴하여 일본 YMCA에 예속되었고, YWCA 역시 같은 운명의 길을 걸었다.

장로교회의 굴복과 신사참배 반대운동

1938년 9월에 있을 장로회 총회 때는 어떤 수단과 방법을 동원해서라도 신사참배를 결의하도록 하겠다는 계획을 세운 일제는, 친일적 목사와 장로들을 먼저 옥죄기 시작하였다. 먼저 1938년 8월 초에 평북 순천 지역의 목사들과 장로들이 신사참배는 국가의식이므로 교회는 이를 수용해도 무방하다는 성명서를 발표하였다. 이에 발맞추어 평양 지역 목사·장로 등 지도층 약 70명이 평양 경찰서에 모여 간담회를 갖고 신사참배를 하는 것으로 방향을 정했다.[22]

이어 8월 24일에는 평양 경찰서 지시에 따라 평양 지역 목사와 장로 59명이 평양 경찰서에 모여 시국 간담회를 갖고 '평양예수교장로회 교직자 일동' 명으로 신사참배를 찬동한다는 선언문을 발표하였다. 8월 25일에는 평양 교회 대표 21명이 평양 신사에 참배함으로써 신앙의 절개를 꺾고 흙탕물 시류에 떠밀려 가는 가련한 모습을 연출하고 말았다. 이것이 일제가 장로교 총회를 앞두고 모의한 총회 신사참배 결의를 위한 역겨운 몸짓이었다.

일제는 총회 통과를 목적으로 우선 노회에서 신사참배를 결의하도록 하는 공작을 수행하였다. 노회가 모일 때 회원들로 하여금 먼저 신사에 참배하도록 온갖 압력을 가하였다. 1938년 2월 전국에서 가장 교세가 강한 평북노회가, 친일파 목사로서 노회장에 선출된 김일선 목사의 주동으로 선천 남교회에서 모인 노회에서 신사참배를 결정[23]하여 첫 무릎을 꿇은 이래[24] 9월 총회까지 23개 노회 중 17개 노회가 굴복하고 말았다. 각 노회에서 선출된 총회 총대들은 그 지역 경찰서로부터 총회에 가면 신사참배안에 동의하든지 아니면 침묵하든지, 둘 다 못 하겠으면 총대를 사퇴하라는 강압을 받았다. 뿐만 아니라 총대들이 총회에 갈 때 사복형사 2인이 동행하여 이들을 감시하였다.

1938년 9월 9일 오후 8시, 조선예수교장로회 제27차 총회가 평양 서문밖 예배당에서 총회장 이문주(李文柱) 목사의 사회로 개회되었다. 이날 저녁 임원선거가 있었는데, 이때에도 서로 총회장이 되려고 운동을 하고 다녔다. 이 얼마나 어처구니없는 일인가? 이 총회에서 신사참배안이 가결될 것이고, 그렇게 되면 한국 교회사에 자기들의 이름이 영구히 오점으로 남을 것을 미처 몰랐을까? 회장에 홍택기(洪澤麒), 부회장에는 김길창, 서기에 곽진근(郭鎭根), 회계에 고한규(高漢奎)가 선출되었다. 신사참배가 가결되었다고 불법적으로 선포한 총회장 홍택기는 신사참배를 온몸으로 막고 순교한 주기철 목사와 신학교 동기동창이었는데, 이렇게 상반된 역사를 남긴 사실은 아이러니가 아닐 수 없다.

신사참배안이 상정되던 이튿날에는 평양 경찰서 경관들이 예배당을 삼엄하게 에워싸고 일체의 방청객 출입을 막았다. 예배당 안 강대상 전면에는 평안남도 경찰부장 등 간부들 수십 명이 긴 칼을 짚고 버티고 앉아 있었다. 또한 총대들 사이사이에는 지방에서 총대들을 따라 올라온 사복경찰들이 끼어 앉아 있었고, 양편 좌우에도 무장경관이 완전히 둘러싸고 있었다.[25] 일제는 총회가 개회되기 전에 신사참배를 반대하던 주기철, 채정민(蔡廷敏), 이기선(李基宣), 김선두(金善斗) 목사 등을 미리 투옥했고, 선교사 총대들에게는 신사참배안이 상정되면 침묵을 지키라고 압력을 가했으나 선교사들은 이를 거절하였다.[26] 반면에 친일파 목사 이승길과 평북노회장 김일선 등이 주동이 되어 신사참배 결의 분위기를 만들어 나갔다.

아침 경건회가 끝나고 속개에 들어가니, 각본대로 평양·평서·안주 3노회 공동 발의로 신사참배안이 제출되었다. 평남 경찰국에서 지명받은 평양노회장이며 중화(中和)읍교회 목사 박응률(朴應律)의 "당국에서 신사참배는 종교가 아니고 국가의식이라 선언하니 우리 총회도 신사참배하기를 결정함이 가합니다"라는 제의에 대하여, 평서노회장 박임현(朴臨鉉)의 동의, 안주노회 총대 길인섭(吉仁燮)의 재청으로 상정되었다. 이 동의안에 대해 총회장 홍택기는 수백 경찰들의 위압에 눌려 떨리는 목소리로 동의에 찬성을 물으니 "두어 사람이[27] '예'라고 대답하니 마귀의 예였다"[28]고 김린서 목사는 기록하였다.

그때 대부분의 총대들이 침묵하고 있었는데 이는 곧 거부의 뜻이었다. 많은 총대들의 침묵에 당황한 경찰들이 일제히 일어나 위협적인 태도를 보이자 놀란 총회장은 부(否)는 묻지도 않고 만장일치로 가결되었다고 선포하였다. 이는 불법 결의 선포였다. 장로교 총회가 신사참배안을 가결한 것이 아니고 회장에 의해 불법적으로 선포된 것이다. 이때 봉천노회 소속 헌트(B. F. Hunt, 韓富善) 선교사가 "의장, 불법이오"라고 소리치며 일어나자 일본 경찰들이 떼로 몰려들어 그를 밖으로 끌어냈다. 이로써 한국 장로교회는 천추에 오점으로 남을 기록을 남기고 말았다. 이어 총회 서기가 성명서를 낭독하였다.

아등(我等)은[우리는] 신사는 종교가 아니요, 기독교의 교리에 위반하지 않는 본의(本義)를 이해하고 신사참배가 애국적 국가의식임을 자각하며 또 이에 신사참배를 솔선 이행하고 추(追)히 국민정신 총동원에 참가하여 비상시국하에서 총후(銃後)[후방] 황국신민으로서 적성(赤誠, 참된 정성)을 다하기로 기(期)함. 우 성명함.

소화(昭和) 13년 9월 10일
조선예수교장로회 총회장 홍택기[29]

이런 와중에서 평양 기독교내선친목회(基督敎內鮮親睦會)[30] 회원 심익현(沈益鉉)[31] 목사는 총회원들의 신사참배 즉시 실행을 특청하여 이를 결의하였다. 이에 따라 당일 정오에 부총회장 김길창을 임원 대표로, 각 노회장들을 노회 대표로 하여 을밀대로 가는 길에 크게 세워 놓은 평양 신사에 나가 절하였으니, 장로교회가 태양신 우상 앞에 공식적으로 무릎을 꿇고 머리를 숙인 비극적 순간이었다. 감옥에 가기 두려워 신앙의 절개를 꺾고 우상 앞에 엎드려 있는 당시 교회 지도자들의 애처로운 모습 속에서 장로교회의 변절이 서글프게 시작되고 있었다. 또한 총회는 "신사참배 결의안을 총독, 총감, 정무국장, 학무국장, 조선군 사령관, 총리대신, 척무대신 제 각하에게 전보로 발송하기로 가결"하였으니, 무력하고 굴절된 교회의 단면을 여실히 보여 주고 있다.

선교사들은 오후 1시에 따로 모여 총회에 항의서를 제출할 것을 결의하였고, 같은 달 12일에는 권찬영(權燦永) 외 25명의 연서(連署)로 "총회의 결의는 하나님의 계율과 조선예수교장로회 헌법에 위반될 뿐 아니라 우리들에게 발언을 허하지 않고 강제로 회의를 진행한 것은 일본 헌법이 부여한 신교 자유의 정신에도 어긋난다"[32]는 요지의 항의서를 총회에 제출하였다. 항의서 내용은 대강 '1. 하나님 말씀에 위반함이요, 2. 장로회 헌법과 규칙을 위반함이요, 3. 일본 국법인 종교 자유 헌장에도 위반함이요, 4. 통용회의법에도 위반되어 있다'는 것이었다. 그러나 이 항의서는 경찰의 강요로 각하되고 말았다. 그나마 항의서를 제출한 이들은 어두운 시대에도 양심의 불씨가 완전히 꺼지지 않고 재 속에 약간은 남아 있는 모습을 보여 주었다.

그해 10월 장로교회는 '시국대응 기독교장로회 대회'를 개최하였는데, 여기에 총독이 참석하여 지난달 감리교 총회에서 행한 내용과 꼭 같은 훈시를 하면서, 황국신민의 근본정신에 반대하는 종교는 절대로 존립을 허락하지 않을 것임을 경고하였다. 참가자 약 3천 명은 황국신민의 서사를 제창하고 일본 국기를 앞세우고 시가를 행진하였고, 조선신궁에 참배한 뒤에 남대문소학교에서 신도대회를 개최하고 황거요배, 국가합창, 무운 장구를 기도하고 오카모도(岡本) 소장의 시국강연을 들은 후 산회하였다.[33]

한국 교회는 신사참배를 더욱 철저히 하기 위해 그해 12월 장로교회의 홍택기·김길창, 감리교회의 양주삼·김종우, 성결교회의 이명직 목사가 일본에 건너가 이세신궁(伊勢神宮) 등지에 참배하였다. 홍병선 목사는 "황국신민으로 국가의 원조(元祖)를 숭배하고 신사참배 곧 예배하는 것은 당연한 일"이라고 말하였고, 어떤 자는 "신사참배하는 일을 우상숭배라 한다면 이는 불경죄에 가깝다고 말해 둡니다"[34]라고 하였다.

하지만 이런 일제의 간악한 회유와 협박에도 끝까지 신앙의 절개를 지키면서 우상 앞에 머리 들고 나선 우리 민족 교회의 사표(師表)들이 있었다. '남은 그루터기' 같은 순교자들과 저항자들이 있어서 우리 교회는 그래도 한 줄기 생수의 샘을 갖게 된 것이다. 세상 모두가 의도적으로 혹은 강압에 못 이겨 일제에 더러운 추파를 던지고 있을 때, "백설이 만건곤할제 독야청청"한 이들이 있었으니 그들의 투쟁을 그냥 지나칠 수 없다. 1940년대 초에 처음부터 여러 가지로 도움을 주고 같이 나라를 걱정하며 기도하고 후원해 주던 외국 선교사들이 일제에 의해 단 한 사람도 남김없이 모두 추방되었다. 동역자들 대부분이 일제에 부역하고 있는 중에도 이에 저항한 신앙인들이 2천여 명에 이르렀고, 감옥에서 순교한 사람이 50여 명이나 되었으며, 폐쇄된 교회만도 200여 곳이 넘었다.[35]

평양 장로회신학교의 반대 시위

신사참배 반대운동은 개인 또는 집단으로 시행되었는데, 본격적으로 반대운동이 일어난 것은 1938년 초 일제가 전국 노회에 참배를 강요한 때부터였다. 앞에서 언급했듯이, 당시 가장 교세가 강하고 굳은 신앙을 간직한 지도자들이 모여 있던 평북노회가 노회장 김일선의 주도로 전국에서도 가장 먼저 신사참배를 결의하였다는 소식이 들려오자, 평양 장로회신학교 학생들과 교수들은 울분을 참지 못하고 이를 성토하였다. 이때 평북노회 소속 학생 장홍련이 격분하여 김일선이 입학 기념으로 신학교 교정에 심어 놓은 나무 한 그루를 도끼로 찍어 버렸고, 이런 기미를 알아차린 일본 경찰은 신학교에 들이닥쳐 학생 7명을 체포, 학생들의 강의록과 설교원고 등 여러 가지 문서를 압수하고, 교수 박형룡과 김인준(金仁俊)을 불구속 입건하였다. 이들 신학교 학생과 교수를 체포, 구금한 일은 당시 〈동아일보〉에서도 크게 보도하였다.[36]

일이 이렇게 진행되자 결국 신학교 이사장 방위량, 교장 나부열 등 선교사 교수들은 신사참배에 대해 강경한 입장을 견지하고 있었으므로 신학교가 폐쇄되는 운명에 봉착하게 되었다. 교장 나부열은 아래의 글에서 신학교를 폐쇄할 수도 없고 그렇다고 교리에 어그러진 상태에서 개학할 수도 없는 진퇴양난에 빠진 고통스러운 심정을 토로하고 있다.

우리 미션회의 사업에는 어느 것에든지 기독교의 신조를 기초로 하여 실행될 것이다. 이 신학교 문제도 마찬가지로 기독교 교회에 준거하여 문제가 해결될 것인데 지금 이 정세로는 개학할 수 없다. 우리는 다만 이 학교를 개학할 수 있을 시기를 엿보고 있을 뿐인데, 아직 그것을 발견치 못하였다. 어떠한 때가 개학할 수 있는 시기라고는 말할 수 없다. 언제든지 개학을 할 수 있어 이 신학교만은 계속할 수 있기를 바라고 있다.[37]

1901년 시작된 교단 총회 신학교가 40여 년의 역사를 이어오면서 교역자를 양성해 오다가 신사참배 불참 결의로 1938년 9월 무기휴교를 선언함으로써 그 문을 닫을 수밖에 없는 비운을 맞게 된 것이다. 당시 재학생들은 교수들이 통신으로 강의록을 보내고 시험도 치르게 해 계속 공부하여 졸업하였다.[38] 교수들은 〈신학지남〉 편집, 총회가 추진하던 주석서 번역 등의 일을 하면서 때가 올 때까지 다른 일에 종사할 수밖에 없었다.

선교사들의 신사참배 거부

한국에 주재하고 있던 선교사들은 교파와 선교사의 신학적 성향에 따라 신사참배에 대해 견해를 달리하고 있었다. 감리교 선교사들은 대체로 묵인하는 태도를 보였고, 장로교 선교사들은 대체로 반대의 입장에 있었으나 개인에 따라서는 적극 지지하기도 했다. 예를 들면, 연희전문 교장 원한경(元漢慶, H. H. Underwood)은 신사참배가 선포되자 평남 경찰부장에게 악수를 청하면서 동 결의안에 축의(祝意)를 표하였고, 연희전문 사업보고 석상에서 "종내 신사 불참배를 고집하여 역사 있는 제 학교를 폐쇄한 것은 크게 유감된 일입니다. 신사참배는 종교신조상 별로 문제될 것이 없습니다. 오늘 총회가 신사참배를 결의한 것은 정당한 일입니다"[39] 라는 망언을 서슴지 않았다. 캐나다 선교부는 1938년 10월 21일 신사참 배를 할 것과 교육기관을 계속할 것을 결의하였다.[40] 그러나 대다수의 선교사들은 강력한 반대운동을 추진하였다.

한편 남장로교회 선교사들은 총회가 신사참배를 모색한 후 더욱 강경한 태도를 보이면서 광주에 모여 차후의 행동을 모색하였는데, 모든 선교부는 각 소속 노회로부터 탈퇴하고 불신자들을 상대로 전도운동을 계속할 것을 통보하였다. 그러나 선교부는 개교회가 전도사업을 의뢰할 때는 이에 응하기로 하여, 노회는 탈퇴하되 신사참배에 반대하는 목회자와 교회와의 관계는 계속 유지하려는 의지를 천명하였다. 이들은 참배를 거부하는 교회들과 목사들을 규합하여 신사불참배 노회 내지 총회를 구성, 장로교회의 역사와 전통을 지켜 나갈 구상을 하고 있었다. 그러나 같은해 10월 캐나다 선교부 대표 맥길(McGill)이 함남 경찰서 고등과장을 방문하고, 신사참배를 국가의식으로 인정하는 것과 그들이 경영하던 교육기관들을 계속 운영할 것을 통보함으로써, 역시 장로교회 선교부들 간에도 균열이 생기고 말았다. 그럼에도 반대파 선교사들은 초지(初志)를 굽히지 않고 노회를 탈퇴하고 신사참배를 거절한 적지 않은 목사들을 물심양면으로 지원하고 있었다.

신사참배를 거부한 사람들

박관준(朴寬俊) 장로[41]는 평북 영변 사람으로서, 기독교인들에게 신사참배를 강요하는 것은 부당하다며 진정서를 작성하여 조선총독, 평남지사,

문부장관 등에게 보냈다. 그러나 이러한 진정서 제출이 아무 효과가 없자, 직접 만나 결판을 지으려고 전후 13차에 걸쳐 총독을 면회하려 시도했으나 실패하였다. 그는 이 일을 직접 일본에 가서 시행하려고 당시 보성여학교 교사로 있던 안이숙(安利淑)을 대동하고 동경으로 건너가, 일본에서 신학 공부를 하고 있던 박 장로의 아들 영창(永昌) 군과 함께 정부 주요 인사들을 만나 설득하였으나 아무런 소득도 얻지 못했다.

1932년 3월 22일, 일본 제국의회에서 종교법안을 심의하고 있을 때 박 장로 일행은 방청석에 앉아 "여호와는 유일한 진신(眞神)이시다"라는 요지의 유인물을 살포하였다. 의회는 아수라장이 되었고, 이들은 현장에서 체포되어 갖은 고초를 겪었다. 이후 박 장로는 6년여의 옥고 끝에 순교의 관을 썼고, 안이숙은 해방 후 출감하여 옥중 수기 《죽으면 죽으리라》를 통해 일제의 감옥 상황과 고문의 사적을 생생하게 기록하였다.

총회가 신사참배를 결정하고 나자 대부분의 교직자들은 현실을 수용하고 신사참배에 동참하였다. 그러나 이 일에 대한 부당성을 외치며 조직적으로 반대운동에 나선 이들도 적지 않았다. 그중에 몇몇 주요 인사들의 면모를 보면, 평북의 이기선 목사, 평양의 채정민 목사, 이주원(李柱元) 전도사, 경남의 한상동 목사 등의 교역자들이 중심이 되어 투쟁을 감행하였다. 이기선 목사는 신사참배안이 가결되자 8년 동안 시무하던 의주 북하동교회를 사임하고 평양의 채정민 목사와 함께 동지 규합을 위해 전국을 순회하였다. 1940년 3월 중순경 이기선, 오영은, 박의흠, 계성수, 김성심, 김형각, 김창인, 김화준, 심을철 등은 다음의 신사불참배운동의 기본 방안을 확정하였다.[42]

 1. 신사참배학교에 자녀를 입학시키지 말 것
 2. 신사불참배운동을 일으켜서 현실 교회를 약체화 내지 해체시킬 것

총회가 신사참배를 결정하고 나자 대부분의 교직자들은 신사참배에 동참했다. 그러나
이 일에 대한 부당성을 외치며 조직적으로 반대운동에 나선 이들도 적지 않았다.

해방 후 석방된 일부 출옥 성도들(뒷줄 왼쪽부터 조수옥, 주남선, 한상동, 이인재, 고흥봉, 손명복.
앞줄 왼쪽부터 최덕지, 이기선, 방계성, 김화준, 오윤선, 서정환).

3. 신사불참배 신도들을 규합하여 가정예배를 가지며 이를 육성하여 교
회를 신설할 것

이에 발맞추어 경남에서는 한상동 목사를 중심으로 주남선, 최상림, 최덕지, 손명복, 조수옥 등 여러 교직자들이 신사참배 반대운동을 전개하면서 다음의 투쟁 방안 등을 계획하였다.[43]

1. 현 노회 해체 운동
2. 신사참배 목사의 세례, 수찬(受餐: 성찬받음) 불응
3. 신사불참배주의자들로 새 노회 조직
4. 신사불참배주의자들의 상호 원조
5. 그룹 예배 시행과 적극적 동지 규합

한상동 목사는 주남선 목사, 최상림 목사, 최덕지 전도사, 조수옥 전도사 등과 더불어 신사불참배운동을 전국적으로 확대하려고 계획하였다. 다행히도 이 운동에 평양의 해밀턴(F. E. Hamilton, 咸日頓)과 몰스베리(D. R. Malsbary) 선교사가 재정적 지원을 해 주어서 큰 도움이 되었고, 만주 흥경(興京)에 주둔하던 헌트(B. F. Hunt, 韓富善) 선교사는 만주 지방의 반대운동을 적극 지도하고 신앙을 파수하는 신자들을 방문하면서 격려하였다. 비록 이 운동에 직접 가담하지는 않았지만, 일부 목사들 중에서도 음성적으로 저들을 도와주는 이들이 적지 않았다.[44]

예수의 양(穌羊), 주기철

2차 검속

편하설 선교사는 주기철 목사가 목회하고 있던 산정현교회를 창립하고 1913년까지 초대 목사로 목회한 뒤 일제에 의해 강제 추방될 때까지 약 27년간을 협동목사로 지내면서 교회를 돕고 주 목사를 도와주었다. 1938년 9월 7일 그가 안식년을 마치고 미국에서 돌아왔다. 신사참배가 불법적으로 결정되던 27차 총회가 열리기 이틀 전이었다. 그가 미국에서 돌아온 다음해에 써 보낸 편지가 남아 있다.

> 작년[1938년] 9월 안식년 휴가를 마치고 귀환했을 때 이[산정현] 교회 목사와 부목사 그리고 전도사가 감옥에 들어가 있는 것을 알았습니다. 이들은 정부가 모든 교인들에게 신사참배를 강요하고 있을 때 이를 거부한 이유로 체포되었습니다. 당회는 나에게 주 목사가 돌아올 때까지 강단을 맡아 달라고 요청했습니다. 나는 기꺼이 승낙했습니다.[45]

이 기록에 의하면, 1938년 9월쯤에 주 목사가 다시 투옥된 것으로 나타난다. 산정현교회의 초대 목사인 선교사 편하설이 목회자 없는 강단을 맡아 목회하게 된 것이다. 이렇게 주 목사의 감옥에서의 투쟁과 편 선교사의 밖에서의 투쟁이 길고 지루하게 전개되었다.

1938년 9월, 그러니까 장로회 총회가 신사참배안을 불법으로 가결하던 때 누구보다 앞장서서 신사참배를 반대했던 주 목사는 2차로 검속된 상태에 있었다. 일제는 9월 총회를 앞두고 주 목사를 검속함으로써 그의 총회 출석을 미연에 막았던 것이다. 그가 검속된 이유는 소위 '농우회사건' 때문이었다.

농우회사건이란 경북 의성에서 일어난 것으로 아무 근거도 없이 일제가 조작·날조한 것이다. 신사참배 결의를 앞두고 교회의 동태를 예의주시하고 있던 경북 의성 지방의 경찰은 의성읍교회 교인 집에서 '기농소년회가'(基農少年會歌) 가사가 적힌 노트를 하나 발견하였다. 그 내용은 다음과 같다.

지구 동쪽 금수강산 삼천리 조선
옛적부터 땅을 파서 살던 이 법을
천대만대 누릴 이는 기농소년회
만세반석 굳은 터에 높이 세우세

가사의 내용을 보면, 사실 반국가적인 혹은 항일적인 요소가 없다. 그러나 핑계거리를 찾던 일본 경찰에게는 이것이 좋은 구실이 되었다. 이 가사의 작사자를 찾던 중에 4년 전에 이미 의성읍교회를 사임한 유재기(劉載奇) 목사를 의심했다. 유 목사가 이 교회를 담임할 때 농촌운동을 전개했던 것에서 착안한 것이다.

유재기 목사는 경북 영주 출신으로 평양 숭실전문을 거쳐 1934년 평양 장로회신학교를 졸업한 뒤 경북노회에서 목사안수를 받고 의성읍교회에서 목회를 시작하였다. 그는 숭실전문에 다닐 때부터 농촌에 관심을 갖고 농촌의 자활을 위한 협동조합 조직에 대한 연구를 많이 하였다. 1929년부터 발행되던 〈기독신보〉에 "세계 협동조합운동 고찰", "농촌 소비조합의 조직법", "교회발전과 소비생활", "애(愛)의 사회적 시설과 산업조합" 등의 논문을 연속으로 게재하기도 하면서 농촌문제에 각별한 관심과 연구를 지속하였다.[46]

유 목사는 당시 총회 농촌부 총무였던 배민수 목사, 간사 박학전·김성원 등과 연락하면서 전국 여러 농촌 지역 교회들에 조직되어 있던 청년

✿
유재기 목사는 평양 장로회신학교를 졸업한 후 경북 의성읍교회에서 목회를 했다.
그는 농촌문제에 각별한 관심을 갖고 연구를 지속하였다.

유재기 목사의 젊은 모습과 출옥 후의 모습(1940. 4. 뒷줄 오른쪽 끝).

면려회를 중심으로 '농우회'(農友會)라는 조직을 만들어 체계적으로 농촌 계몽, 산업협동, 소집자운동을 전개해 나갔다. 이 운동은 농촌의 자립과 농민들의 자각운동을 겸하고 있었기 때문에 일본 경찰의 눈에는 이것이 농촌을 근거로 한 민족주의운동 내지는 항일운동의 성격으로 보였다. 게다가 1920년대부터 본격화되기 시작한 사회주의 및 공산주의 운동과 같은 시기에 놓여 있었기에 일본의 사찰 대상이 된 것은 당연한 일이었다.

1930년대에 들어와서 일제는 농민을 상대로 한 농촌운동을 조직적으로 억압하기 시작하였는데, 이 억압은 전국적 조직을 가진 가장 강력한 교파인 장로교회 총회 내에 있는 농촌부를 폐지하는 결과를 낳게 했다. 농촌운동에 촉각을 곤두세우고 있던 일본 경찰의 눈에 선두에 서서 농촌운동을 진두지휘하던 유재기 목사가 걸려들지 않을 수 없었다.

의성 경찰서는 농우회를 '불온사상', '비밀결사', '항일민족운동'으로 규정하고 유재기 목사를 검속하였다. 일제는 이 사건을 '기독교도의 조선독립음모사건'이라는 거창한 이름으로 날조하였다. 일본 경찰은 유 목사를 검속하면서 다음과 같은 이유를 댔다.

> 평양 장로회신학교 및 숭실전문학교 재학 중 사상 학생 10여 명을 규합하여 기독교 사회주의를 실현시킴으로 조선 독립을 달성할 수 있도록 농촌연구회를 조직함과 동시에 전선(全鮮: 조선 전체) 각지에 협동조합, 소비조합 등의 단체를 결성하고 이를 통하여 농민 각 계층에 투쟁의식을 주입한 자임.[47]

이 글에 의하면, 유 목사를 기독교 사회주의로 낙인찍고 항일분자, 농민선동가로 인식하고 있음을 볼 수 있다.

일본 경찰은 유 목사를 검속한 후 이 운동을 뿌리째 뽑아 버릴 요량으로 유 목사와 관계된 사람들, 즉 평양 숭실전문과 장로회신학교 시기, 목회 사역·농촌부원 활동 시기에 그와 관계된 인사들을 줄줄이 검속하기 시작했다. 수많은 인사들이 검속되는 중에 엉뚱하게도 주기철 목사가 포함되었다. 주 목사가 목회하고 있던 산정현교회 부목사로 사역하던 송영길과 한원준 집사가 검속되었기 때문에 담임목사인 주 목사까지 검속한 것이다. 또한 이 농우회가 고문으로 인정한 조만식 장로가 산정현교회 시무장로였고, 특히 주 목사가 마산 문창교회에서 사역할 때 경남노회 주최 농촌수양회에 유재기 목사를 강사로 초청하여 여러 날 함께 지낸 일이 있었는데, 이것을 빌미로 주 목사를 체포한 것이다.[48]

주 목사는 자신과 전혀 상관없는 유재기 목사의 농우회사건으로 검속되어 1938년 8월 말, 의성 경찰서로 연행되었다. 편하설 선교사는 평양에서 주기철·이유택·송영길 세 목사가 연행된 이유를 다음과 같이 기록해 두었다.

> 표면적으로 이들 세 명은 모두 총회 농촌부원이라는 이유로 체포되었는데 경찰은 농촌부원들이 총회 자금 일부를 정치적인 목적으로 사용한 것으로 추정하고 조사를 해 왔습니다. 이들 외에 같은 혐의로 많은 사람들이 체포되었습니다. 이들은 모두 한반도 동남부 해안 가까이 있는 의성으로 압송되어 그곳에 갇혔습니다.[49]

일본은 총회 농촌부에 배당된 예산을 정치적 목적으로 썼다는 혐의를 씌웠다. 아무 근거도 없이 이 사건을 독립운동으로 몰아 무고한 인사들을 검속하고 괴롭혔던 것이다. 증거도 없이 꾸며 낸 이 사건을 공식화하는 길은 자백을 받아 내는 것밖에 없었다. 그리고 죄도 없는 사람들의 자백을 받아 내는 길은 고문밖에 없었다. 편하설 선교사는 투옥된 이들이 석방된 후에 증언한 고문의 모습을 이렇게 기록하였다.

> 평양에서 잡혀 간 세 목사 중 두 명은 감옥 안에서 아주 심한 고문을 당했는데, 몽둥이로 심하게 맞았으며 위가 가득 찰 때까지 물을 먹이곤 배를 때렸습니다. 이를 물고문이라 합니다. 이런 식으로 그들은 서너 번 죽음 직전까지 갔습니다. 다른 많은 목사와 장로들이 최근 수년 동안 이런 식으로 고문을 당했는데 항상 경찰은 목숨이 끊어지기 직전에야 고문을 멈추었답니다. 이들 중 한 목사는 어떤 이들이 자기는 기꺼이 그리스도와 교회를 위해 피를 흘리겠다고 말하는 것을 듣고는 자신도 그럴 수만 있었다면 죽었을 텐데 고문은 항상 죽음 직전에 멈추었다고 진술했습니다. 이런 식으로 고문을 계속 반복하므로 목사들은 대부분 굴복하기 직전까지 갔습니다.[50]

고문으로 조작된 이 사건은 확실한 물적 증거가 없어서 결국 1939년 2월 유재기 목사만 재판에 회부되고 나머지는 모두 석방되었다. 그러나 석방은 그렇게 쉽게 이루어지지 않았다. 신사참배를 하겠다고 약속하라는 조건을 붙였다.

> 작년[1938년] 12월 평양에서 잡혀 갔던 집사 한 사람이 풀려났습니다. 그의 말로는 경찰에 의해 그들의 혐의가 벗겨졌으며 신사에 참배하겠다고 동의만 하면 풀어 주겠다고 하였답니다. 불행하게도 그 집사는 동의하고 풀려난 것입니다. 목사들과 다른 이들은 굴복하지 않아 계속 갇혀 있었습니다. 이 모든 것을 종합해 볼 때 처음 혐의는 단지 핑계일 뿐이고 이들을 체포한 진짜 이유는 이들이 신사에 가서 경의를 표하지 않았다는 것임을 알 수 있습니다.[51]

❀
주기철은 자신과 전혀 상관없는 유재기 목사의 농우회사건으로 검속되어
1938년 8월 말 의성 경찰서로 연행되었다.
주기철 목사가 갇혀 있던 때의 의성 경찰서.

대부분의 사람들은 신사참배를 하기로 서약하고 풀려났지만 평양에서 잡혀 간 세 목사는 끝까지 거부하였다. 그러나 계속 잡아 둘 수 없었던 일제는 일단 임시 석방을 하여 이들을 풀어 주었다. 편하설 선교사의 기록이다.

지난주에 이 세 사람이 대구로 보내져 석방될 것이라는 소식이 전해져 왔습니다. 주 목사 부인은 속히 남편을 만나러 대구로 갔습니다. 주 목사 부인이 도착해 보니 이들은 장로 한 사람이 자기 집에 사흘 동안 머물게 하면서 정부 명령을 받아들이도록 설득한다는 조건으로 임시 석방되었다는 것을 알았습니다.[52]

임시 석방은 조건부였다. 신사참배를 설득한다는 것이었다. 주 목사 일행은 당시 대구 신정교회(현 서문교회) 김정오(金正悟) 장로 집에 머물렀다. 김 장로는 대구부 협의회 회원이었던 관계로 경찰과 관계 인사들과 교류가 있었다. 주 목사 일행이 김 장로 집에 머물러 있는 동안 대구 지역의 여러 목사, 장로들이 와서 주 목사 등을 염려하는 의미에서 고집 피우지 말고 신사참배를 하라고 권면하였다.

목사와 장로를 포함하여 많은 친구들이 몰려 와서 그들에게 그만 승복하고 시련을 끝내라고 권면하였답니다. 그러나 그들은 완강하게 거절하면서 굴복한 이들의 죄를 통렬하게 꾸짖었답니다.[53]

비록 주 목사와 다른 두 목사를 위해서 던진 말이었지만, 이들에게 신앙의 절개를 꺾고 우상 앞에 절하라고 하는 내용이기에 이들은 준열히 그들의 설득을 꾸짖고 물리쳤다. 3일간의 가석방 기간이 끝나자 김정오

장로는 이들을 다시 경찰서로 인도할 수밖에 없었다. 그러나 김 장로는 주 목사 일행을 그대로 인도할 수 없어서 출발하기 전에 기도회를 갖자고 제안하였다.

> 사흘이 다 가고 집을 제공했던 그 장로는 그들에게, "좋습니다. 바울이 에베소의 장로들을 불러 기도회를 가지면서 다시는 자기 얼굴을 보지 못할 것이라고 말한 것처럼 우리도 당신들이 감옥에 다시 들어가기 전 마지막 기도회를 가집시다" 하고 기도회를 가졌습니다. 기도회를 마친 그들은 다른 사람 모르게 집을 나와 가까운 교회로 가서 아주 필요했던 휴식을 서너 시간 가질 수 있었습니다. 그 사이 밖에서는 그들을 찾으려 야단이었습니다. 휴식을 마친 이들 일행은 경찰서로 되돌아갔습니다.[54]

김 장로는 이들을 도저히 설득할 수 없다고 경찰서에 보고하고, 이들은 죄가 없으니 그냥 석방해 달라고 호소하였다.

> 장로는 사흘 동안 설득해 보았으나 효과가 없었다고 보고했습니다. 그러면서 이들을 굴복시킬 가능성이 전혀 없으니 그냥 석방시켜 달라고 요청했습니다. 서울에서 열린 마지막 평결을 보고 돌아온 경찰 고위 간부는 대단히 화를 내더니 결국 "그들에게 나가도 좋다고 하라"고 했답니다.[55]

농우회사건은 대구 경찰서장의 마음대로 처리할 사안이 아니었다. 이 사건은 한 지방의 일이 아니고 총독부까지 알고 있었던 사건이므로 간단하게 결정될 일이 아니었다. 몹시 화가 난 경찰은 사법부의 최종 평결을 총독부 관리들로부터 전달받고 나서 단단히 훈계한 후 풀어 줄 수밖에 없었다.

아무 혐의도 없이 무고하게 5개월여 동안 심한 고문과 억류의 고통 속에 있다가 자유를 얻은 주 목사는 교회와 집으로 돌아올 수 있었다. 무죄한 주 목사를 일제가 장기간 검속한 것은 이유가 분명했다. 신사참배를 누구보다 앞장서서 반대한 주 목사가 밖에 있으면 1938년 9월 총회에서 신사참배안을 가결시키려는 총독부 계획에 차질이 생길 것을 우려했기 때문이다. 주 목사는 평양노회 부노회장으로서 그의 말 한마디가 상당한 영향력을 미치게 되어 친일적 목사들의 활동에 제약이 따를 것을 예상하고 주 목사를 위험인물로 간주하여 격리 차원에서 검속한 것이었다.

교회로 돌아온 주 목사는 교회가 흔들림 없이 그 모습 그대로 서 있는 것에 감사했고, 교인들은 교인들대로 주 목사의 꿋꿋한 신앙의 절개를 보고 감격해 마지않았다. 주 목사가 강대를 비운 사이 편하설 선교사가 강대를 맡았는데, 당시 모든 선교사가 신사참배를 반대했던 것같이 편 선교사도 신사참배를 강력히 규탄하면서 교인들의 신앙을 지도하였다. 편 선교사는 오랜 고문과 감옥생활로 쇠약해진 주 목사를 도와 주일 저녁 설교 등을 대신해 주면서 주 목사와 가족을 극진히 보호하고 협력해 주었다.

김린서 목사와의 만남

한국 교회사에 관계된 중요한 자료를 많이 남겨 준 김린서 목사[56]는 한국 교회사의 보배이다. 그는 1894년 함경남도 정평에서 출생하여 1914년 서울 경신학교를 졸업하고 회령 보흥학교에서 교편을 잡았다. 1919년 3·1운동 때는 소만(蘇滿) 국경에서 연통제(連通制)와 관련하여 군자금 모금에 앞장서다 일본 경찰에 체포, 투옥되어 온갖 고문과 박해를 받고 4년 만에 풀려났다.

평양 장로회신학교에 입학하여 수업하던 중 신학교 기관지 〈신학지남〉(神學指南) 편집인으로 일했으며, 1931년 26회로 졸업하였다. 따라서 주 목사보다 6년 후배인 셈이다. 그는 졸업 후에 목사안수를 받지 않고 장로로 남아 있으면서 전국을 다니며 사경회를 인도하였다. 문필 능력이 뛰어나 신학교 때도 잡지를 편집하였고, 학교를 졸업하고는 〈신앙생활〉이라는 잡지를 편집, 출판하면서 문서 선교를 지향하였다. 그가 〈신앙생활〉을 편집, 출판했던 곳이 곤우동(困友洞)이었는데, 주 목사는 출옥 후 이곳을 방문하였다. 이곳은 평양에 기거하던 목사들뿐만 아니라 전국 여러 곳에 살던 목사들이 평양을 방문할 때면 한 번씩 거쳐 가는 곳이기도 했다. 또한 매주 목요일이면 정기적으로 목사들이 모임을 갖고 친목과 성경공부와 토론을 하는 장소이기도 했다. 목사들이 모이면 성경을 한 시간가량 공부하고 환담하는 것이 상례였다. 목사들이 올 때 더러는 엿, 땅콩, 과자 등을 갖고 와서 나누어 먹으며 격식 없이 앉기도 하고 혹은 눕기도 하며 자유롭게 즐거운 대화를 하면서 사교의 시간을 가졌다.[57]

그러나 그것도 세월이 괜찮았을 때의 이야기이고 세월이 험해지자 목사들의 모임이 자유로울 수 없어 자연히 모임이 중지되고 김린서 혼자 외롭게 잡지 발행을 위해 고군분투하고 있었다. 그러던 어느 날 주기철 목사가 곤우동에 찾아들었다. 주 목사는 오랜만에 자유롭게 웃옷을 벗고 앉았다가 피곤하면 누워서 김린서와 담소를 나누었다. 김린서가 주 목사에게 〈신앙생활〉에 글을 써 달라고 부탁하니 주 목사는 글재주가 없어서 쓰지 못하겠다고 완곡히 사양하였다.

주 목사가 감옥에서 나온 지 얼마 되지 않았던 때라, 자연히 감옥 이야기가 나왔다. 김린서는 3·1운동 때 체포되어 4년여를 감옥에서 보내던 것을 회상하면서 다음과 같이 이야기하였다.

감옥 규칙을 지키지 않으면 감식(減食)하고 캄캄한 독방에 가두기도 하고 땅방울을 발목에 채우기도 하고 고무조끼를 입히면 가슴이 오그라들어서 못 견딥니다. 파옥(破獄) 사건으로 독립군 중에는 매 맞아 죽은 사람도 여러 사람이었습니다. 4-5년 감옥 고생을 겪은 나는 다시는 감옥에 들어갈 용기가 나지 아니하여 신사참배 문제에는 나서서 싸우지 못하고 회피하고 이렇게 숨어 있으니 부끄럽습니다. ……단번에 칼로 찔러 죽이는 핍박이라면 나도 나설 수 있을 것 같으나 다시 감옥살이는 못할 것 같습니다. 또 나는 글쓰기 시작인데 붓을 던지기에는 아직 미련이 있습니다. 주 목사는 똑바로 앉아서 나의 술회를 듣다가 정색하고 "나는 감옥에서 죽겠군." 한마디 말씀을 남기고 웃옷을 입고 나갈 때는 해가 서쪽으로 기울어지는 석양이었다. 기림리(箕林里) 송림(松林) 사이로 걸어 나가는 주 목사를 동구에 보내는 곤우동인은 긴 한숨을 쉬면서 아! 주 목사는 순교하실 각오![58]

주 목사가 김린서를 찾은 것은 신사참배를 반대하고 같이 투쟁할 동지를 만나기 위한 것이었는데, 김린서는 일찍이 일제 감옥의 형극(荊棘)을 수년이나 체험한 터여서 다시 그곳에 가고 싶지 않다는 것을 확인해 주었다. 주 목사가 "나는 감옥에서 죽겠군"이라고 말했을 때, 감옥에서 죽을 사람은 나밖에 없겠다는 외로운 생각과 서글픈 생각이 그의 걸음을 무겁게 하였을 것이다. 동지 없이 외롭게 투쟁해야 하는 주 목사는 더욱 마음의 고통을 지고 갈 수밖에 없었다. 김린서는 비록 신사참배를 할 수밖에 없었지만, 주 목사를 비롯한 한국 교회사에 관계된 많은 자료를 남겨 둠으로써 후배들에게 좋은 자료를 제공하는 공적을 남겼다.

한국 교회사에 관계된 중요한 자료를 많이 남겨 준 김린서 목사는 평양 장로회신학교를 졸업했
으며, 〈신학지남〉과 〈신앙생활〉을 편집, 출판하였다.

김린서 목사.

그는 해방 후 월남하여 환갑이 된 1954년에서야 정식 목사안수를 받고 부산 북성교회를 섬기다 1964년 4월 2일 하나님의 부르심을 받았다. 그가 편집, 출판했던 〈신앙생활〉과 기타 글들을 모은 《김린서 저작전집》 (전6권)이 남아 있다.

목사직 사임 압력

주 목사를 굴복시킬 수 없다고 판단한 일제는 서서히 주 목사를 목회 일선에서 제거할 음모를 진행하였다. 주 목사가 산정현교회에서 주일마다 설교를 하는 것, 또 설교 때마다 신사참배는 우상숭배라고 절규하는 것을 그대로 방치한다는 것은 마지못해 신사참배를 하는 목사와 교인들에게까지 양심의 가책을 느끼게 하고 일사불란한 교회의 신사참배 행위에 해가 된다고 판단한 것이다. 방침에 따라 주 목사를 목회 일선에서 퇴각시키기로 하고 우선 산정현교회 장로들을 회유, 협박하기 시작하였다. 그러나 보수적 신앙으로 무장하고 더욱이 민족주의적 색채가 강했던 장로들은 쉽게 회유되지도 않았고, 또 협박에 위협을 느끼지도 않았다. 조금이라도 일제에 협력하고자 하는 마음이 있는 장로들이라도 교인들, 특히 권사, 젊은 집사, 청년들의 전폭적인 지지를 받고 있는 주 목사에 대해 무어라 말할 수 있는 상황이 아니었다. 따라서 적어도 외형적으로는 어떤 장로도 주 목사에 대한 일제의 조치에 동의할 입장이 못 되었다. 산정현교회가 혼연일체되어 신사참배를 반대하고 주 목사를 지지하는 모습을 편하설이 기록했다.

교회는 신사 문제에 관한 한 그[주 목사]를 적극 지지하며 하나가 되어 있었습니다. 작년[1938년] 이 문제로 주 목사가 체포되었을 때 이 교회 장로 세 명도 같은 혐의로 체포되었는데 이들은 신사에 참배하겠다는 약속을 하고 풀려났습니다. 그러나 곧바로 약속한 것을 후회하게 되었고 다시는 신사참배하지 않겠다는 확고한 자세를 보여 주었습니다.[59]

주 목사의 확고한 신앙은 한때 흔들렸던 이들의 신앙도 제자리를 찾게 했다. 일제는 당회를 통해 주 목사의 사임을 받아 내기는 어렵다고 판단한 뒤 직접 사임을 강요했다. 목사직 사임만 하면 신사참배는 안 해도 좋다는 조건이었다. 그러나 그런 회유에 넘어갈 주 목사가 아니었다. 주 목사는 목사직 사임이란 절대 불가하다는 입장을 견지했다. 죽을 때까지 목사직에 충성하겠다고 마음 다지며 서원한 것을 그렇게 쉽게 내어 놓을 수 없었기 때문이다. 그는 "목사직의 영광"이란 제목의 설교에서 "목사란 자기가 되려고 해서 되는 것이 아니다. 사람이 시키려고 해서 되는 것도 아니다. 오직 하나님께서 택하시고 세우시고 보내시는 것이다"[60]라고 했다. 이런 목사관을 가진 주 목사가 목사직을 스스로 내놓을 리 없었다.

일제의 고민은 클 수밖에 없었다. 거의 모든 목사와 장로들이 신사에 참배하는 마당에 주 목사만이 신사에 참배하지 않으므로 보수신앙에 훈련받은 교인들은 신사참배한 목사들을 마음속으로 경멸했고, 신상에 절하지 않은 몇몇의 목사에게 존경과 성원을 보내고 있었기 때문이다. 이들은 주 목사가 감옥에 가 있는 동안 그를 위해 기도하고 가족들을 보살피는 일을 계속했다. 신사참배를 반대하고 주 목사와 같이 오랫동안 평양 감옥에서 투쟁하던 안이숙은 다음과 같은 글로 당시 교인들의 주 목사에 대한 존경과 경의를 기록해 두었다.

그 무렵 주 목사가 평양 경찰서에서 석방되어 나오자 밤중에 많은 사람이 변복을 하고 찾아드는 중에 나도 끼어서 한구석에 겨우 자리를 잡고 그의 말을 들으려고 전 신경을 다 돋우어서 그의 일동 일언에 주의했다. 나는 그의 용모와 표정에서 벌써 큰 감화를 받아서 가슴이 설레 있었다. 그는 부드러운 음성으로 똑똑하고 선명하게 "그들의 악착한 매의 채찍은 살을 찢고 신경에 불을 지르지요. 아픈 것이 그렇게 심하고 무섭다는 체험을 말하기 힘듭니다. 그러나 지금이 시작이지요. 앞으로 어떠한 더 심한 고문이 올지. 그렇지만 각오하고 있습니다. 그렇게 악착한 매질에 기적이 있기를 기대할 수 없지요. 예수님이 친히 당하신 그것을 당하는 것이니까요. 힘에 지나치게 어려워도 당해야지요." 이 말에 모두들 소리 없이 울었다.[61]

안이숙의 증언에 의하면, 주 목사가 농우회사건으로 검속되었다가 풀려 나와 귀가하자 "많은 신도들이 홍수같이 밀려서 풀려나온 목사 댁을 찾아가서 위로해 드리고 선물을 드리고, 옥중 고난담을 들었다"[62]고 한다.

주 목사가 목회하던 산정현교회는 산정현교회 교인들뿐 아니라 신사참배하지 않는 주 목사의 설교를 들으러 오는 사람들로 주일마다 인산인해가 되었다. 안이숙의 증언이다.

쓸어 모여드는 신자들은 마치 쫓기는 대중같이 뒤도 옆도 보지 않고 산정현 예배당만을 향하고, 급하게 달려갔다. 나도 머리에 무엇을 뒤집어 쓰고 빨리 가서 급하게 성전에 들어섰으나 벌써 예배당 안은 꽉 찼다. 나는 겨우 길을 뚫고 들어가 자리를 잡아 앉았다. 여기저기서 수군거리는 말을 들어 보면 사복한 형사들 수십 명이 대중에 끼어 배치되어 있다는 것이다.[63]

이처럼 진지하고 박력을 가진 설교에 나는 황홀해지며 내 심부를 꿰뚫는 것 같은 영력이 막 쏟아져 들어왔다. 그리고 나를 극도로 긴장을 시키면서 온 신경을 예민케 하고 흥분케 했다. 그는 자기도 흥분했다. 그는 자기도 흥분이 되어서 주먹으로 쾅 하고 강대를 쳤다. 동시에 벼락같은 웅장한 소리로 "이같이 거룩하신 하나님을 우상이 무서워 배반하는 행동을 하자는 모독배들은 모두 이 자리에서 떠나가라" 하고 고함을 질렀다. "하나님의 이름을 부르는 것조차 가증스럽고 있을 수 없는 모독이다" 하고 또 고함을 쳤다. 그 소리는 벼락 소리였다.[64]

주 목사에게는 추호의 여지도 없었다. 신사참배는 가증스런 우상숭배요, 우상숭배자는 하나님의 예배 자리에 참예할 수 없다는 단호한 선언이었다. 편 선교사도 주 목사에 대해 "그는 반석처럼 버티고 서서 이교도와 어떠한 타협도 거절하고 힘 있게 목회해 나갔습니다. 신사참배를 수용한 다른 교회 교인들까지 그를 우러러보았습니다"[65]라고 말했다.

주 목사는 어떤 위협과 협박과 회유에도 굴하지 않고 의연히 주님께서 맡겨 주신 사역을 감당해 나갔다. 그러나 시대는 이런 신앙의 지사(志士)를 그대로 두지 않았다. 일본 경찰은 집요하게 주 목사의 설교권을 박탈하려 했다. 김린서 목사의 증언이다.

어느 주일에 일본 경찰대는 또 산정재[산정현] 예배당을 포위하고 주 목사에게 "오늘부터 설교하지 마라" 엄명한즉 주 목사는 "나는 설교권을 하나님께 받은 것이니 하나님이 하지 말라 하시면 그만둘 것이요, 내 설교권은 경찰서에서 받은 것이 아닌즉 경찰서에서 하지 말라고 할 수는 없소." 경찰관, "금지함에도 불구하고 설교하면 체포하겠소." 주 목사, "설교하는 것은 내 할 일이오. 체포하는 것은 경관이 할 일이오. 나는 내

할 일을 하겠소." 경찰관, "대일본제국 경찰관의 명령에 불복하는가?"고 노호(怒號)함에 대하여 주 목사는 "일본의 헌법은 예배 자유를 허락한 것이오. 당신들은 지금 예배 방해요 헌법 위반이오." 단판의 말을 끊고 강대 위에 올라서는 주 목사의 기세는 무어라고 형용할 수 없이 엄엄숙숙 비장하였다.[66]

3차 검속

아무리 설교하지 말라고 협박, 회유해도 뜻대로 되지 않자 일제는 다시 주 목사를 구속할 수밖에 없었다. 이번에는 특별한 혐의도 없이 구속하였다. 목사가 구속되자 당회는 다시 편하설 선교사에게 강단을 맡아 달라고 부탁한다. 이때부터 산정현교회와 일제, 그리고 친일하던 노회와의 끈질긴 투쟁이 시작된다. 편 선교사의 기록이다.

주 목사가 연행된 후 당회는 다시 나에게 설교를 맡아 달라고 요청했습니다. 그러자 경찰서에서 들고 일어났습니다. 그들은 자신들의 목적을 이룰 수 있는 간접적인 방법으로 선교사들이 교회에서 설교하지 못하도록 노회에 지시한 바가 있었습니다. 경찰서장은 교회의 선임 장로 두 사람을 사택으로 불러 솔선해서 신사에 참배하면 교인들이 따라할 것이라며 신사참배를 촉구했습니다. 그러나 장로들은 신사에 참배하지 않을 것이며 그렇게 하면 교인들과 관계만 더 나빠져 교인들이 그들의 말을 듣지 않을 것이라 말했습니다.[67]

주 목사 검속 이후 편 선교사는 경찰의 이런 경고에도 불구하고 의연하게 설교와 사역을 지속하였다. 그는 당시 상황을 편지에 이렇게 써 보냈다.

나는 경고를 받고도 산정현교회에 가서 설교를 하였는데 설교 직후 경찰 본부에 소환되었습니다. 그들은 내가 다시 한 번 설교하면 네게 형벌을 가하거나 추방할 것이며 추후 다른 선교사들의 사업도 심각한 상황에 처하게 될 것이라고 협박했습니다. 나는 이 문제를 평양 선교부 동료들과 상의했고 마침 이곳에서 열리던 장로회 선교부 실행위원회에 나가 산정현교회 교인들을 버려 둘 수 없다고 말했습니다. 특히 교회 전도사로 나와 함께 교회 일을 맡아 하던 방[방계성] 장로가 경찰에 체포된 이후 교회 사정을 말하면서 호소했습니다. 선교부 동료들과 마찬가지로 실행부원들도 교회 일에 대한 나의 결심을 지지해 주었습니다.[68]

그러나 일제는 그렇게 호락호락하지 않았다. 편 선교사의 설교를 금지하였기에 계속 설교하기는 어려워졌다. 1939년 10월 21일 주 목사가 검속되고 나서 일본 경찰은 다음과 같은 지시를 내렸다. 〈동아일보〉의 보도이다.

평양부 내 산정현 예배당에서는 작년 봄 동 교회 주기철 목사가 신사참배를 거절하여 평양 경찰서에 피검되어 지금까지 오는 중인데 그동안 목사 대신 편하설이란 서양 선교사가 교회 일을 맡아 보아 오는 동시에 동 교회에서는 몇 사람을 빼놓고는 신사참배를 불이행하여 왔다. 그런데 21일 아침 돌연 평양 경찰서에서 동 교회 장로, 집사 18명을 호출하고, 1. 교회 위원은 전부 매주일 한 번씩 신사참배를 이행할 것, 2. 설교 또는 기타 교회 사무는 위원들만이 집행하고 서양인과 기타인은 교회 일에 관여하지 말 것, 3. 금일 오후 3시까지 회답할 일. 세 가지 항목을 지시하고 만일 불응하는 때에는 내일부터 교회를 폐쇄한다는 강경한 방침을 보였다. 동 교회에서는 타개책을 강구 중이며 경찰서에서 지시한 기간 내로는 회답이 어려울 것 같다고 한다.[69]

일제의 의도는 분명하였다. 신사참배를 하지 않은 사람은 누구도 강단에 설 수 없다는 내용인데, 이는 선교사라 할지라도 예외가 있을 수 없다. 교회 대표는 이런 문제를 제직회에서 의논도 않고 결의할 수는 없다고 판단, 교회 대표 3인을 경찰서에 보내 제직회를 가져야 하는 상황을 설명하고 하루를 연기하기를 청원하였다.

10월 22일, 주일이 되었지만 편 선교사가 예배를 인도할 수 없는 형편이 되어 어쩔 수 없이 방계성 전도사에게 예배 인도를 부탁하였다. 예배후 임시 제직회로 모여 경찰서에서 통보한 내용에 대해 의논을 하였다. 여기서 제직들은 몇 가지를 결정하였다. 먼저, 제직 이외에는 설교, 기타교회 일을 보지 않기로 하고, 핵심적인 문제인 신사참배자 예배 인도에 대해서는 간단한 문제가 아니고 신중히 처리해야 하는 문제이므로 제직회에서는 가부를 결정할 수 없다는 어정쩡한 결론을 내렸다.[70]

편하설은 이 문제에 대해 다음과 같이 상세한 기록을 남겼다.

그러자 [경찰은] 다음 작업으로 20명이 넘는 남녀 교회 임원들을 소집해서 다음 세 가지 조건을 제시했습니다. 첫째, 모두 신사참배를 할 것, 둘째, 신사에 참배하지 않은 자를 강단에 세우지 말 것, 셋째, 즉시 신사참배한 목사를 청빙할 것. 경찰은 이 세 가지 조건을 제시하면서 만약 거부하면 교회를 폐쇄하겠다고 위협했습니다. 교회 임원들은 교회가 폐쇄되

❋ 주기철 목사 검속 후 평양 산정현교회 강단은 편하설 선교사와 방계성 전도사가 맡았다.
방계성 전도사는 주 목사가 초량교회에 시무할 때 함께 장로로 섬기기도 했다.

방계성 전도사와 함께(앞줄 왼쪽 방계성, 오른쪽 주기철, 뒷줄 오재길).

더라도 신사참배는 할 수 없다고 대답했습니다. 경찰은 적당한 목사를 물색해 보라고 말했습니다. 그들은 장로교회에서는 교인 회중이 투표로 자기 목사를 선택한다고 대답했습니다.[71]

이렇게 결의된 사항을 알게 된 경찰서장은 크게 화를 내면서 지시대로 하지 않으면 예배당을 폐쇄하겠노라고 경고하였다. 이런 전후 사정을 〈동아일보〉는 연속 보도하였다.

> 점촌(鮎川) 서장담(談): 3년 동안이나 동 교회에 반성을 요구했으나 아직까지 무반성으로 재미스럽지 못하다. 그런데 금번은 최후의 결정을 볼 것으로 끝끝내 반성이 없다 하면 집회를 금지하든지 교회를 폐쇄할 것이다.
>
> 제직회 모씨담: 제직회원의 대부분은 참배를 찬성치 아니한다. 만일 금번 참배를 정식으로 결정하여 일반 신도에게 통과시키면 사태는 중대화될 것 같다. 당국도 이를 양해하여 점진적으로 참배를 결의 실현하면 좋을 것이다.[72]

점진적으로 신사참배를 하는 것이 좋을 것이란 말은 시간을 벌자는 말이지 신사참배를 하려는 의도는 아닌 것으로 보인다. 그러나 경찰은 일단 시작한 일에 끝을 보기로 한다. 만일 산정현교회를 흐지부지 대하면, 신사참배를 못마땅하게 생각하는 교인들이 들고 일어나 신사참배하는 목사들에게 항의하거나 주 목사나 산정현교회를 보라고 역설할 가능성이 있다고 판단했기 때문이다. 평남 도경찰부와 학무과 간부들은 만약 산정현교회가 끝까지 명령을 거역하면 경찰에서는 교회 회집을 금하고, 학무과에서는 조선총독부의 '포교 규칙'에 따라 노회 소유로 등록되어 있는 건물(예배당과 사택) 사용을 금지하고 산정현교회를 폐쇄하기로 결정했다.

수요일 저녁이 되어 다시 방계성 전도사가 예배를 인도할 것을 미리 인지한 경찰은 그를 연행하여 예배를 인도하지 못하도록 조치하였다. 편하설의 기록을 보자.

수요일 오후, 저녁 기도회를 인도하기로 되어 있던 방 전도사가 내게 와서 아무래도 자신이 기도회 전에 체포될 것 같다면서 나에게 그렇게 될 경우를 대비해 기도회를 인도할 준비를 하고 와 달라고 하였습니다. 물론 그러겠노라 약속했습니다. 기도회 시작 45분쯤 전에 경찰 한 사람이 나를 찾아와 경찰서에 볼 일이 있다면서 몇 분이면 된다며 잠깐 가자고 하였습니다. 나는 아내와 함께 차를 타고 가면서 경찰서에서 곧바로 교회로 갈 생각을 하였습니다. 아내는 차 안에 기다리게 하고 나만 경찰서 안으로 들어갔습니다. 20분을 기다려서야 간부가 나왔습니다. 그는 주 목사를 체포한 이유를 길게 설명하고 나와 교회의 관계를 물었습니다. 그리고는 교회 임원들에게 제시한 조건들을 말한 후 신사에 대한 자기 의견을 장황하게 늘어놓았습니다. 중앙 정부에서 이미 밝힌 것처럼 신사는 종교적인 것이 아니며 애국적인 행사라는 것, 지난 수년간 선교사들의 귀를 현혹시킨 온갖 유언비어와 잘못된 정보를 조심하라는 등. 그가 이러는 것은 내가 저녁 기도회를 인도하지 못하게 하려는 것임을 곧바로 눈치 챘습니다.[73]

간악한 경찰은 편 선교사가 예배를 인도하지 못하도록 예배가 끝나는 시간까지 경찰서에 연금해 놓고 시간을 보냈던 것이다. 그러나 산정현교회는 결코 일제의 우상 앞에 고개 숙일 수 없다는 각오로 어떤 압력에도 굴하지 않고 버텼다. 산정현교회는 신사에 참배한 사람은 어떤 사람도 산정현 강대에 올라갈 수 없다는 결론을 내렸기에 설교자를 구하는 문제가 난제 중 난제였다. 그 당시 감옥에 가지 않은 목사나 장로 중 신사에 참배하지 않은 사람은 없었기 때문이다.

> 그 다음 한 주간 동안 경찰은 교회 제직들을 계속 괴롭혔습니다. 그 다음 주일 오전 예배는 장로 중 한 사람이 인도했고 그날 오후 전체 제직이 모여 어떠한 경우에도 신사참배한 사람은 제단에 세우지 않겠다고 만장일치로 결의했습니다. 그들은 심지어 작년에 단 한 번 신사참배했던 장로 세 사람마저 설교자에서 제외시켰습니다. 왜냐하면 그들 중 한 명이라도 강단에 오르면 경찰은 신문에다 산정현교회가 마침내 굴복하고 신사참배자를 강단에 세웠다고 선전할 것이기 때문입니다. 당사자인 세 장로들도 교회가 곤경에 처하지 않기를 바라는 뜻에서 이런 결정을 기꺼이 받아들였습니다. 이런 결정 사항은 곧바로 경찰에 알려졌습니다.[74]

기독교 신앙에는 타협이란 절대 없다는 것을 보여 준 산정현교회의 의연한 태도였다. 주 목사의 신앙 정신이 그대로 반영된 모습이다. 어려운 문제가 있을 때마다 한국 교회는 주님께 엎드려 기도드렸다. 특히 새벽기도회에 나가 기도하여 응답을 받곤 했기 때문에 산정현교회 교인들 역시 새벽기도회에 나가 열심히 주 목사를 위해, 교회를 위해, 국가와 민족을 위해 기도하였다. 새벽기도회를 하지 않던 선교사들도 이런 대열에서 예외일 수는 없었다. 특히 산정현교회를 세우고 초대 목사로 섬겼으며 또 담임목사가 투옥되어 예배 인도자가 없어서 곤경에 처했을 때 설교자로 나선 편하설 선교사도 이 대열에 가담하였다. 비록 공식적인 예배 인도는 못 했지만, 기도회에 함께 참여하는 것만으로도 교인들에게 격려가 되고 위로가 된다고 생각한 편 선교사는 어려움을 무릅쓰고 새벽기도회에 참석하였다.

> 지난 6주 동안 교회에서는 매일 아침 5시 반에 기도회로 모이고 있습니
> 다. 많은 교인들이 모여서 정성을 다해 하나님께 사자의 발톱에서 구원
> 해 주실 것을 간구하고 있습니다. 나도 아내와 함께 거의 모든 기도회에
> 참석하고 있습니다. 우리 집에서 교회는 1마일 정도 떨어져 있지만 우리
> 는 차로 가기 때문에 그다지 어렵지 않습니다. 그러나 매일 새벽마다 참
> 석하는 것이 육신적으로 힘든 일인 것만은 사실입니다.[75]

주기철 목사 면직 결의

일제는 총회가 신사참배에 대해 결의한 마당에 참배를 반대하는 주기
철 목사를 평양에서 목회하도록 방치할 수 없었다. 여러 모양으로 그의
설교권을 박탈하려 했지만 뜻대로 되지 않자 목사직 박탈권을 가진 노회
를 움직이기 시작했다. 주 목사가 이런 일에 구애받지 않고 계속해서 예
배를 인도하고 설교하자 결국 다시 구속하고 말았다. 편하설 선교사의
편지 내용이다.

> 10월 노회가 열렸을 때 경찰은 노회장에게 이후로 신사참배하지 않는 목
> 사나 장로는 교회에서 설교하거나 기도하지 못하도록 조처하라고 강요
> 했습니다. 주 목사는 경찰로부터 서너 차례 경고를 받았음에도 이런 결
> 정에 전혀 개의치 않았습니다. 결국 그는 10월 중순에 연행되었는데 그
> 들 말로는 주 목사가 정부 명령을 어겼기 때문에 체포하였는데 이런 자

가 공개적으로 목회하는 것을 허락할 수 없다는 것이었습니다.[76]

　일제는 주 목사를 구속까지 시켜 놓고도 감옥에서라도 주 목사가 목사로 있는 것 자체를 수용할 수 없었다. 주 목사의 목사직 사면이 어렵다고 판단한 일제는 사면 대신 파면 쪽으로 가닥을 잡고 목사 임면권을 가진 노회를 압박하기 시작하였다.

　한편, 주 목사는 감옥에 있어도 그 영향력이 매우 컸다. 특히 산정현교회 교인들의 저항이 강경해졌고 일반 교인들의 당회에 대한 압력 또한 만만치 않았다. 일제가 신사참배에 반대하던 선교사 편하설과 방계성 전도사의 설교권을 박탈하자, 교인들은 신사참배자는 절대 산정현교회 강단에 서지 못한다고 결의하였다. 이런 산정현교회의 태도는 신사참배하는 교회에 무언의 압력이 되었으므로 일제는 주 목사의 목사직 파면과 교회 폐쇄라는 마지막 카드를 들고 나온 것이다. 편하설은 이 일을 다음과 같이 기록했다.

　　　그 사이 경찰은 노회를 이용하여 주 목사를 사면시키고 예배당을 폐쇄할
　　　음모를 꾸몄습니다. 그들은 노회장에게 교회문제를 자기네 각본대로 처
　　　리하기 위한 임시노회를 소집하도록 지시했습니다. 노회장은 처음에 그
　　　지시를 거부했는데 모두 21회나 지시가 내렸음에도 거부했습니다. 결국
　　　경찰은 노회원 4,5명을 시켜 노회장에게 임시노회 소집 요구서를 제출
　　　토록 하였습니다. 교회법에 의하면 노회원들의 소집 요구가 있으면 노회
　　　장은(강제성만 없으면) 임시노회를 소집해야 합니다. 그래서 노회를 소집
　　　했습니다.[77]

　이런 상황에서 1939년 12월 19일 평양 남문밖교회에서 임시노회가 개

회되었다. 평양, 대동, 선교 경찰서 고등계 형사들이 교회 안팎을 에워싸고 공포 분위기를 조성하였다. 이 사실을 〈매일신보〉는 다음과 같이 보도했다.

> 노회장 최지화 목사로부터 신사불참배의 전후 경과를 보고하고 현재 평양서에 계류 중인 주기철 목사와 면회하고 조선장로교 총회로부터 신사참배를 결의한 것과 최근 또 신사에 참배토록 발송하여 온 통첩에 대하여 의논하였으나 주 목사는 끝끝내 이에 응치 않았다는 것을 보고하자 서양인 편 목사가[편하설 선교사] 즉시에 일어나서 장로교 헌법 조문을 들어 양심을 구속 등등의 불온한 말을 하다가 림석한 경관에게 발언을 중지당하고 퇴장을 당한 다음 다시 의사를 속회하여 문제 중의 주 목사를 사면시키고 앞으로는 신사에 참배할 교역자를 산정현교회에 임명하기를 결의하였다. 그리하여 파란 많던 산정현교회 문제는 이로써 해결되었다.[78]

노회 석상에서 추방당한 편 선교사는 당시 상황을 잘 설명해 주고 있다.

> 노회는 어제[12월 19일] 경찰 본부 건물과 가까운 서문밖교회에서 개최되었습니다. 시내 몇 곳 경찰서에서 금줄과 긴 칼을 찬 경관들이 모두 동원되었고 사복 차림의 형사 25-30명 정도가 함께 경계했습니다. 노회장은 최근 총회장이 발송한 경고 서한을 낭독하고는 우리 노회 안에 오직 한 교회만 목사와 함께 모든 교인들이 신사참배를 하라는 총회장의 명령을 어기고 있다고 말했습니다. 그 서한은 인쇄된 것인데 한쪽은 일본어로 다른 한쪽은 국한문 혼용으로 되어 있었습니다. 저는 그때 일본어로 된 교회 통지문을 처음 보았습니다. 제가 보기에 그 서한은 경찰 측이 만들어 총회장을 협박해서 서명을 받은 뒤 배포한 것 같았습니다. 거기에는 신사

참배는 총회가 결의한 사항이라는 것과 신사참배는 종교 행위가 아니며 주님의 뜻에도 합치되는 것이라는 내용이 담겨 있었습니다. 그리고 시국 상황이 급박한 만큼 일반 국민이든 교인이든 신사참배를 하지 않는 것에 더 이상 관용을 베풀지 말고 단호하게 척결할 것을 지시하였습니다.[79]

편하설도 이 노회에 참석하여 노회의 불법을 지적하고 항의하였으나 경관들에게 끌려 나가는 수모를 겪었다. 그때의 장면이다.

> 그런 다음 노회장은 노회의 현안 문제를 설명한 후 어떻게 처리할지 물었습니다. 나는 벌떡 일어나 무슨 일이든 처리할 때는 교회법과 규례에 준해 처리해야 할 것이라고 발언했습니다. 금줄 찬 경관이 나를 보고 앉으라고 소리쳤습니다. 나는 교회는 교인들의 양심을 구속하는 어떤 재판도 할 수 없다는 내용의 교회 정치 제1장 7조를 낭독했습니다. 그리고 작년 총회는 많은 총대들의 양심을 억누른 것이라고 말했습니다. 그러고 나서…… 여기까지 말하였을 때 경관 세 명이 내게 달려들어 나를 건물 밖으로 끌고 나가더니 경찰서로 연행했습니다. 나는 할 말을 다하지 못한 것이 아쉬웠지만 이로써 전에는 하지 못했던 발언을 했다는 사실이 역사에 기록될 것입니다.[80]

공포 가운데서 경찰이 회원을 끌어내는 현장이 거룩한 하나님의 이름으로 모인 노회인지는 시간이 지난 후에 생각해 보아도 한심한 모습이 아닐 수 없다. 노회는 주 목사의 목사직 파면 건을 두고 투표했다. 편하설 선교사는 후에 들은 소식을 글로 남겼다.

> 내가 추방당한 후 회의는 속개되었습니다. 반대표가 얼마인지 놓고 논쟁

이 벌어졌다고 합니다. 찬성한 사람은 8명인 것 같은데 반대 의사를 물었을 때 어떤 사람은 5,6명이 반대했다고 하고 또 어떤 사람은 단 한 명만 반대했다고 하였습니다. 나머지 50명이 넘는 노회원들은 묵묵부답이었답니다. 표결은 통과된 것으로 선포되었고 이로써 주 목사는 산정현교회 당회장직에서 파면되었습니다.[81]

신사참배는 할망정 일말의 양심은 남아 있어, 신앙의 절개를 지키기 위해 감옥에 간 동료 목사의 파면에 차마 동의할 수 없어 침묵하고 있던 목사와 장로들의 태도가 애처로워 보이기까지 한다. 유일하게 반대표를 던진 이는 벽지도교회 우성옥(禹成玉) 목사로, 그는 경찰에 끌려갔다. 이에 산정현교회 박정익(朴偵翊) 장로가 "총회에 고소하겠다"고 하자 역시 경찰에 연행되었다. 노회장은 총회장의 경고문을 무시했다는 이유를 들어 장로교회 권징조례 19조에 의해 주기철 목사의 파면을 선포하였다. 이로써 주기철 목사는 경남노회에서 목사안수를 받은 지 14년 만에 목사직에서 해임되었다. 하나님께서 세우신 목사를 우상숭배를 하는 이교도들이 목사직에서 파면시킨 것이다. 이어서 노회는 산정현교회 임시 당회장으로 이인식(李仁植) 목사를 임명하였다.[82] 이에 평양노회의 주기철 목사의 목사직 파면은 일단락되었다. 〈장로회보〉는 다음과 같이 보도하였다.

평양노회 내 산정현교회 목사 주기철 씨 신사참배 순응치 아니함은 소화 13년 9월 평양 열린 장로회 제27회 총회 개회 초에 신사참배는 국민의 식이요 종교가 아니므로 국민 된 의무로 당연히 참배하기로 가결한 정신 위반이므로 작년 말, 즉 소화 14년 12월 19일 평양노회 임시노회를 남문 밖 예배당에서 모여 노회장 최지화 목사의 사회로 주 목사의 목사직 면

직 처분을 결의하였다.[83]

주 목사의 면직 처분은 교회 안에서뿐만 아니라 사회에서도 화제가 되어 일반 신문들도 일제히 이 사실을 보도하였다. 1939년 12월 20일자 〈동아일보〉에는 "문제 중의 주 목사, 평양노회서 사임결의"라는 기사가 났고, 같은 날짜 〈매일신보〉에는 "문제의 목사는 면직코", "신사참배를 실현키로", "평양 산정현교회 사건 단락"이라는 기사가 실렸다. 〈조선일보〉도 "주 목사 사직권고 노회에서 총회 결의와 총회장 경고무시 이유로 평양 산정현교회 문제의 진전"이라는 기사로 주 목사의 면직 사실과 그 이유를 보도하였다.

산정현교회는 더할 수 없는 어려움에 봉착했다. 목사는 감옥에 있어 교인들은 목자 없는 양들처럼 유리방황하였고, 농우회사건으로 경찰에 끌려갔던 부목사 송영길은 일본 유학을 떠났다. 신사참배 거부를 굳게 강행하던 방계성 전도사도 주 목사 검속 2주 후에 경찰에 다시 구속되고 말았다. 이러한 상황에서 편하설 선교사만이 유일한 예배 인도자였다. 편 선교사는 일제의 규제에도 불구하고 과감히 주일 예배를 인도하였으나 이것도 오래가지 못했다.

노회가 임시 당회장을 선임했으나 산정현교회 장로들은 그의 당회장 권을 인정치 않고 당회를 소집해도 이 핑계 저 핑계를 대고 나오지 않아 당회가 열리지 못했다. 평양노회는 어쩔 수 없이 산정현교회 문제를 해결하기 위해 7인 전권위원을 선정했다.[84] 이들은 당회 기능을 하여 당회 장 청빙, 예배 인도자 선정 등의 문제 해결을 위임받았다. 그리고 최악의 경우에는 예배당 폐쇄까지 할 수 있는 권한이 있었다.

전권위원회는 그동안 예배를 인도하고 있던 편하설 목사에게 "노회의 명령을 순종치 않는다"며 설교 금지를 통고하기로 결정하였다. 전권위

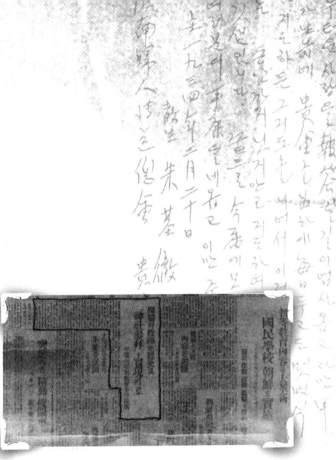

주기철 목사의 면직 처분은 교회 안에서뿐 아니라 사회에서도 화제가 되어
일반 신문들도 일제히 이 사실을 보도하였다.
주기철 목사 파면 기사가 실린 〈매일신보〉.

원들은 3월 23일 부활주일에 교회를 접수하기 위해 산정현교회로 갔다. 그들은 편 선교사의 설교를 금지했지만, 교인들은 그에게 계속 설교해 줄 것을 부탁하였고, 편 선교사는 이를 승낙했다. 그러나 편 선교사는 예배당 정문에서 제지당했고 노회에서 파송한 최지화, 이인식, 장운경 세 목사가 예배를 인도하기 위해 강대로 올라갔으나, 그들이 도착하기 전부터 양재연(梁在演) 집사의 인도로 〈내 주는 강한 성이요〉라는 찬송을 계속 불렀다. 일본 경찰은 양 집사를 비롯한 13인을 경찰서로 연행했고 예배는 혼란 속에서 끝나고 말았다. 이때의 상황을 〈동아일보〉는 다음과 같이 보도하였다.

> 평양 산정현교회는 오랫동안 문제가 되어 왔는데 지난 24일 오전 11시 예배 시간에 또다시 문제가 일어났다. 동 교회를 임시 담임하고 있던 편하설 선교사가 정각 전에 예배당으로 갈 때 정문 앞에서 들어가기를 거절당하고 노회에서 9명의 장로[기자는 목사와 장로를 구별치 못하여 이렇게 썼다]를 새로 정하여 예배를 보도록 하여 9명의 장로가 정각이 되어 예배를 보려고 최지화·장운경·이인식 세 장로가 등단하였으나 이보다 5분 전에 등단하여 찬미를 인도하던 양재연은 204장 찬미를 그칠 줄 모르고 계속함에 교인들은 모두 이를 따라 찬송만 하자 황 형사부장이 그를 끌어내고 예배 보기에 순응 않고 찬미만 하는 신도들 중에서 다음과 같은 남녀 13명을 평양서로 데리고 가서 취조 중이라 한다.[85]

〈동아일보〉가 보도한 13인 중에는 구금되었다가 잠시 풀려난 방계성 전도사와 주 목사의 사모 오정모가 끼어 있었다.

산정현교회 800명 교인들은 똘똘 뭉쳐 노회가 파송한 목사들의 예배를 조직적으로 방해하여 신사에 참배하는 신앙의 절개를 꺾은 목사들을 목사로 인정치 않고 또 그들이 인도하는 예배는 예배로 받아들이지 않았다. 전권위원들은 극렬한 반대파들을 경찰에 연행한 후에도 반대하는 교인들과 더 이상 예배를 드릴 수 없다고 판단하고, 경찰의 도움을 받아 교인들을 예배당 밖으로 끌어내고 예배당 출입문을 봉쇄한 뒤 다음과 같이 공고하였다.

금번 형편에 의하여 당분간 산정현교회 집회를 정지함.

예배당을 접수하려던 노회는 그 일이 불가한 것을 알고 목사들 손으로 교회 문을 닫는 비극을 연출했다. 편하설은 그때의 일을 이렇게 기록했다.

주일 오후 4시경 7인 위원 중 한 사람이 경찰들의 호위를 받고 교회에 와서 열쇠들을 확보한 후 교회의 모든 문들을 잠갔습니다. 그리고 노회 전권위원회 명의로 당분간 모든 집회를 중단한다는 내용의 통지문을 붙였습니다. 경찰은 노회를 통해 모든 일을 처리했습니다. 그들은 일련의 사태에 아무런 책임이 없다고 말합니다.[86]

일본 경찰의 꼭두각시가 된 노회와 목사들의 작태가 개탄스럽다.

사택에서 추방당한 가족들

예배당 폐쇄 2주 후 평양노회가 창동 예배당에서 모였을 때 산정현교회 목사관을 '평양신학교'[87] 교수 사택으로 쓰게 해 달라는 평양신학교의 청원이 들어왔다. 노회는 아무 이의 없이 이 안을 받아들여 즉시 결의하였다. 다음날 평양노회장, 평양시찰장, 그리고 산정현교회 임시 당회장이 유계준 장로를 찾아와 평양노회에서 산정현교회 목사 사택을 평양신학교 교수 사택으로 쓰기로 하였으니 주 목사 가족을 다른 집으로 옮겨 달라고 했다. 유 장로는 "이 추운 때 부리던 일꾼도 내어 쫓을 수 없는데 어떻게 목사 가족을 내쫓겠습니까?"라고 답했고, 그들은 이 말에 양심의 가책을 받고 돌아갔다. 그러나 이튿날 평양 경찰서에서 나와 노회의 결의대로 주 목사 가족과 살림살이를 길가에 끌어내고 사택을 폐쇄하였다. 주 목사의 모친이 "이 사택은 하나님이 주 목사에게 준 곳이니 나는 이 집에서 죽어야 하오"라며 항변하며 물러서지 않았다. 이 일로 오정모 사모는 유치장에 갇혔는데, 3일 3야를 밥은 고사하고 물조차 마시지 아니하고 소리 높여 기도하였다.[88] 경찰은 어찌하지 못하고 3일 후에 오정모를 풀어 준 다음, 어느 형사의 집 건넌방에 주 목사 가족을 들게 하고 감시하였다. 사택에서 추방될 때 현장에 있었던 주 목사의 막내아들 주 광조의 증언이다.

2주 뒤 목사 두 사람과 형사 열다섯 명이 갑자기 우리 집으로 쳐들어 왔다. 그때는 아버지도 어머니도 감옥에 계시고 집에는 나와 바로 위의 형 [주영해], 할머니 이렇게 셋밖에 없었다. 두 목사님은 주머니에서 쪽지를 하나 끄집어 내어 읽고서는 그것을 우리에게 주었다. 그 쪽지는 "주기철 목사가 산정현교회에서 파면당해 이제 목사도 아니니 목사관에 있을 자격도 없고 평양노회에서 이 목사관을 평양신학교 교수 사택으로 전용하기로 했으니 오늘 당장 나가 달라"는 이른바 '목사관 전도 명령서'였다. 할머니께서는 문고리를 붙잡고 "하나님이 주신 집인데 주 목사가 와서 같이 나가자고 하기 전에는 절대 나갈 수 없다"고 하셨다. 그러자 형사

한 사람이 할머니를 번쩍 안아다가 대문 밖에다 내팽개쳤다. 그리고 우리를 강제로 대문 밖으로 내쫓고 그들이 가져온 손수레 두 개에 짐을 싣고 10분 거리에 있는 어느 기생집 단칸방으로 우리를 전부 쫓아냈다. 그리고 그 목사관까지도 완전히 폐쇄 처분하고 말았다.[89]

한편, 주 목사 가족이 쫓겨나간 빈 사택에는, 평북 선천 출신으로 숭실전문을 졸업하고 평양 장로회신학교를 거쳐 도미하여 아이오와 주 드뷰크에 있는 드뷰크신학교에서 석사학위를 받고 귀국하여 1939년부터 평양신학교 교수로 있었던 고려위(高麗偉) 목사 가족이 들어갔다. 그러나 사택에 들어간 후 계속해서 투서가 날아들고 불신자들도 지나다니며 욕을 하는 데다가 고 목사도 병이 나서 더 이상 그 집에서 살지 못하고 퇴거하고 말았다.

목사 부부를 감옥에 가두고 가족들을 사택에서 쫓아내는 일제가 하나님의 심판을 받지 않고, 일본 경찰의 앞잡이 노릇을 한 어용 친일 목사들이 역사의 심판을 받지 않는다면 정의의 하나님은 계시지 않을 것이다.

예배당 흥정과 3차 석방

이즈음 폐쇄된 산정현교회 예배당을 팔아 평양신학교 경비로 쓰려는 불순한 시도가 있었다. 선교부와의 관계가 끊어진 친일파 무리의 평양신학교는 재정적인 어려움을 겪고 있었다. 일제가 한 동리에 여럿 있는 교회를 통폐합하고 남는 예배당을 팔아 전비(戰費)에 충당하고 있었는데, 평양신학교는 이를 빌미로 산정현교회 예배당을 팔아 신학교 경비로 쓰려 한 것이었다.[90] 신학교는 일제와 타협하고 경창리교회 예배당을 팔아 그 비용을 가져갔다. 그리고 나서 폐쇄된 산정현교회 예배당을 팔아먹을 궁리를 하였다. 25만 원을 받고 천주교회에 이 예배당을 흥정했는데, 이를 안 유계준 장로와 김화식 목사가 감옥에 간 목사의 예배당을 그 누구도 손댈 수 없다고 결사반대하여 팔아먹지는 못했다.[91] 신앙의 절개를 지키기 위해 투옥된 목사가 섬기던 하나님의 성전을 천주교회에 팔아 그것으로 목사후보생 교육을 시키겠다는 친일파가 운영하던 평양신학교에서 어떻게 하나님의 종들을 교육시키겠다는 것인지 알 길이 없다.

신사참배를 반대하던 주 목사 부부가 감금되고 예배당이 폐쇄됨으로써 신사불참배 세력이 점차 수그러들 거라고 회심의 미소를 머금었을 경찰은 오히려 이런 일련의 사건을 통해 비록 소수지만 일제에 저항하는 마지막 '남은 그루터기'가 있다는 사실을 만천하에 알리고 만 꼴이 되었다. 예배당을 잃은 교인들이 이제 여러 곳에서 무리를 지어 가정 단위로 예배를 드리기 시작했다. 기독교 선교 초기에 당국의 눈을 피해 가정에서 예배드리던 모습이 재연된 것이다. 초기에는 당국이 모든 교회를 박해했으나 이제는 신사참배하는 교회는 용인하고 불참하는 교회는 폐쇄했다. 신사참배를 거부하던 산정현교회를 폐쇄하고 주기철 목사 가족을 사택에서 쫓아낸 일제는 평양에서의 공개적인 참배 반대는 이제 끝났다고 자신했다.

1940년은 황기(皇紀) 2600년이 되는 해였고 4월 20일은 일본 왕의 생일인 천장절(天長節)이었기에 은전(恩典)을 베푼다는 명목으로 많은 죄수들을 풀어 주었는데, 일제는 이때 모든 손발을 묶어 놓았다고 판단하고 주기철 목사를 일시 석방하였다.[92] 이미 일제와 그의 주구들에 의해 가족들은 사택에서 쫓겨나 육로리 평양 경찰서 '형사부장 기생 첩의 집'에 임시 거처를 마련하고 있어서 주 목사는 그곳으로 갈 수밖에 없었다. 거처로 간 주 목사는 별로 할 일이 없었다. 예배당이 폐쇄된 마당에 예배 인도도, 설교도, 심방도 못하는 형편이었다. 목사가 석방되었다고 해도 교인들은 일제의 감시와 주목으로 주 목사를 공개적으로 방문할 수도 없었다. 주 목사의 석방 소식을 들은 평양여자신학원 학생 김두석은 이런 증언을 남겼다.

> 이때 주기철 목사님이 석방되셨다는 소식을 듣고, 나는 김택정 선생과 함께 목사님 댁으로 달음질쳐 갔다. 목사님은 반가움에 내 손을 잡으시며, "김 선생! 대관절 어떻게 된 일이오? 이곳까지" 하며 놀라셨다. 그때 과연 그의 얼굴은 예수님의 형상과도 흡사하였고 영광에 찬 얼굴이시었다. ……주 목사님을 비롯한 오정모 사모님 그리고 우리 몇몇 사람은 깊은 감회 속에서 아침 특별 기도회에 참석하였다. "주여! 나의 말 하나 움직임과 손 하나 드는 이 모든 것을 주께서 감찰해 주시기를 원합니다." 이렇게 시작한 기도는 하늘을 뚫고 저 보좌에 계신 여호와에게까지 상달될 수 있는 폭넓은 기도였다.[93]

신사참배 반대운동을 하던 이들에게는 주 목사의 석방이 참으로 반가운 소식이었다. 주 목사의 석방을 계기로 전국적인 조직을 갖추고 체계적인 반대운동을 할 것을 꾀하게 되었다. 멀리 경남 밀양에서 한상동 목사가 올라오고, 평안도와 만주 지방에서 활동하던 김린희, 박의흠, 이광록 등이 '주기철 목사 위로회'라는 명목으로 채정민 목사 댁에서 모인 집회에 참석하였다. 여기서 신사참배 반대운동에 대한 대책이 협의되었고, 마지막까지 생명을 걸고 참배 반대운동을 이끌고 나가자는 결의를 다짐하였다. 몇 무리 되지는 않았지만 전국적으로 산재해 있던 참배 반대파들은 조직을 이루어 가면서 불참배자들만의 새로운 노회를 조직하여 참배파들이 운영하는 학교에 아이들을 보내지 않고 궁성요배를 거부하자는 결의를 다졌다.

그러나 주 목사는 이런 안에 대해 신중론을 폈다. 그는 "신노회(新老會) 재건은 시기상조의 감(感)이 있다"는 말로 일단 만류하였다. 이 말에는 두 가지 의미가 있었다고 판단된다. 첫째 새 노회를 구성하고 전국적으로 새로운 총회를 구성한다면 비록 신사참배하는 교회와 총회이지만 이 교회와는 기구적으로 영구히 분리되는 결과가 된다는 점이다. 누구보다 교회 분열이나 새로운 교회 구성에 민감한 주 목사로서는 이 문제를 간단히 생각할 수 없었다. 에큐메니컬한 신앙을 간직하고 있었던 주 목사는 교회 분열만은 극구 막아야 했기 때문이었다. 그뿐 아니라 그렇지 않아도 신사불참배자들에 대해 촉각을 곤두세우고 있는 일본 경찰에 모두 체포되어 곤욕을 치르게 되는 빌미를 제공하는 일이기에 그는 더욱 신중하게 움직일 것을 권고한 것이었다.

결국 모인 이들은 주 목사의 의견을 따르기로 하고, 세력 규합을 위해 동지들을 더욱 많이 확보하는 데 주력하고 언젠가는 신사참배자들의 노회와는 결별하고 새 노회를 조직할 것을 다짐하였다. 이 모임에서는 대충 다음과 같은 의견이 모였다.

1. 신사참배 거부
2. 신사참배 교회 출석 거부
3. 신사참배 교회 및 노회 해산운동
4. 신사참배 반대자들의 가정 집회(지하교회)
5. 신사참배자 설득 및 반대운동 동지 규합
6. 신사참배 거부 노회 조직운동
7. 교인 자녀 학교 등교 거부

8. 궁성요배 거부

이 운동은 결과적으로 교회 안의 문제를 넘어 국가와 사회의 문제로까지 확대되는 결과를 가져왔다. 자녀들의 학교 등교까지 거부하는 것은 일제 체제에 대한 저항이 되었고, 궁성요배 거부 또한 국가 시책에 대한 저항이 될 수밖에 없었다. 이는 곧 이들이 국사범이 된다는 의미이기도 했다.

마지막 검속

일제는 유일하게 신사참배를 정면으로 거부한 산정현교회만 폐쇄시키면 모든 문제가 일단락되리라고 생각했지만, 문제는 간단하지 않았다. 산정현교회가 문이 닫혀 있는 것, 그리고 주기철 목사가 존재하고 있는 것 자체가 신사참배 불참배자들은 말할 것도 없고 참배자들에게도 영향력을 미쳐 오히려 엄청난 부담을 안겨 주고 있었다. 이것은 신사참배하지 않는 사람들에게 무한한 용기를 북돋아 주었다.

불참배자들이 각지에 흩어져서 지하에서 신사참배 거부운동을 독려하고 세포 조직을 확산해 나가는 것을 일제는 용인할 수 없었다. 그래서 일제는 지역에 따라 불참배자들을 한 사람씩 검거하기 시작했다. 1940년 5월 평양에서 이인재, 이광록, 안이숙, 방계성, 김린희 등을 체포하였고, 6월에는 이기선, 고흥봉, 김형락, 서정환, 장두희 등 평북 지방 지도자들을, 7월에는 한상동, 주남선, 최덕지, 이현숙, 손명복 등 경남 지방 불참배 지도자들을 검속하였다.[94] 다음에는 이들을 심문하여 전국에 퍼져 있는 신사참배 반대자들의 명단을 확보한 뒤 9월 20일 전국적으로 체포령을 내리고 일제히 검속하였는데, 이때 검속된 이가 193명에 이르렀다.[95] 〈매일신보〉는 이 사건에 대해 다음과 같이 보도하였다.

> 이번 지나사변[중일전쟁] 이후 각 종교 단체에서는 신앙보국(信仰報國)으로 총후의 정성을 다해 왔는데 최근 기독교의 일부 신자 중에는 이 비상시국에 용납 못할 불순한 행동과 반국책적인 결사를 조직하는 혐의가 있어 총독부 경무국에서는 각 도 경찰부를 동원시켜 전 조선적으로 다수한 교역자를 검거하고 취조를 개시하였다. 이 검거는 주로 장로교 계통의 교역자가 거의 전부인 모양인데 20일 새벽 4시를 기해서 일제히 검거에 착수한 것이며 한편으로 기사 게재를 금지하였던 바 어제 21일 오후 별항과 같은 담화로써 이번 사건의 일단을 발표하였다.[96]

위 기사에서 보는 것과 같이 일제는 주로 장로교회 지도자들을 겨냥하고 있었음을 알 수 있다. 새벽 4시에 덮치듯 잡아 간 것이다. 일제는 이들을 단순히 종교적인 문제로 다룬 것이 아니고 정치범으로 간주하기 시작했다. 그것은 이들에게 적용된 법률에서 여실히 드러난다. 일제는 이들에게 치안유지법, 보안법, 형법, 그리고 군사기밀보호법이라는 어마어마한 법률을 적용한 것이다.[97]

여기서 우리는 기독교 신앙의 색다른 면모를 보게 된다. 그것은 기독교 신앙을 고수하는 것은 결국 일제에 저항하는 것이고, 일제에 저항하는 것은 우리 민족과 국가에 대한 애국애족의 결과를 가져온다는 사실이다. 주 목사와 신사불참배자들은 반국가적 행위나 항일운동을 한 일이 없다. 그러나 신앙 고수가 일제의 눈에는 무서운 항일이요, 반국가적 행위이며, 일본 왕에 대한 거역이었던 것이다. 여기서 한 가지 결론을 내릴 수 있다. 기독교 신앙을 철저히 지키는 것은 그 자체가 애국이요 애족이라는 것이다. 일제 강점기에 무수한 사람들이 가족과 삶을 포기하고 애국애족운동에 투신하였다. 그들은 말할 수 없는 고통을 겪어 가면서 애국·독립운동을 전개했다. 진정한 기독교 신앙생활을 한 사람들은 본인의 의사와 관계없이 자동으로 애국·독립운동을 한 셈이다.

주기철 목사는 1940년 9월, 전국적으로 신사참배 거부자들을 일제히 검속할 때 같이 검속된 것으로 보인다. 지금까지 그가 검속된 정확한 날짜를 알려 주는 기록은 없다. 그러나 대체적인 상황으로 보아서 그때 검속된 것으로 봐도 무리는 아닐 것 같다. 이 4차 검속은 그의 마지막 검속이었다. 이 검속을 끝으로 주 목사는 시신이 되어 돌아왔다.

주 목사가 마지막으로 구속되어 갈 때는 산정현교회 예배당이 폐쇄되어 예배를 드릴 수도, 설교를 할 수도 없었다. 그러나 그가 교회에서 설교를 할 수 있을 때 "오 종목(五種目)의 나의 기원"이라는 제목의 설교를 하였는데, 이 설교는 그의 평소의 심정을 토로한 것이고, 또 유언과도 같은 내용이다. 이 설교는 산정현교회 청년회장 유기선(劉基善)이 기록하여 두었다가 후에 김린서 목사를 만나 기억나는 대로 그 대지를 알려 주어 김 목사가 3일 금식하고 이 설교를 복원했다.[98] 그러므로 이 설교는 주 목사가 한 설교 내용과 일치하지 않는 부분이 있을 수 있으나, 그 대지는 동일하다고 판단되어 내용을 요약한다.

오 종목의 나의 기원

나는 저들의 손에 몇 번째 체포되어 이번에는 오래 영어(囹圄)의 몸이 되었다가 이 산정재 강단에 다시 서게 되니 하나님의 은혜 감사하오며 나를 위하여 기도하며 기다리시던 교우 여러분 앞에서 다시 설교하려 하니 감개무량합니다. 그렇다고 해서 별다른 설교가 아니고 갇힌 중에서 늘 기도하던 다섯 가지 제목 곧 "오 종목의 나의 기원"이란 제목으로 말씀하겠습니다.

첫째, 죽음의 권세를 이기게 하여 주시옵소서.

나는 바야흐로 죽음에 직면하고 있습니다. 나의 목숨을 빼앗으려는 검은 손은 시시각각으로 닥쳐오고 있습니다. 죽음에 직면한 나는 "사망권세를 이기게 하여 주시옵소서" 기도하지 않을 수 없습니다. 숨 쉬는 인생은 다 죽음 앞에서 떨고 슬퍼합니다. 죽음을 두려워 의(義)를 버리며 죽음을 면하려고 믿음을 버린 사람이 얼마나 많습니까―. 일약 수(首) 사도 베드로도 죽음이 두려워 가야바의 법정에서 예수를 부인하고 계집종 앞에서 세 번이나 맹세하였으니 누가 감히 죽음이 무섭지 않다고 장담하겠습니까?

나의 사랑하는 교우 여러분, 그리스도의 사람은 살아도 그리스도인답게 살고 죽어도 그리스도인답게 죽어야 합니다. 죽음을 무서워 예수를 저버리지 마시오. 풀의 꽃과 같이 시들어 떨어지는 목숨을 아끼다가 지옥에 떨어지면 그 아니 두렵습니까? 한번 죽음은 영원한 천국 복락 그 아니 즐겁습니까? 이 주 목사가 죽는다고 슬퍼하지 마시오. 나는 내 주님밖에 다른 신 앞에서 무릎을 꿇고는 살 수 없습니다. 더럽게 사는 것보다 차라리 죽고 또 죽어 주님 향한 정절을 지키려 합니다. 주님을 따라 나의 주님을 따라서의 죽음은 나의 기원입니다. 나에게는 일사각오(一死覺悟) 있을 뿐입니다.

소나무는 죽기 전에 찍어야 시푸르고 백합화는 시들기 전에 떨어져야 향기롭습니다. 세례 요한은 33세, 스데반은 청장년의 뜨거운 피를 뿌렸습니다. 이 몸도 시들기 전에 주님 제단에 제물이 되어지이다.

둘째, 장기(長期)의 고난을 견디게 하여 주시옵소서.

단번에 받는 고난은 이길 수 있으나 오래 끄는 장기간의 고난은 참기 어렵습니다. 칼로 베고 불로 지지는 형벌이라도 한두 번에 죽어진다면 그래도 이길 수 있으나 한 달 두 달, 일 년 십 년 계속하는 고난은 견디기 어렵습니다. 주님도 십자가를 직면하사 그 받으실 고난을 인하여 겟세마네 동산에서 피땀 흘려 기도하시고 십자가상에서 그 혹독한 고통을 이기셨습니다. 두 손과 두 발이 쇠못에 찢어질 때 그 아픔 어떠하였으리오? 나와 여러분의 죄, 억만 죄인의 죄 짐을 대신 지실 그 고통이 너무나 중대하여 "엘리 엘리 라마 사박다니"라고 부르짖었습니다. 그 고통의 소리를 우주도 감당하지 못하여 태양이 빛을 잃고 그 고통의 핏방울, 땅도 감당할 수 없어 지축이 흔들리어 지진이 터졌던 것입니다.

내 왕 예수 날 위하여 이렇게 고난을 참으셨는데 내 당하는 고난이야 그 무엇이겠습니까! 그러므로 "처음에는 우리가 십자가를 지지만 나중에는 주님의 십자가가 우리를 지어 줍니다." (이 구절 말씀은 주 목사의 체험하신 유언). 십자가, 십자가! 내 주의 십자가만 바라보고 나아갑니다.

나의 사랑하는 교우 여러분! "이제 받는 고난과 장차 받을 영광을 비교하면 족히 비교할 수 없느니라"(롬 8:18). 이제 받는 고난 오래야 70년이요 장차 받을 영광 천년 만년 영원 무궁합니다. 이제 받는 고난은 죽을 몸이 죽는 것뿐이요, 장차 받을 영광은 예수의 부활하신 몸과 같이 영생 불사의 몸이요 영원 영화의 몸입니다. 기리 참아 주가 나타나시기를 기다리라(약 5:7).

고난의 명상[99]
주님을 위하여 오는 고난을 내가 이제 피하였다가
이 다음 내가 무슨 낯으로 주님을 대하오리까.

주님을 위하여 감수해야 하는 투옥생활을 내가 피하였다가

이 다음 주님이 "너는 내 이름으로 평안과 즐거움을 다 누리고

고난의 잔은 어찌하고 왔느냐?"고 물으시면 나는 무슨 말로 대답할까!

주님을 위하여 오는 십자가를 내가 이제 피하였다가

이 다음 주님이 "너는 내가 준 유일한 유산인 고난의 십자가를

어찌하고 왔느냐?"고 물으시면 나는 무슨 말로 대답할까!

셋째, 노모와 처자, 교우를 주님께 부탁합니다.

나는 팔십 넘은 어머님이 계시고 병든 아내가 있고 어린 자식들이 있습니다. 남의 아들로의 의무도 지중하고 남의 가장, 남의 아비 된 책임도 무겁습니다.

1) 자식을 아끼지 아니하는 부모가 어디 있으며 부모를 생각지 아니하는 자식이 어디 있겠습니까? 내 어머님이 나를 낳아 애지중지 키우고 가르치신 은혜 태산같이 높습니다. 어머님이 금지옥엽으로 길러 주신 이 몸이 남의 발길에 채이고 매 맞아 상할 때, 내 어머님 가슴이 얼마나 아프실고! 춘풍(春風) 추우(秋雨) 비바람이 옥문에 뿌릴 때 고요한 밤 달빛이 철창에 새어들 때 어머님 생각 간절하여 눈물 뿌려 기도하였습니다. 그러나 어머님을 봉양한다고 하나님의 계명을 범할 수는 없습니다. 팔십 넘으신 늙으신 내 어머님을 자비하신 주님께 부탁합니다.

2) 남편이 아내를 사랑하고 아내가 남편을 연모하는 것은 인지상정입니다. 내 아내는 병약한 사람으로 일생을 내게 바치었거늘 나는 남편 된 의무를 못합니다. 병약한 아내를 버려 두고 잡혀 다니는 이 내 마음 또한 애처롭습니다. 병든 내 아내도 주님께 부탁하고, 불초 이 내 몸은 주님의 자취! 주님의 눈물 자취를 따라가렵니다. 연약한 나를 붙들

어 주시옵소서.

3) 세상에 제 자식을 돌보지 않는 자 어디 있으며 또 자기 아버지를 의지
하지 아니하는 자식이 어디 있겠습니까? 나도 네 명의 아들이 있고 어
린것도 있습니다. 아버지로서 자식을 키우고 가르칠 의무를 다하지
못하고, 우는 어린것을 뒤에 두고 잡혀 다니는 마음 또한 애처롭기 끝
없습니다. 어린 자식과 같이 연약한 제자들을 뒤에 두시고 십자가에
달리시는 주님의 마음 어떠하셨으리까! 연약한 제자들을 뒤에 두시고
골고다로 향하신 주님께 나의 자식을 부탁합니다. 어미 죽은 어린것
을 주님 품에 부탁합니다.

4) 나는 주님께서 맡기신 양떼, 나의 사랑하는 교우가 있습니다. 그런데
나는 저들을, 내 양떼를 뒤에 두고 다시 돌아오지 못할 길을 떠나지
아니치 못합니다. 험한 세대 악한 세상에, 이리떼 중에 내 양들을 두
고 아니 가지 못합니다. 맡기나이다. 내 양들을 대목자장 되신 예수님
손에 맡기나이다.

나의 사랑하는 교우 여러분 나는 내 어머니, 내 아내, 내 자식들을 여러
분에게 짐 되게 할 마음은 없습니다. 다만 무소불능하신 하나님께 부탁
합니다. 여러분! 사람이 제 몸의 고통은 견딜 수 있으나 부모와 처자를
생각하고 철석같은 마음도 변절하는 경우가 많습니다. 어린 자식의 우는
소리에 순교의 길에서 돌아선 신자도 허다합니다. 얽히고 얽힌 인정의
줄이어 나를 얽어매지 말라. 주님 따라가는 나를 얽어매지 말라. 부모나
처자를 예수보다 더 사랑하는 자는 예수께 합당치 아니합니다.

넷째, 의에 살고 의에 죽게 하옵소서.

사람이 이 세상에 태어나서 사람으로서 마땅히 행하여야 할 의가 있습니
다. 나라의 신민이 되어서는 충절의 의가 있고 여자가 되어서는 정절의

의가 있고, 그리스도인 되어서는 그리스도인으로의 의가 있습니다.

백이(伯夷) 숙제(叔齊) 두 형제는 은(殷) 나라의 신민으로 주(周) 나라에 살수가 없어 수양산에 숨어 서산(西山)의 고사리를 뜯어 먹다가 굶어 죽으니 백세청풍(百世淸風)이 불고 있습니다. 정몽주는 망하는 고려 나라를 위하여 선죽교에 피를 뿌리니 대[竹]야 났으랴마는 그 절개 대보다 청청창창 푸르도다.

이는 우리 선인들의 나라를 사랑하는 충의대절(忠義大節)입니다. 사람이 나라에 대한 의가 이러하거늘 하물며 그리스도인 되어 주님 향한 일편단심 변할 수 있으랴! 사드락, 메삭, 아벳느고는 신앙의 대의를 붙잡고 풀무불에도 뛰어들었고, 다니엘은 이스라엘의 정신을 가슴에 품고 사자굴속에도 들어갔습니다. 예수를 사랑하여 풀무불이냐, 예수를 사랑하여 사자굴이냐! 그 무엇이 두려울 것인가! 스데반은 돌에 맞아 죽고 베드로는 십자가에 거꾸로 달렸습니다.

못합니다. 못합니다. 그리스도의 신부는 다른 신에게 정절을 깨뜨리지 못합니다. 이 몸이 어려서 예수 안에서 자라났고 예수께 헌신하기로 열번 백 번 맹세했습니다. 예수의 이름으로 밥 얻어먹고 영광을 받다가 하나님의 계명이 깨어지고 예수의 이름이 땅에 떨어지게 되는 오늘 이 몸이 어찌 구구도생(苟苟盜生) 피할 줄이 있으랴!

아! 내 주 예수의 이름이 땅에 떨어지는구나. 평양아! 예의 동방의 내 예루살렘아! 영광이 네게서 떠났도다. 모란봉아! 통곡하라. 대동강아 천백세에 흘러가며 나와 함께 울자! 드리리다, 드리리다, 이 목숨이나마 주님께 드리리다. 칼날이 나를 기다리느냐? 나는 저 칼날을 향하여 나아가리다.

나의 사랑의 교우 여러분, 의에 죽고 의에 삽시다. 의를 버리고 더구나 예수께 향한 의를 버리고 산다는 것은 개 짐승의 삶만 같지 못합니다. 여러분 예수는 살아 계십니다. 예수로 죽고 예수로 삽시다.

다섯째, 내 영혼을 주님께 부탁합니다.

오! 주님 예수여! 내 영혼을 주님께 부탁합니다. 십자가를 붙잡고 쓰러질 때 내 영혼을 받으시옵소서. 옥중에서나 사형장에서 내 목숨 끊어질 때 내 영혼 받으시옵소서. 아버지 집은 나의 집, 아버지의 나라는 나의 고향이로소이다. 더러운 땅을 밟던 내 발을 씻어서 나로 하여금 하늘나라 황금 길에 걷게 하시옵고 죄악 세상에서 부대끼던 나를 깨끗케 영광의 존전에 서게 하옵소서. 내 영혼을 주님께 부탁하나이다. 아멘.

주 목사의 애절한 마지막 설교가 절규로 변했다. 이 설교는 오고오는 모든 세대의 주님을 따르는 신자들과, 양떼를 치는 목사들에게 주는 서릿발 같은 훈계이다.

구속 당시의 상황을 주 목사의 막내아들 주광조 장로는 이렇게 증언한다.

구속되기 직전 주 목사님은 늙은 당신의 어머니에게 작별할 시간을 달라고 했다. 방으로 들어오시자 몸져누워 계신 할머니의 손을 꼭 붙잡았다. 그러고는 큰절을 하셨다. 할머니를 향한 아버지의 마지막 고별인사는 딱이 한마디뿐이었다. "어머니! 하나님께 어머니를 맡겨 놓았습니다." 그리고 우리들을 가까이 불러 모으시고 머리 위에 손을 얹으시고는 우리를 위해 잠시 기도하셨다. "하나님! 불의한 이 자식은 제 어머니를 봉양하지 못합니다. 주님이 십자가에 달리실 때 당신의 아픔도 잊으시고 십자가 밑에서 애통해하시는 어머니 마리아를 보시며 제자 요한에게 그 어머니를 부탁하셨던 당신의 심정을 알 것 같습니다. 오, 주님! 내 어머니를 내 주님께 부탁합니다. 불의한 이 자식의 봉양보다 자비하신 주님의 보호하심이 더 나을 줄 믿고 내 어머니를 무소불능하신 당신께 부탁하옵고 이 몸은 주님이 지신 이 십자가를 지고 주님의 발자취를 따라갑니다."[100]

늙으신 어머니와 병약한 아내, 그리고 어린것들을 뒤에 두고 고난의 가시밭길을, 그것도 살아 돌아올 수 있을지 아니면 죽어 시신이 되어 돌아올지 모르는 길을 가는 주 목사. 한 어머니의 아들, 그리고 사랑하는 아내의 남편, 어린것들의 아버지로서 주 목사가 걸어야 하는 그 걸음이 얼마나 고통스럽고 얼마나 어려운 길인지는 상상조차 어렵다.

주 목사가 검속된다는 소식을 듣고 달려온 20명의 성도들과 함께 그는 간단한 기도회를 가졌다. 찬송가 〈저 높은 곳을 향하여〉를 함께 부르고 구약 아모스 8장 11–13절을 봉독한 후 다음과 같은 짤막한 설교를 하였다.

주님을 위하여 당하는 이 수욕을 내가 피하여 이 다음 주님이 "너는 내 이름과 내 평안과 내 즐거움을 다 받아 누리고 내가 준 그 고난의 잔을 어찌하고 왔느냐?"고 물으신다면 내가 무슨 말을 하겠습니까? 주님을 위하여 져야 할 이 십자가, 주님이 주신 이 십자가 내가 피하였다가 주님이 이 다음에 "너는 내가 준 십자가를 어찌하고 왔느냐?"고 물으신다면 내가 어떻게 주님의 얼굴을 뵈올 수 있겠습니까? 오직 나에게는 일사각오가 있을 뿐입니다.[101]

눈물지으며 주 목사를 바라보던 가족들과 교인들은 그 얼굴을 다시 볼 수 있으리라 생각했지만, 사실은 그것이 마지막 만남이었다. 사도 바울은 밀레도에서 밀레도 교인들과 에베소 교회 장로들에게 "이제는 여러분이 다 내 얼굴을 다시 보지 못할 줄 아노라"(행 20:38, 개역개정)고 말씀하고 떠났지만, 주 목사는 그때가 마지막 만남임을 전혀 알지 못했다.

안이숙과의 손 대화

지난번에도 수감되었던 평양 유치장에 주 목사는 또다시 갇히는 신세가 되었다. 그곳에는 벌써 여러 사람의 신사불참배 동지들이 갇혀 있었다. 특히 이때 안이숙 선생을 만나게 되는데, 안이숙은 당시의 상황을 《죽으면 죽으리라》에 상세히 기록하여 후세에 전해 주었다.

안이숙은 평북 박천에서 1908년 무역상을 하는 안중호(安重浩)의 딸로 태어났으나 아버지의 방탕한 생활로 부모가 별거하여 어머니에게서 자랐다. 어머니는 독실한 신자로 안이숙을 믿음으로 교육시켰다. 일곱 살 때부터 교회에 출석하면서 신앙 안에서 자란 그녀는 평양여자고등보통학교를 마치고 일본에 유학하여 1928년 교토여자전문학교 가정과를 졸업하고 귀국, 대구공립여자고등보통학교 교사로 재직하였다. 그러나 폐결핵에 감염되어 사표를 제출하고 1936년 선천 보성여학교 교사로 자리를 옮겼다.

박관준 장로와 일본에 건너가 제국의회에 유인물을 살포한 혐의로 고초를 겪었던 안이숙은 1941년 전국적인 신사불참배자 검속 기간에 다시 검속되어 평양 유치장에 감금되었다. 안이숙은 약 5년여의 죽음과 같은 고문과 시달림을 견디고 해방 후 출옥하였다. 공산당에게 쫓겨 월남한 후 미국으로 건너가서 침례교 목사 김동명과 결혼하였고, 로스앤젤레스에서 함께 목회하다가 은퇴한 후 하나님의 부르심을 받았다.

안이숙은 신사참배로 유치장에 갇혀 있는 동안 겪은 사실을 《죽으면 죽으리라》라는 책에 남겨 고난의 사실을 증거했고, 그 후 《죽으면 살리라》를 통해 해방 이후 자신의 삶의 흔적을 남겼다.

신사참배로 유치장에 연금되어 있던 안이숙은 그곳에서 주기철 목사를 만나게 되었다. 주 목사와 안이숙은 손가락 글씨로 서로 통성명을 하고 그때부터 수화(手話)로 대화를 하였다. 안이숙은 《죽으면 죽으리라》에서 이때의 상황을 설명하고 있다.

나는 잠잘 생각도 하지 않고, 유심히 건너 방을 넘겨다보았다. 열심히 살펴보고 있으려니 한 죄수가 가만히 조심스럽게 일어나더니 나를 건너다보고 인사를 했다. 나는 누구일까 하고 자세히 보니 긴 수염과 긴 머리카락 밑에서도 뚜렷이 잘 생기고 보기 좋은 얼굴을 한 것으로 보아 주기철 목사가 분명한 듯했다. 나는 엎드려서 절을 하고 또 했다. 간수가 우리 감방 쪽으로 오는 기색이 나서 주 목사는 곧 눕고 나도 눕는 척하고 있다가 간수가 지나간 후에 다시 일어나 앉았다. 감방 전면에 내리지른 굵고 큰 나무로 인해서 건너 방을 쳐다보기는 힘들었지만 자세히 쳐다보고 있으니 건너 방에서도 다시 주 목사가 일어났다. 그리고 나를 쳐다보고 또 절을 했다. 우리는 한참 서로 쳐다보고 있었다. 마침내 그는 자기 오른손을 번쩍 들어 손가락으로 글을 크게 쓰기 시작했다. 나는 유심히 정신을 가다듬어 글 쓰는 것을 쳐다보았다. '나는 주기철 목사요'라고 먼저 썼다. 나는 감격이 되어 엉! 하고 울 뻔했다.[102]

이것이 안이숙이 주기철 목사를 유치장 건너편 방에서 만난 첫 대면이었다. 서로 알지 못하는 사이였지만, 같이 신사참배에 반대하고 검속되어 유치장에서 고난을 겪는 동지로서 마음이 통해 동지인 것을 알게 되었고, 주 목사가 손으로 쓰는 글자를 알아보고 안이숙은 그가 주기철 목사인 것을 깨닫게 된 것이다. 계속되는 안이숙의 설명이다.

그는 다시 손을 들어서 "안이숙 선생에게 주님의 축복이 같이 하시기를 기도합니다"라고 손으로 글을 썼다. 나도 공중에 내 손을 높이 들고 크게 천천히 그림을 그리듯 손가락으로 글을 써서 답하기를, "주 목사님, 참 반갑습니다. 주님이 목사님을 도우라고 저를 여기 보내신 것을 이제 확실히 알겠습니다. 무엇이나 말씀해 주세요. 제 힘 닿는 데까지 애써 보겠습니다."[103]

안이숙은 자기가 유치장에 온 것이 주 목사를 도우라고 보내신 하나님의 뜻으로 해석하고 주 목사를 도울 길을 암중모색하였다. 그들은 시간이 되는 대로 서로 수화를 통하여 의사 교환을 했다.

> 안: 목사님, 목사님은 이 유치장에서 내어 보내 드린다면 무엇을 제일 먼저 하고자 하시는가요?
> 주: 강대에 올라서서 하나님이 살아 계신 것과 그가 어떻게 복과 화를 가지시고 우리에게 군림하시는 것과, 예수님의 사랑의 구원을 힘껏 외치며 가슴이 시원하도록 설교를 하고 싶습니다.
> 안: 목사님, 그 다음에는 무엇을 하시고 싶으신가요?
> 주: 아내와 가족을 위로하고 싶습니다.[104]

이 대화 속에 주 목사의 마음이 잘 드러나 있다. 먼저 하고 싶은 일은 교회 강대에서 하나님의 말씀을 외치는 것이었다. 주일이 되면 교회 강대에 서서 하나님의 말씀을 외쳐야 하는데 유치장에 갇혀 있는 몸인지라 어떻게 할 수 없고, 주일 성수도 못하고 지내는 자신의 모습이 한없이 처량해 보일 수 있었을 테다. 하지만 그의 고난은 강대에 서서 말씀을 외치는 것 이상으로 위대한 외침이 아닐 수 없었다. 다음으로 가족을 향한 애틋한 사랑이 배어 나온다. 늙으신 어머님, 병약한 아내, 그리고 철없는 어린것들이 그리운 것은 어떤 아들, 지아비인들 다를 수 있으랴! 자기 때문에 고초를 겪는 가족들을 생각하면 당장에라도 신사참배를 하겠노라고 서약하고 나가고 싶겠지만, 그것은 주님을 배반하는 것이요, 신앙의 절개를 꺾는 것이요, 유치장에서 날마다 고난의 세월을 보내는 동지들에 대한 정면 배반이 아닐 수 없는 것이다. 따라서 그는 결코 그렇게 할 수 없었다. 여기에 그의 고민과 고통이 있었다.

손가락 대화는 주기철과 안이숙 간에 동지들의 근황을 전하는 좋은 통로였다. 주 목사는 안이숙에게 동지들에 관한 정보를 전해 주었다. 안이숙의 기록이다.

주 목사는 누가 몇 호에 있는가를 모두 손신호로 알려 주었다. 간수 발소리가 나면 우리는 눕는 척하다가 지나가면 다시 일어나 앉아 손가락 신호로 여러 가지 소식을 주고받았다. 1호에는 이광록 집사가 들어 있고, 2호에는 최권능 목사가 계시고, 3호에는 이인재 씨가 있고, 4호는 자기 방이고, 5호에는 방계성 전도사가, 6호에는 채정민 목사가, 7호에는 오윤선 장로가 있다는 것이었다. 방은 양쪽이 모두 열두 개씩 있었다. 방마다 성도가 한두 사람씩 있다는 것이다. 내가 들어 있는 방도 맞은편 4호였다.[105]

일제의 옥중 고문

일제는 신사불참배자들을 유치장에 그냥 둔 것이 아니다. 일제는 그들의 고집을 꺾고 신사참배하도록 온갖 수단과 방법을 다하여 설득하려 했다. 일제가 사용할 수 있는 가장 손쉬운 방법은 고문이었다. 그들이 얼마

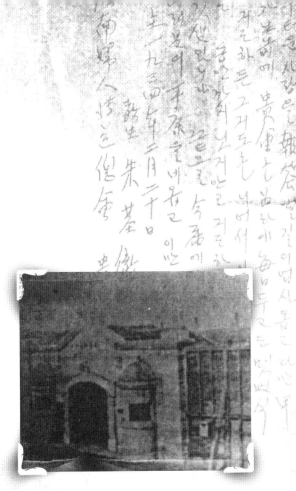

✤
평양 경찰서 유치장에 있다가 평양 형무소로 이감된 주기철은 해방을 보지 못하고
1944년 4월 21일 이곳에서 순교하였다.
주기철이 수감되었던 평양 형무소.

나 잔인한 고문을 감행했는지는 여러 기록들에 잘 드러나 있다. 일제는 초창기부터 한국인들을 증거도 없이 잡아다가 고문을 가하여 자백만을 갖고 기소하고, 재판하고, 형벌을 가하는 전근대적이고 야만적인 수사와 재판을 하는 만행을 저질렀다. 1919년 3·1독립운동이 일어났을 때, 3·1운동 참여자들을 잡아다가 야만적인 고문을 가한 기록이 남아 있다. 나이가 어렸던 선우 훈(鮮于燻)은 자신이 직접 당한 고문을 《민족의 수난》에 이렇게 기록하여 증언하였다.

> 저들은 두 손가락 사이에 쇳대를 끼우고 손끝을 단단히 졸라맨 후 문턱 위에 높이 달아매고 때때로 줄을 잡아 당겼다. 온몸이 저리고 쏘고 사지가 끊어져 오고 땀은 줄줄 흐르고 숨결은 가빠지고 견딜 수 없어서 몸을 잡아 이리 틀고 저리 틀었다. ……가슴에는 불이 붙고 코에서는 불길이 확확 올라왔다. 독사 같은 형리들이 또다시 줄을 잡아당기니 손과 팔이 다 떨어지는 것 같고 달리운 몸은 무거우니 쇳대에 잘킨 손가락은 뼈가 드러났고 피는 흘러서 온몸을 적시었다. 눈보라치는 혹한 삭풍에 몸은 얼기 시작하여 동태같이 되었다. ……부젓갈을 달궈서 다리를 지졌다. ……담뱃불로 얼굴을 지졌다. 혀를 빼고 목구멍에 담배연기를 불어 넣었다. ……발끝이 땅에 달락말락하게 늦추어 놓고 수백 개의 매를 몰박아 친다. ……발길로 이리 차 굴리고 저리 차 굴린다. 머리털을 잡아 이리저리 줄줄 끌고 다니다가 머리가 부서지라고 돌바닥 위에 함부로 부딪쳤다. ……최후의 수단으로 코에다 물을 붓는 것이다.[106]

여자로서 도저히 감내할 수 없는 수욕과 고통을 당한 증언도 있다.

> ……나는 평양에서 3월 2일 체포되어 경찰에 구금되었다. 그 감옥에는

예수의 양(穌羊), 주기철

여자들도 여럿 있었고 남자들도 많이 있었다. 경관들은 우리가 기독교인 인가를 자세히 물어보았으나…… 거기에는 열두 명의 감리교 여자들과 두 명의 장로교 여자 및 한 명의 천도교 여자가 있었다. 감리교 여자 중 세 사람은 전도부인이었다. 그런데 경관들은 채찍으로 우리 여자들을 내려치면서 옷을 다 벗기고, 벌거숭이로 여러 남자들 앞에 세워 놓았다. 경관들은 나에 대해서는 길거리에서 만세를 불렀다는 죄목밖에 찾지 못했다. 그들은 내 몸을 돌려가면서 마구 구타해서 전신에 땀이 흠뻑 젖었다. ……내 양손은 뒤로 잡혀져서 꽁꽁 묶였다. 그러고는 내 알몸을 사정없이 때리고, 땀이 흐르면 찬물을 끼얹곤 했다. 춥다고 말하면, 그때는 담뱃불로 내 살을 지졌다. 어떤 여자는 정신을 잃도록 심한 매를 맞았다. 또 한 전도부인은 두 손을 다 묶였을 뿐만 아니라, 두 발을 꽁꽁 묶인 채 기둥에 매달려 있게 했다. 우리들은 성경책을 다 빼앗기고, 기도는 고사하고 서로 말도 못하게 했다. 사람으로는 견딜 수 없는 무서운 욕과 조롱을 우리는 다 받았다.[107]

일제의 야만적인 고문은 갈수록 가혹해졌다. 특히 독립을 위한 투쟁을, 일본 왕과 그 체제에 대한 도전으로 간주하고 완전 국사범으로 취급하면서 형언할 수 없는 고문을 가해 갔다. 한 선교사는 이렇게 증언한다.

그런데 후스 같은 인물들이 있습니다. 세계 모든 기독교인들은 평양에 있는 언덕 위에 평양에서는 제일 큰 교회 중의 하나, 아름다운 벽돌 예배당의 주기철 목사라는 이름을 기억해야만 합니다. 그는 지난 5년간 거의 모든 시간을 감옥 안에서 보냈는데 수도 없을 만큼 매를 맞았음에도 교황 앞에 선 루터처럼 견고하여 흔들리지 않고 있습니다. 그의 나이 어린 아내 역시 그의 확고한 동지가 되어 여러 차례 감옥을 들락날락하였습니다. 경찰은 노회를 앞세워 그의 목사직을 파면시키는 불법을 저질렀습니다. 노모와 나이 어린 자녀들로 구성된 그의 가족은 사택에서 추방되었습니다. 일본에 있는 학교에 다니던 그의 아들은 수업을 계속할 수 없는 처지가 되었습니다. 그럼에도 그는 절을 하지 않을 것입니다.[108]

선교사 클라크(C. A. Clark, 郭安漣)는 주기철이 수도 셀 수 없을 만큼 매를 맞았다고 기록했다. 여기서의 매는 단순히 몽둥이로 몸을 때리는 것만이 아니었다. 그 속에는 형용할 수 없는, 인간이 감내할 수 없는 모진 고문이 포함되어 있었다고 보아야 한다.

일제는 아무리 고문을 가해도 의지를 꺾을 수 없자 이제는 가족들을 동원하여 그들 앞에서 고문을 가함으로써 신사참배를 하도록 유도하려는 야만적 수작을 부렸다. 하루는 특별 면회라는 명목으로 주 목사의 노모, 오정모 사모, 그리고 당시 열 살이던 막내아들 광조를 유치장으로 불렀다. 일제는 이들을 지하 취조실로 데리고 갔는데, 그곳은 말이 취조실이지 실은 고문실이었다. 가족들 앞에서 고문을 가함으로써 가족들이 그를 설득하여 신사참배를 하도록 하려는 수작이었다. 막내아들 주광조의 증언이다.

조금 있으니까 맞은편 방에 아버지께서 들어오셨다. 아버지는 우리를 보고 손을 흔드시며 웃으셨다. 그런데 그들은 아버지의 엄지손가락을 뒤로 해서 공중에 매달아 놓고 우리가 보는 앞에서 이른바 '그네뛰기 고문'을 했다. 발길로 차면 공중에 매달린 채 그네가 되어 왔다갔다 하는 것이다. 벽에는 검도 연습용 칼이 죽 꽂혀 있었다. 일본 형사들이 그 칼을 뽑아서는 검도 연습을 하듯이 칼을 가지고 아버님을 내리쳤다. '앗!' 하고 기합을 넣어 때리면, 아버지는 그네가 되어서 이쪽에서 저쪽으로 날아가고

또 저쪽에서 이쪽으로 날아왔다.[109]

잔인하고 야만적인 작태가 아닐 수 없다. 주광조의 계속되는 증언이다.

정확히 세어 보진 못했지만, 내가 스무 번을 세기 전에 아버지는 공중에 매달린 채 기절해 버렸다. 그런데 아버지가 기절하기 전에 내 옆에 있던 할머니가 먼저, 고문이 시작되자마자 정신을 잃고 쓰러져 버렸다. 그리고 어머니는 고문이 시작되자마자 손을 깍지 끼고는 '오! 주님' 하시며 기도만 하셨다.[110]

가족들 때문에, 또는 가족들의 설득 때문에 꺾일 신앙이면 벌써 꺾였을 것이다. 그러나 주 목사는 주님의 말씀을 머릿속에 담고 있었다. "아비나 어미를 나보다 더 사랑하는 자는 내게 합당치 아니하고 아들이나 딸을 나보다 더 사랑하는 자도 내게 합당치 아니하고……"(마 10:37). 주님은 가족들보다 주님을 더 사랑하기를 명령하고 계신다. 주 목사와 주 목사 가족들은 가족보다 주님을 더 사랑한 것이다. 여기에 진정한 신앙과 순교가 있을 수 있다.

고생은 유치장에 있던 분들만의 것은 아니었다. 밖에 남아 있던 가족들도 고생을 하기는 마찬가지였다. 특히 주기철 목사 가족들의 고난은 다른 어떤 이들보다 극심했는데, 그것은 주 목사가 신사불참배자의 대부(大父)와 같은 위치에 있었기에 더욱 그러했다. 1940년 11월 신사불참배자로 지목되어 검속되었다가 일시 풀려난 김두석이 주기철 목사 가족을 방문하고 나서 기록한 것이 남아 있다.

그 길로 주기철 목사님의 초라한 단칸방을 찾아갔더니 눈물겹게도 노모님과 사모님 그리고 어린 영해 군과 광조 군이 어머니의 뜻을 받들어 3일 금식에 돌입하였을 때였다. 제일 갸륵한 것은 철부지인 막내아들 광조가 어머니를 따라 감옥에 계시는 아버지를 위해 금식하고 있어 더욱 귀엽고 애처로웠다. 이처럼 주의 종의 식구들은 헐벗고 굶어 가며 차디찬 냉방에서 지내야 하는가 하고 생각하니 눈물이 앞을 가리웠다. 더구나 이때는 경찰의 경계망이 심하여 아무나 이 집에 드나들 수 없게 되었다. 혹시나 이 가정을 물질로 돕는 자가 없을까 하여 경찰의 감시가 이만저만이 아니었고, 이로 인해 주동 장로인 조만식 장로도 얼씬도 못했으니 이 가정은 수난의 3중고에 시달리고 있었다.[111]

검찰 송치

　신앙과 양심의 문제인 신사참배 때문에 근 1년이나 유치장에 있으면서 온갖 고문을 받던 주 목사가 드디어 경찰의 손에서 검찰청으로 넘어가게 되었다. 1941년 5월 15일, 평양지방법원 검사국으로 68명이 송치되었다. 이때 전국 경찰서에 연금되었던 신사참배 반대자들이 모두 평양으로 송치되었다. 평양은 신사참배를 결정하는 데 앞장선 친일파들이 모여 있는 곳이면서 동시에 신사참배 반대자들이 모인 이율배반의 장소가 되었다. 신사참배자들은 따뜻한 방에서 따뜻한 밥을 먹고 가족들과 따뜻하게 지내고 있었지만, 반대자들은 감옥에서 온갖 수난과 모멸과 고통을 당하면서 죽음과 사투를 벌이고 있었다. 함께 검찰로 송치되던 안이숙이 먼발치에서 주기철 목사를 보고 남긴 글이다.

그의[최권능] 뒤에 나오시는 주기철 목사를 보았다. 그야말로 목자를 따라가는 어린 양의 모습 같았다. 얼마나 거룩해 보이고 얼마나 고상한지, 햇빛을 못 본 그의 조각상 같은 미모의 얼굴은 맑고, 희며, 발산되는 듯이 느껴지는 그의 순교열은 뜨거운 인상을 내 마음속에 새겨 주는 것 같았다.[112]

안이숙은 주 목사의 모습에서 다음과 같은 소리를 듣는 듯했다고 전한다.

우리는 그저 한 발자국씩만 걸읍시다. 뛰려고도 말고 날려고도 말고, 그날 닥쳐오는 일을 한 발자국씩만 다지면서 가면 갈 수 있겠지요. 죽는 것이 목표이면 그 죽음이 언제 오든지 언제나 죽음의 선만 목표하면, 그 나머지 일은 예수님이 살아 계시니 그에게 맡길 수밖에 없습니다.[113]

주님께 맡긴 삶, 그것이 그때 주 목사의 삶이었다.

이즈음, 일본으로 건너가 루터신학교와 일치신학교에서 수학하던 주 목사의 맏아들 영진이 신사참배를 거부한다는 이유로 학업을 계속하지 못하고 귀국하였다. 그는 평양에 돌아와 아버지를 면회하였다.

그는 바로 평양 형무소로 찾아가 주 목사와 면회를 하였다. 아버지의 고난에 동참하지 못하고 긴박한 사태를 외면한 채 멀리 일본으로 피란 가서 조용히 지내온 것을 자책하였다. 그리고 이제는 아버지와 같이 일사 각오로 투쟁하겠다고 자신의 의지를 결연히 밝혔을 때 오히려 주 목사는 나서지 말고 조용히 때를 기다리라고 타일렀다. 3년 만에 이루어진 부자간의 만남에서 주영진은 주 목사의 뜻과 그 깊은 사려를 이해하면서도 조용히 숨어 살기에는 자신이 너무나 비겁해 보이고, 일본 신사참배 강요에 맥없이 굴복하고 믿음의 절개를 버린 선배 교역자에 대한 울분을 삭혀 낼 수 없었다.[114]

면회를 하고 나온 주영진은 그 자리에서 경찰에 연행되어 20일간 무고히 연금되어 조사를 받고 풀려났다. 오정모 사모는 영진에게 "너는 이곳에 있으면 안 된다. 이곳을 떠나 피해 있는 것이 좋은 것이다"라고 권하였다. 아버지의 권고도 있고 어머니마저 그렇게 말씀하므로 영진은 평양을 떠나 은둔하기 시작하였다.

선교사 추방

일제는 선교사들이 신사참배에 반대하고 그 반대자들을 뒤에서 격려하는 일을 보면서 한국에 있는 선교사들을 추방할 계획을 세우고 실천에 옮겼다. 1941년 진주만을 기습 폭격하면서 제2차 세계대전에 공식적으로 가담한 일제는 한국에 있는 선교사들이 주로 미국에서 온 이들이었기에 이들의 활동을 그대로 방치할 수 없었다. 무엇보다도 선교회가 일제히 신사참배를 거부하였고, 음으로 양으로 신사불참배자들을 도와주었으며, 총독부의 방침에 항거하여 선교회가 운영하던 모든 학교의 문을 닫았기에 일제에게 이들은 눈엣가시였다. 선교사들의 이런 행동은 일제를 자극하기에 충분하였고 그들이 학교에 머물러 있는 것이 일제에 거리낌만 될 뿐 아무런 도움도 되지 않는다고 판단하였다.

1940년 10월 10일 미국 공사 마쉬(Gaylord Marsh)는 선교사회의 대표

❀ 일본으로 건너가 루터신학교와 일치신학교에서 수학하던 주기철의 맏아들 영진은
신사참배를 거부한다는 이유로 학업을 계속하지 못하고 1941년 귀국하였다가
1950년 공산군에게 죽임을 당하여 순교의 대를 이었다.

장남 주영진 전도사.

를 불러서 "극동아시아 지역의 미국인들은 가급적 이른 시일에 미국으로 귀국하도록 조치하라"는 미 국무부의 지시를 각 선교부에 하달하였다.[115] 마쉬는 시일 내에 철수할 것을 권고하여 11월 16일 마리포사 호를 인천으로 보냈다. 평양에는 편하설 선교사를 위시하여 몇 선교사들만 남고 나머지 선교사와 가족들을 포함한 219명의 미국 시민은 철수를 마쳤다.

1941년에 들어서서는 미·영 선교사 중심의 이른바 '반전기도일사건'(反戰祈禱日事件)이 터졌다.[116] 전 세계 여성 기독교인들은 매년 2월 마지막 주일에 세계 평화를 위해 기도하는 모임을 해 왔다. 한국에서 활동하던 여성 선교사들도 1941년 2월 28일 주일에 이 기도 모임을 가지려고 준비하고 있었는데, 일제는 이것을 반전운동이라는 누명을 씌워 탄압했다. 이것이 '반전기도일사건'이다. 평양에서 선교하던 장로교회의 버츠 여사(Miss Alice M. Butts)와 감리교회의 무어 부인(Mrs. John Z. Moore)은 이 기도회 모임의 순서지를 번역하고 인쇄하는 일을 맡아서 수행하였다. 그런데 기도회 프로그램 중 "세계의 평화를 위하여"라는 기도 순서가 들어 있었다. 이에 일제는 이것을 "극히 불온한 반국가적(反國家的)이요 반전적(反戰的)인 말들을 써서 중·일전쟁의 성전성(聖戰性)을 모독하여 한국인들로 하여금 전쟁수행에 분리(分離)케 하려는 것이다"라고 단언하였다. 일본 경찰은 두 여선교사를 체포하여 심문하였는데 버츠 여사는 1개월간 감옥에서 고생한 후 풀려났다.

서울에서도 원한경의 부인(Mrs. H. H. Underwood) 외 4명의 여성 선교사들이 기도회 순서지를 배포했다는 죄목으로 체포되어 일주일간 심문을 받았다. 대구에서 선교하던 장로회 선교사 블레어(Herbert Blair, 邦惠法)도 이 사건과 연관되어 체포된 후 혹독한 심문을 받았다. 그는 당시 초교파 선교사회 회장을 맡고 있어서 이 순서지 배포에 책임을 지고 있었다. 일

제는 그에게서 아무런 혐의도 찾지 못하였지만 열흘이 지난 후에야 풀어
주었다. 이 기간 동안 가족이나 선교부 그 누구도 그가 어디에 있었는지
조차 알지 못했다.[117] 이 사건에 연루되어 체포된 선교사들은 14명에 이
르렀다.

　이 사건은 결국 남아 있던 대부분의 선교사들마저 추방되는 결과를 가
져와 잔류 선교사들은 1941년 9월에 필리핀이나 본국으로 떠났다. 그 후
끝까지 남아 있던 편하설 선교사를 비롯한 몇몇 선교사가 1942년 6월 1
일 밤 아사마루 호로 부산을 떠났다. 원한경이 그의 부친 언더우드(元杜
尤)의 기념비가 한국 교회에 의해 제거되는 것을 보고 한 달 후인 1942년
6월 부산항에서 떠남으로 선교사들의 철수는 마감되었다.[118]

　편하설 선교사는 1900년에 내한하여 42년 동안 젊음을 바쳐 복음 사
역을 하던 정다운 땅을 뒤로하게 되었다. 그는 주기철 목사가 목회하던
산정현교회를 세우고 초대 목사로 일했으며, 주기철 목사가 부임해 온
뒤에도 주 목사를 음으로 양으로 도왔고, 무엇보다 주 목사가 감옥에 가
있는 동안 교회를 맡아 예배를 인도하고 설교하고 목회를 했던 제일의
동지요 협력자였다. 하지만 그마저 한국 땅을 떠남으로 그야말로 주 목
사는 고립무원(孤立無援)의 처지가 되고 말았다.

　선교사들은 고국으로 돌아갔지만, 주 목사는 돌아오지 못할 여행, 영
원한 본향으로 돌아갈 준비를 하면서 그 시간을 기다리고 있었다.

마지막 면회

오정모 사모는 결혼 전부터 병약한 몸이었다. 그래서 그는 결혼하지

않고 미혼으로 살면서 결혼한 여인들이 가정에 바치는 시간과 정열을 학생들을 가르치고 교회에 봉사하는 데 바치려 하였다. 그러나 하나님의 섭리로 주 목사와 결혼을 했고, 전처의 어린 자식 넷을 기르며 남편의 옥바라지까지 하느라 몸과 마음이 지쳐 가고 있었다. 그러나 오 사모는 결코 좌절이나 비관적인 생각을 하지 않았다. 모든 것을 신앙으로 이겨 냈다. 오정모는 주 목사의 아내일 뿐 아니라 신앙의 동지요, 든든한 후견인이었다.

오정모의 투철한 신사참배 거부의 신앙은 일본 경찰의 눈에 거슬려 전후 13차례나 경찰의 조사를 받는 고통을 감내해야만 했다. 병약한 몸으로 일본 경찰의 문초를 견뎌 내기란 쉬운 일이 아니었다. 오정모는 산정현교회가 폐쇄된 후 교인들끼리 모이는 지하교회에 은밀히 다니면서 예배를 인도하고, 교인들을 심방하며, 신앙의 격려를 아끼지 않았다. 다행히 당시 전도사였던 백인숙이 동역해 주어 많은 도움을 얻을 수 있었다.

오정모는 우상숭배야말로 신자들이 짓는 죄 중에 가장 큰 죄로 여기고 신사참배는 결코 용납될 수 없음을 확신하고 있었다. 따라서 오정모는 주기철 목사가 신사에 참배한다는 것은 신앙을 버리는 일이요, 이는 목사가 지어서는 안 되는 가장 치명적인 죄를 짓는 것으로 여기고 있었다. 따라서 오정모는 남편 주 목사가 혹시 약해져서 신사참배를 한다고 할까 봐 노심초사하였다. 그랬기에 오정모는 주 목사를 면회하면서도 결코 약한 모습을 보이지 않고 신앙으로 격려하면서, 가족들의 문제는 하나님께 맡기고 목사는 목사의 길을 가라고 독려하였다. 이 말은 감옥에서 나오지 말고 죽을 각오를 하라는 것과 같은 말로, 오정모에게는 부부나 가족 관계보다는 하나님과의 관계가 최우선이었음을 입증해 준다. "오정모는 강직한 성품으로 주 목사가 4차례 구속이 되는 고난의 세월 속에서도 단

❀
부인 안갑수가 사망한 뒤 주기철은 1935년 11월 오정모와 재혼하였다.
오정모 사모는 전처의 어린 자식 넷을 기르며 남편의 옥바라지까지 하면서도
결코 좌절이나 비관적인 생각을 하지 않았다. 오정모는 주 목사에게 신앙의 동지요
든든한 후견인이었다.

주기철 목사와 오정모 사모.

한 번밖에 눈물을 흘리지 않았다."[119]

그래서 그랬는지 어머니에 대한 자녀들의 마음은 싸늘할 수밖에 없었다. 한 기록에 의하면, 자녀들은 오정모에 대해 "세상에서 제일 지독한 사람", "어머니로서는 낙제", "매정한 계모"[120]였다고 전한다. 그러나 오정모는 고백했다.

주 목사님을 생명같이 사랑하지만 예수님을 생각할 때는 주 목사님이 당하시는 어려움이란 둘째 셋째 같았고 또 순교하시는 것이 주 목사님에게 있어서는 두 번 없는 기회라 이를 단념할 수 있었다.[121]

그렇다. 오정모는 멀리 내다보고 있었다. 지금 신사참배하고 감옥에서 풀려나면 우선 주 목사에게 좋고, 사모인 자기에게 좋고, 노모와 어린것들과 교인들에게 좋을 수 있지만, 그 좋은 것은 잠시 동안이요, 그 욕(辱)은 영원할 것이었다. 차라리 지금 죽고, 죽고 난 후에 역사에 살아남아 그 거룩한 이름이 세세히 칭송받는 길이 바로 순교로 가는 길인 것을 오정모는 알고 있었던 것이다. 그 신앙과 비전 속에서 위대한 순교자가 배태되었던 것이다.

일제의 감옥은 건강한 사람이라도 오래 있으면 병에 걸려 죽을 수밖에 없는 형편없는 곳이다. 하물며 날마다 고문을 당하면서 만신창이가 된 사람, 그것도 병까지 들어 있는 사람에게는 죽음이 코앞에 다가와 있었다. 당시 주 목사와 같은 감옥에 갇혀 있던 어느 목사의 증언이 있다.

평양 형무소는 겨울에 춥고 여름에 더운 곳이다. 겨울엔 추위 때문에 여름엔 갖가지 질병 때문에 어려움을 겪는다. 특히 여름의 빈대는 이길 재간이 없다. 그러나 그런 것보다 더 참기 어려운 것은 배고픈 것이었다.

일제의 전세(戰勢)가 기울면서 감방 안에 사식이 금지되었고 밥도 콩밥이 콩깻묵 뭉치로 변하였다. 가축의 사료 같은 것을 식사라고 들여보냈다. 그것으로는 건강을 유지할 수가 없었다. 배가 고파 견딜 수 없고 영양실조로 넘어갔다.[122]

김린서 목사도 전에 자기가 경험했던 감방의 형편을 기록했는데, "빈대가 성하여 몸을 한번 쓸면 빈대가 한줌씩 쥐어 나오는데, 밤에 잠을 못 잤다"[123]고 했다. 형편이 이와 같았으니 건강을 유지한다는 것은 기적에 가까운 일일 수밖에 없었다. 신사참배를 거부하고 옥중에서 투쟁했던 한상동 목사의 글이다.

> 나의 폐병은 날로 위독하여 형무소에서도 이 사람은 아무래도 살지 못할 사람으로 알고 있었으며, 나도 죽을 줄 알고 몇 번이나 "오! 주여 어서 데리고 가시옵소서. 나의 한 날의 생활이 괴롭습니다" 하였다. 나의 마음은 뜨거웠다. 나는 주님을 위하여 옥중에서 세상을 떠나게 되는 것이 너무 감사하였다. 아! 나는 진실로 나의 생명보다도 주님을 더 사랑하게 되었다. 나는 밤마다 "오늘 밤에나 데리고 가실런지?" 하고 기대하였다.[124]

"오! 주여 어서 데리고 가시옵소서"라고 절규하는 소리에서 우리는 그 감옥생활이 죽음보다 더 고통스러웠음을 짐작하고도 남는다. 차라리 주님 계신 천국에 가서 이런 고통 없이 사는 것이 얼마나 더 아름답고 편한 생활일까 하는 생각이 드는 것이 자연스러운 일이었을 것이다.

광명의 나라로

주 목사의 마지막을 향한 시간이 다가오고 있었다. 수감생활 동안 그의 고질병인 안질은 더욱 심해졌고, 폐와 심장은 극도로 약화되어 있었으며, 소화불량으로 인해 음식을 소화시키지 못하니 그 형편이 더욱 어려웠다. 그가 당한 고문은 여기 그 기록을 다 할 수 없다. 일제의 고문은 세계가 놀랄 만한 것. 망가진 몸을 가지고도 주 목사는 몸을 단정히 하고 기도하고 성경을 늘 암송하면서 마음에 평화를 유지하고, 같이 있는 수인(囚人)들을 위로, 격려하였다. 같은 방에 김복동(金福童)이라는 공산당 수괴가 사형선고를 받고 복역하고 있었는데, 김복동은 공산주의 사상에 철저히 물들어 기독교에 대한 적대심이 대단한 사람이었지만, 주 목사에 대해서만은 "주 목사는 고귀한 인격자요, 참 목사라며 탄복을 하였다."[125]

주 목사와 면회를 하기 위해 갔던 오정모 사모를 따라갔던 어린 광조는 그때의 면회 장면을 다음과 같이 회상하며 기록하였다.

> 어머니는 오후 4시에 면회실로 걸어가면서 문을 천천히 여셨다. 안을 들여다보았더니, 7-8미터 앞에 푸른 죄수복을 입고 머리를 빡빡 깎은 채, 아버지께서 나를 보시며 웃고 계셨다. 아버님의 얼굴을 3초 정도나 보았을까? 보자마자 어린 마음에 이런 생각이 들었다. '내가 3년 동안 아버지께 큰절을 못했는데 큰절을 해야겠다.' 갑자기 왜 그런 생각이 들었는지 모르겠다. 달리 방법이 없어 차려 자세로 아버지를 향해 90도로 고개를 숙여 큰절을 했다. 그리고 다시 아버지를 보고자 머리를 들었을 땐 이미 아버지 모습은 없어지고 눈앞에는 붉은 철문이 닫혀 있었다. 내가 머리를 숙여 큰절을 할 때 안에서 간수의 목소리가 들려왔다. "뭐야,

밖에서. 문 닫아."[126]

나이 어린 탓에 정식으로 면회도 못하고 문 밖에서 먼발치로 아버지를 뵙고 인사를 올리는 어린 아들의 마음이나, 막내의 귀여운 모습조차 마음껏 보지 못하는 고난의 세월을 살아갔던 아버지의 모습이 너무나 눈물겹다.

남들보다 많은 병을 갖고 있는 데다가 남들보다 더욱 혹독한 고문을 당했던 주 목사의 죽음의 시간이 서서히 다가오고 있었다. 더 이상 일반 병실에 둘 수 없을 정도로 병세가 악화되자 주 목사를 1944년 4월 13일 병감으로 옮겼다. 함께 투옥되어 있던 주남선 목사의 증언이다.

> 1944년 4월 13일 옆방에 있어서 벽을 두드려 자주 소식을 전하던 주기철 목사가 신병 때문에 병감으로 이감되었다. 그 후 늘 염려하고 기도하던 중 같은 달 21일 밤에 윤산온(G. S. McCune) 목사가 환상 중에 나타나 내 머리 위에서 악보 찬송을 들고 220장 〈어둔 밤 쉬 되리니〉 찬송을 박수를 치며 부르는 것을 보았다. 깨어서 생각하니 아마 주기철 목사가 순교한 개선가로 생각되어 마음에 새로운 용기를 얻고 하나님께 감사기도를 드렸다. 그런데 그날 정오에 청소부로부터 주기철 목사가 그날 새벽에 별세하셨다는 소식을 들었다.[127]

주 목사의 노모가 1944년 4월 20일 새벽에 꿈을 꾸었는데, 주 목사가 흰옷을 입고 와서 절하고 하직하는 모습을 보고 놀라 깨어, 주 목사의 임종이 가까웠음을 직감했다.[128] 주 목사가 부인 오정모와 마지막 면회하는 장면을 막내아들 광조는 다음과 같이 전한다.

아버지는 간수의 등에 업혀 나오셨다. 한 간수가 업고 두 간수가 엉덩이를 받치고 나왔는데, 목사님을 맞이한 어머니는 이렇게 말했다. "당신은 꼭, 승리하셔야 합니다. 결단코 살아서는 이 붉은 문 밖을 나올 수 없습니다." 남편의 마지막을 바라보면서 가슴 찢기는 아픔을 느꼈겠지만 어머니는 아버지께 이렇게 첫 마디를 꺼내셨다. 그 어머니의 말을 받았던 아버지는 거기에 화답하듯 이렇게 이야기하셨다. "그렇소. 내 살아서 이 붉은 벽돌문 밖을 나갈 것을 기대하지 않소. 나를 위해서 기도해 주오. 내 오래지 않아 주님 나라에 갈 거요. 내 어머니와 어린 자식을 당신한테 부탁하오. 내 하나님 나라에 가서 산정현교회와 조선 교회를 위해서 기도하겠소. 내 이 죽음이 한 알의 썩은 밀알이 되어서 조선 교회를 구해 주기를 바랄 뿐이오." 그리고 다시 아버지는 간수의 등에 업혔다. 어머니는 너무 가슴이 아파서 이런 얘기 저런 얘기 하다가 눈물 섞인 음성으로 "마지막으로 부탁할 말씀이 없느냐"고 했더니 아버지께서는 손을 한번 흔들어 주시더란다. 그러면서 어머니를 돌아보시며 마지막으로 한마디 하셨다고 한다. "여보, 나 따뜻한 숭늉 한 그릇 마시고 싶은데……." 이 말씀이 나의 아버지 주 목사님이 살아서 하신 마지막 말씀이었다. 7년 동안 차디찬 감방에서 아버지께서 그리워했던 따뜻한 숭늉 한 그릇![129]

주 목사의 유언을 김린서 목사는 다음과 같이 정리하였다.

1) 나 대신 어머님을 잘 모셔 주오. 이 부탁은 예수께서 십자가상에서 어머님을 사도 요한에게 부탁하시던 정경을 생각나게 한다.
2) 따스한 숭늉이 한 그릇 먹고 싶소. 이 말씀은 "내가 목마르다" 하신 주님의 말씀을 생각나게 한다.

3) 나는 하나님 앞에 가서 주님의 조선 교회를 위하여 기도하겠소. 교회에 이 말을 전해 주시오.

4) 나를 웅천(熊川)에 가져가지 말고 평양 돌박산에 묻어 주오. 어머니도 세상 떠나시거든 내 곁에 묻어 주오.[130]

주 목사의 마지막 유언 한마디 한마디가 우리의 가슴을 찢는다. 첫째와 둘째 내용은 개인적인 것이요, 셋째와 넷째는 한국 교회에 주는 교훈이다. "나는 하나님 앞에 가서 주님의 조선 교회를 위해 기도하겠소. 교회에 이 말을 전해 주시오"라는 유언은 이 시대 우리 교회가 귀담아 들어야 할 말이다. 오늘 한국 교회는 세계 교회가 주목하는 교회가 되었다. 선교사 파송 수로는 미국 다음으로 많다고 하고 세계 50대 대형교회 중 절반이 우리나라에 있다고 한다. 수만 명이 모이는 교회들이 여럿 있는 것도 우리는 알고 있다.

이런 한국 교회의 성장과 발전의 원인은 어디에 있는가? 물론 다양한 원인이 규명되고 분석될 수 있을 것이다. 그러나 그 첫째 원인은 우리가 순교자들의 피 위에 있으며, 그리고 순교자들이 지금도 우리 교회를 위해 주님 발 아래에서 무릎 꿇고 기도하고 있는 은덕이라고 생각한다. 그들의 눈물의 기도가 없었다면 과연 오늘 한국 교회가 여기 이렇게 존재할 수 있겠는가? 대형교회 목사들은 자기들이 목회를 잘해서, 또는 영력이 있어서 그렇게 된 것이라고 생각할지 모르지만, 그것은 바로 순교자들의 기도의 은덕임을 잊어서는 안 된다.

넷째 내용은 우리가 깊이 새겨들어야 할 것이다. 우리 옛말에 "짐승도 죽을 때 자기가 태어난 골짜기를 향하여 머리를 두고 죽는다"는 말이 있다. 모든 동물은 죽을 때 자기가 태어난 곳을 그리워하며 죽는다는 의미이다. 하물며 인간은 어떻겠는가? 타향에서 죽어 가는 사람들의 마지막 소망은 자기 뼈를 조상들이 잠들어 있는 고향 땅에 묻는 것이다.

주 목사에게 평양은 지긋지긋한 곳이었다. 산정현교회에서 어렵게 성전을 건축한 후 보람 있게 그리고 뜻있게 목회해 보려는 계획도 순식간에 무너지고 6년 가까운 세월 동안 감옥에서 인간이 감내할 수 없는 고통을 겪다가 숨져 갈 때 그의 심정은 죽어서라도 생각하기 싫은 평양을 떠나고 싶은 마음뿐이었을 것이다. 그러나 시신을 고향으로 가져가지 말고 평양 기독교인 묘지인 돌박산에 묻어 달라고 한 것에는 깊은 뜻이 담겨 있다. 그것은 그가 남쪽 사람으로 북쪽에 시체라도 묻어 둠으로써 남북 화해의 상징이 되어 보려 한 것이다. 교회 안에는 항상 남과 북의 갈등이 노정되어 있었고, 남북이 거의 갈라져서 교회가 두 조각이 날 형편이 된 적이 한두 번이 아니었다. 이를 잘 알고 있던 주 목사는 죽어서 시체라도 북쪽에 묻어 둠으로써 남북 갈등에 쐐기를 박으려는 뜻이 있었다고 판단된다. 여기에서는 그의 교회 사랑의 모습과 "하나님이 자기 피로 사신 교회"(행 20:28)를 분열시킬 수 없다는 절규가 메아리치고 있다.

주 목사가 이상의 유언을 남기고 그 자리에 쓰러지자 간수들이 즉시 감방으로 업고 갔다. 죽은 듯 누워 있던 주 목사는 그날 밤, 그러니까 1944년 4월 21일 밤 9시경에 서서히 몸을 일으키더니 하늘을 향하여 두 팔을 들고 "내 영혼의 하나님이여, 나를 붙드시옵소서"라고 외쳤고 이 소리에 방 안이 진동하여 곁에 자던 죄수들이 모두 놀라 깨어났다고 한다. 그는 한창 일할 나이인 47세에, 신사참배의 강요도 없고 친일하는 배도(背道)의 무리도 없는 하나님의 품으로 갔다. '고생과 수고가 다 지난 후 광명한 천국에 편히 쉬게'(찬송가 289장) 된 것이다.

주 목사가 생전에 전한 말씀 가운데 "이삭의 헌공(獻供)"이라는 설교가 있다. 이 설교에 다음과 같은 그의 고백이 들어 있다.

✿
수감 기간 동안 고질병인 안질은 더욱 심해졌고 폐와 심장은 극도로 약해졌으며,
소화불량 때문에 음식을 소화하지 못했다. 하지만 이런 신체를 가지고도
몸을 단정히 하고 기도하고 성경을 늘 암송하면서
같이 있는 수인(囚人)들을 위로하고 격려하였다.
주기철 목사가 순교할 때 입었던 수의.

나는 이 강도(講道)를 준비할 때 "내게는 무엇이 이삭이 되겠는가" 생각해 봤다. 현재 돈이 없는 가난뱅이요 돈의 필요를 느끼지 않는 내게 있어서 돈이 이삭이 될 리 없고, 또 자식을 그처럼 못 잊을 존재로 생각지 않는 내게 자식도 이삭이 될 것 같지 않다. 그러나 일찍이 큰 고생을 해본 일이 없는 내게 이 '몸'을 바치라고 하면 그것은 내게 큰 어려운 시험이 될 것이라고 생각해 보았다. 평시에는 무슨 주님을 위해 십자가를 져야 하느니 고생을 하고 태연자약이 참고 기뻐해야 하느니 하지만 막상 그 어려운 일이 내 몸에 닥치면 아무래도 그것이 어려운 시험이 될 것같이 생각했다.

그렇게 아끼는 외아들을 버리라고 했을 때, 아브라함은 자기의 생명을 내놓는 것이 더 쉬울 수도 있었다. 그러나 하나님은 아브라함의 믿음을 시험해 보시기 위해 그렇게 어려운 시험을 제시하신 것이다. 주 목사는 이런 경우 내게 이삭은 무엇일까 자문하면서 재물도, 가족도 아니고 '자기의 몸'이 아닐까 생각했다. 인간은 누구나가 다 그렇듯이 자기 몸을 끔찍이 사랑하는 것이다. 이것이 인지상정이다. 비단 주 목사만 그런 게 아니다. 그런데 그는 그가 그렇게 아끼던 몸을, 재물보다, 자식보다 더 아끼던 몸을 제물로 주님 제단에 바쳤던 것이다.

주 목사의 직접적인 사인에 대해서는 정확히 알려진 바가 없다. 안이숙은 "몸에 열이 났을 때 의무과장을 출장 보내고 일본인 조수를 시켰는지 조수 자신이 그러한 발악을 했는지 살인주사를 놓아서 열을 낮게 해 드린다는 구실로 살해해 버렸다"고 전하며 '독살설'을 기록으로 남겼으나[131] 이를 확인할 길이 현재로서는 없다.

해방을 불과 1년 서너 달 남겨 두고 떠나간 순교자 주기철 목사는 오고오는 모든 세대에 신앙의 본이 되는 청사에 길이 빛날 우리의 선배이다. 일제의 강요에 따라 신사에 참배하며 비굴하게 살아가던 사람들은 역사의 무서운 심판을 받아 모두 죽었으나 끝까지 신앙의 절개를 지키며 감옥에서 죽어 간 사람들은 오늘도 역사 속에 살아서 우리에게 참된 신앙인의 삶이 무엇인지 증언하고 있다. 한국이 낳은 위대한 순교자 주기철 목사는 우상 앞에 머리를 곧게 쳐들고 우뚝 선 우리 교회의 다니엘이요, 신앙의 사표요, 영원히 꺼지지 않을 횃불로서 타고 있다.

최권능 목사도 주 목사와 같이 평양 감옥에서 옥고를 겪고 있었는데, 그는 교회와 민족을 위해 40일 금식기도를 하던 중 힘이 다 쇠진된 채로 석방되어 평양 기홀병원에 입원하였다. 그러나 결국 회생하지 못하고 1944년 4월 15일 "하늘에서 전보가 왔구나, 나를 오라는……"[132]이라는 유언을 남기고 순교하였으니 이때가 주 목사 순교하기 일주일 전이었다.

주기철 목사를 비롯하여 감옥에서 50여 명의 신앙의 지사들이 순교의 관을 썼는데, 감리교회의 이영한(李榮漢) 목사가 해주 감옥에서 순교하였고, 성결교회의 박봉진(朴鳳鎭) 목사가 철원 감옥에서 온갖 고문을 받고 석방되었으나 곧바로 순교하였으며, 전택규(田澤圭) 목사가 함흥 감옥에서 순교하였고, 안식교회의 최태현 목사도 순교하였다. 이리하여 이들은 한국 교회가 우상 앞에 머리 숙여 하나님 앞에 지은 죄악을 순교의 피로 씻었고, 이 위대한 신앙의 지사들은 이세벨의 무리들 틈에서 한 줄기 소망의 빛으로서 오늘까지 살아남아 있다.

4부

제물은

향기를 남기고

금지된 장례식

주 목사가 세상을 떠나자 일제는 주 목사의 사망을 유족들에게 알렸다. 유족이래야 주 목사의 모친과 오정모 사모, 그리고 막내 광조가 있었을 뿐이다. 앞에서 말한 바와 같이 맏아들 영진은 피신해 있었고, 둘째 영만은 일본에, 그리고 셋째 영해는 부산 영애원이라는 고아원에 가 있었다. 상주가 되는 맏아들 영진은 입관예배가 드려진 후에 도착하였고, 영해는 4월 25일 발인 직전에 도착하였으며, 일본에 있던 영만은 출입이 자유롭지 못해 끝내 오지 못하여 장례식에 참석하지 못하였다.

오정모는 주 목사 순교 사실을 유계준 장로에게 알렸고, 유 장로는 아들과 함께 리어카를 한 대 빌려 감옥으로 갔다. 22일 오전에 도착하였으나 표독한 일제는 야밤까지 기다리게 하고는 늦은 밤에 감옥 뒷문으로 사체를 인계해 주면서, 사람들에게 절대 알리지 말고 조용히 장례를 치르라고 엄명하였다. 마지막 가는 길까지 간섭하고 훼방을 놓은 저들의 발악이 극에 달하고 있었다.

주 목사의 유해는 상수리 단칸방으로 옮겨져 몸을 씻기고 수의를 입혀 놓았는데, 그 얼굴은 희고 빛나며, 고요히 잠든 것 같았다.[1] 산정현교회 장로들인 조만식, 오윤선, 유계준 등은 주 목사의 장례를 5일장으로 치르기로 하였으나, 장례식을 치를 장소가 없었고, 또 장례 예배에 순서를 맡을 사람이 없는 것이 문제였다. 담임목사의 장례식은 마땅히 산정현교회에서 치러야 했으나 예배당이 폐쇄되어 이용할 수가 없었고, 다른 예배당도 일제의 감시 때문에 장례식장으로 빌려 줄 형편이 못 되었다. 또한 당국이 장례식을 치르지 말라고 엄명했기에 예식 순서를 맡는다고 나서는 사람도 없었다.

다른 방도가 없어서 장례식은 상수리 셋집 골목 입구에 있는 제2고등보통학교(서광중학교) 정문 앞 공터에서 드리기로 하였다. 예식 인도는 유계준 장로, 설교는 박정익 장로가 자원하여 맡기로 하고, 1944년 4월 25일 오전 발인예배가 시작되었다.[2] 아무 광고도 없었으나 입소문이 나서, 신앙의 절개를 지키고 최후 승리한 후 마지막 길을 가는 주 목사를 애도하기 위하여 수많은 성도들이 공터로 몰려들기 시작하였다. 일제도 스스로 몰려오는 성도들의 발길을 제어할 수는 없었다. 간단히 예식을 마친 후 조촐한 상여는 상수리를 떠나 평남도청, 만수대, 칠성문, 기림리를 거쳐 평양성 북쪽 대동면 서천에 있는 돌박산에 도착하였다. 주 목사의 유언대로 고향으로 운구하지 않고 한 많은 평양 땅, 돌박산에 평안히 안장했다.

김린서 목사는 주 목사를 기리는 글을 이렇게 남겼다.

> 하나님의 사람은 잘 싸웠도다. 우리의 순교자는 이기었도다.
> 대일본 대군국(大軍國)은 무너짐이여, 주기철 목사는 이기었도다.

백련(百鍊) 정금은 그 믿음이요 일심(一心) 백석(白石)은 그 절개로다.

매 맞던 그 머리에 의의 면류관이요, 상했던 그 몸에 세마포 옷이로다.

죽고 또 죽고 열백 번 죽어도 일편단심 예수뿐일세.

옥중 고통 다 지난 후 주님의 나라에 오르도다.

살아도 예수 죽어도 예수, 살아도 교회 죽어도 교회.

십자가하(下)에 드린 제물이여 하늘에 하늘에 오르도다.

1950년 6월 18일 개성 성회(聖會) 중

선죽교(善竹橋)에서 김린서[3]

배달겨레 역사상 절개의 표상인 정몽주가 이방원에게 무참히 살해되던 선죽교에서 민족의 비극 6·25사변 불과 1주일 전에 주 목사의 절개를 그리며 남긴 김린서의 글이 인상적이다.

영광을 받으신 주 목사는 주님의 품에 편히 쉬게 되었지만 남아 있는 사람들의 고난은 아직 그치지 않았다. 순서를 맡은 사람들이 당장 경찰에 연행되어 혹독한 취조를 받았고, 상주인 맏아들 영진은 집에 들어와 보지도 못하고 식이 끝나자마자 그 길로 경찰의 눈을 피해 본래 있던 곳으로 피신하지 않으면 안 되었다. 경찰은 또 오정모를 불러 "돈이 어디서 나서 그렇게 성대한 장례식을 했느냐? 지금은 배급 쌀밖에 없는데 쌀이 어디서 나서 그렇게 많은 사람 밥을 해 먹였느냐?"고 트집을 잡고 시비를 하였다. 오정모가 "나도 모릅니다. 자고 일어나면 누가 갖다 놓았는지 마루에 돈이 든 봉투가 놓여 있고, 또 자고 일어나면 한밤중에 누가 쌀을 갖다 놓았는지 쌀이 쌓여 있어 그것으로 했습니다"라고 답하자, 경찰도 어쩔 도리가 없어서 앞으로는 당국의 명령에 순종하지 않으면 엄벌하겠다는 엄포를 놓고는 풀어 주었다.[4]

순교 이후

주기철 목사의 순교는 모든 이의 슬픔이었다. 그것은 비단 주 목사 가족이나 산정현교회 교인들만의 슬픔이 아니었다. 일제의 강압에 못 이겨 신사참배를 했던 목사들과 장로들을 위시하여 모든 교인에게 슬픔이었다. 그러나 기독교에서 죽음은 죽음이 아니다. 성경에 보면, 회당장의 딸이 죽었다고 하는 사람들에게 예수님은 "물러가라 이 소녀가 죽은 것이 아니라 잔다 하시니 저들이 비웃더라"(마 9:24)고 하였다. 기독교에는 죽음이 없다. 한동안 잔 후에 다시 잠에서 깨어날 뿐이다. 주 목사는 긴 수면에 들어간 것이지 죽어 없어진 것이 아니고 존재의 위치가 이 땅에서 저 땅으로 옮겨 간 것뿐이다. 이 소망이 기독교를 오늘에 이르는 생명의 종교로 이끌고 온 것이다. 주 목사의 순교는 이 지상에서 그 얼굴을 볼 수 없다는 슬픔은 있으나 저 세상에서 다시 볼 수 있다는 희망이 있기에 절망을 안겨 주지 않는다. 주 목사의 순교는 그래서 위대한 신앙의 교훈이다.

다시는 이 땅에서 주 목사의 얼굴을 보지 못하는 것을 몹시 슬퍼하는 사람이 또 있었다. 손양원 전도사였다(손양원은 해방 후에 목사안수를 받았다). 그는 경남 성서학원에서 주 목사의 각별한 사랑을 받으면서 주 목사의 신앙을 흠모해 왔고, 선생과 함께 신사참배를 반대하고 청주 감옥에서 온갖 고통을 감내하며 투쟁하고 있었다. 손양원은 부친 손종일 장로에게서 주 목사의 순교 소식을 접하게 된다. 손 장로는 다음과 같이 친족의 죽음을 알리는 듯한 글을 써 보냈다.

여숙(汝叔) 최 권 씨는 4월 19일에 본 고향에 가고, 여형(汝兄) 계기(桂基)는 4월 21일 오후 9시에 본 고향에 갔다. 그 모친 향년이 82세요, 사자

(四子) 미성년이란다. 1944년 5월 3일 부(父)[5]

주 목사가 가신 지 두 주간이 지난 후에야 손양원은 주 목사의 순교 사실을 알게 된 것이다. 이 편지를 받고 손양원은 부인에게 답신을 보냈다.

화계(花界: 꽃) 계절이 안계(眼界: 눈)에 선미(鮮美: 아름답다)하다. 춘곤(春困: 봄의 곤함)의 괴로움이야말로 고양이 앞에 쥐가 장난하나 고양이는 일어나 잡기도 싫다는 춘곤! 더구나 당신의 춘곤증을 잘 아는 나로서 산상급수지고(山上汲水之苦)의 소식이야말로 나의 가슴이 답답합니다. 나를 유독히 사랑하시던 계기 형님의 부음(訃音)을 듣는 나로서는 천지가 황홀하고 수족이 경전(驚顚: 떨다)하나이다. 노모님과 아주머께 조문과 위안을 간절히 부탁하나이다. 그런데 병명은 무엇이었으며 별세는 자택인지요? 큰댁[감옥]인지요? 알려 주소서…….

1944년 5월 8일 손양원

손양원의 마음이 그대로 묻어나는 글이다. 스승이요 동지요, 동역자였던 주 목사의 순교는 손양원에게 제어할 수 없는 큰 슬픔이었다. 순교의 각오로 고통을 감수하고 있으면서도 선생의 안부에 마음 쓰던 그에게 주 목사의 순교는 더없는 슬픔일 수밖에 없었다.

손양원은 해방이 되고 자유의 몸이 된 후 다시 애양원에 돌아와 한센병 환우들을 돌보며 목회하던 중 여수순천사건에서 동인, 동신 두 아들이 공산당에게 총살당하는 아픔을 겪었고, 자신도 6·25사변 중 공산당에게 총살당해 순교함으로써 스승의 뒤를 따라갔다. 이로써 그는 주기철 목사와 함께 한국 교회 순교사에 귀한 이름을 남겨 놓게 되었다.

해방은 되었으나

1910년 일제의 강압에 못 이겨 나라를 빼앗긴 지 35년, 수탈과 곤욕의 세월이 지난 후 하나님께서 이 민족과 교회를 가련히 여기사 뜻밖의 해방의 감격을 우리에게 선물로 주셨다. 그러나 강대국의 전리품처럼 굴러온 해방은 우리 교회와 민족을 그리 쉽게 해방시키지 않았다. 북한에는 소련 공산군이 밀려 들어왔고 남한에는 미군이 진주했다.

1948년 북한에서는 김일성이 주석으로 추대되면서 공산정부가 들어서고 남한에서는 유엔의 결의에 따라 남쪽만의 선거를 통해 이승만 민주정부가 수립되어, 반만년의 조선 겨레 역사에 처음으로 남북이 갈려 두 나라가 되는 비극이 현실화되었다.

적화통일의 야욕을 불태우던 김일성은 소련의 스탈린과 중공의 마오쩌둥(毛澤東)의 후원하에 1950년 6월 25일 주일 새벽 육해공 전군을 총동원하여 남침을 감행하였다. 아무 준비도 없이 갑자기 침략을 당한 이승만 정권은 우왕좌왕하면서 갈피를 잡지 못하고 파죽지세로 몰려오는 공산군을 막지 못하여 남으로 남으로 밀려 내려갔다. 그러던 중 유엔이 이 전쟁에 개입하면서 전세가 역전되어 서울이 수복되고 압록강까지 진격해 갔으나 중공군들의 인해전술로 인해 다시 남으로 밀려 내려갔다. 3년이나 계속되던 전쟁은 1953년 7월 '종전'(終戰)이 아닌 '휴전'(休戰)으로 일단 멈추게 되었다. 여전히 남북은 민주주의 대 공산주의로 대치하고 있었다.

북한 공산주의는 기독교를 철저히 박멸하여 전쟁이 끝난 후 북한은 교회도 교인도(지하 교인들은 있었겠지만) 없는 기독교 공백 상태로 들어갔다. 해방과 전쟁을 전후하여 수많은 북한 주민들이 남하하였는데, 그중에 기독교인들이 절대 다수였다. 공산주의자들의 박해를 피해 내려왔기 때문이다. 남하한 이들은 가는 곳마다 교회를 세워 예배를 드리고 전도하여 남한 교회를 급성장시켰다. 남북이 갈린 현실에서 지역으로 나뉘어 노회를 구성하는 장로교회의 전통을 잠시 접어 두고 소위 무지역 노회라는 제도가 한국 장로교회 안에 현실화되었다. 이에 따라 남한 땅에 북한의 노회들이 생겨났는데, 가장 교세가 컸던 평양노회가 출현한 것은 자연스러운 일이었다.

무지역 노회를 구성한 것은 장로회 일반법에 의하면 원칙이 아니나, 통일이 곧 될 것이라는 가정하에 이루어진 일이다. 통일이 되면 이남에서 구성한 무지역 노회가 북한의 그 지역에 가서 분단 전의 노회 법통을 이어가는 것으로 합의가 이루어졌다.

홀로 남은 오정모

주기철 목사의 아내 오정모는 진실로 사모의 자격이 있었던 '사모의 사표(師表)'였다. 일제는 신사참배를 거부하고 투옥되어 있던 목사들을 회유하는 방법으로 사모와 어린 자녀들을 데려다 사주했다. 사모들은 남편을 만나면 "교회는 폐쇄되었고, 교회에서는 생활비를 주지 않아요. 사택에서 쫓겨난 우리는 길거리에서 굶어 죽고 얼어 죽게 되었습니다. 다른 목사들은 다 신사에 참배하면서 목회하고 아무 문제가 없는데 왜 목사님만 고집을 피우면서 신사참배를 하지 않아 우리 가족들을 다 죽이려 합니까. 목사님은 순교하면 천국에 가시겠지만, 살아남아 있는 어린것들과 나는 어떻게 살란 말입니까?"라고 울면서 하소연하고, 어린것들은 경찰이 일러 준 대로 "아빠, 배고파서 못 살겠어요. 빨리 나와서 먹을 것을 주세요" 하며 울면서 바짓가랑이를 붙잡고 늘어졌다. 이럴 때 그들을 모질게 외면하고 감방으로 되돌아갈 목사는 많지 않았다. 자기 혼자라면 어떤 고난이든지 얼마든지 참고 견디어 십자가를 지고 갈 각오가 되어 있었지만, 가족들을 생각할 때 도저히 타협하지 않을 수 없어서 신사참배하기로 서약하고 풀려 난 목사들도 적지 않았다.

그러나 다른 목사 부인들과는 달리 오정모는 주 목사의 마음이 약해질까 봐 면회를 갈 때마다 "가족들 걱정하지 말고 끝까지 싸워 승리하라"고 오히려 격려하고, 조금도 흔들리는 자세를 보이지 않았다. 이런 태도는 주 목사가 순교의 길로 갈 수 있었던 간접적인 동기가 되었을 것이다.

해방이 되고 나서 김일성 공산정권은 주기철 목사가 애국투사라며 상장과 금일봉을 보내 왔다. 그러나 오정모는 이를 한사코 거절했다. "주 목사는 결코 항일투사가 아닙니다. 그분은 자기의 신앙의 절개를 지키기 위해 우상 앞에 고개 숙이지 아니하고 끝까지 투쟁한 신앙의 투사이지 정치운동을 한 투사가 아닙니다"라며 완강하게 거절하였다.

친일의 대열에 서서 주 목사를 제적시키고 사택에서까지 내쫓은 평양 노회가 오정모에게 사과하고 주 목사 순교 추모예배를 드리게 해 달라고 부탁했지만, 오정모는 이도 거절하였다. 주 목사는 그런 인위적인 예배를 원하지 않을 것이라고 생각했기 때문이다. 또 주 목사가 산정현교회에서 목회하다가 순교하였으므로 그 유족을 돌보는 일은 교회의 임무라며 유족들의 생활을 위해 산정현교회가 전답을 사 주려 하자 이 역시 거절하였다. 주 목사는 이미 세상을 떠나셨으므로 교회가 생활비를 책임질 의무가 없고, 가족들의 생활은 하나님께서 책임지실 것이므로 그럴 필요가 없다고 하였다.

이런 오정모의 신앙 정신은 주 목사의 순교 정신에 버금가는 것이었다. 오히려 그렇게 해 주지 않는다고 불평할 만한데, 해 준다는데도 반대

오정모 사모는 오직 믿음, 오직 청빈의 삶을 살다가 1947년 1월 27일 유방암으로 세상을 떠났다. 그 해에는 돌박산 주기철 목사 묘지 옆에 안장되었다.

오정모 사모의 장례식.

하고 나선 그 신앙과 절개는 모든 세대의 사모의 사표라 아니할 수 없다. 과연 그 목사에 그 사모라 할 만하다.

북한에 공산당들이 준동하면서 기독교회와 교인들을 몰아세우는 어둠이 드리워지고 있던 시절인 1947년 1월 27일, 오정모는 유방암으로 세상을 떠나 주 목사 곁으로 갔다. 그 유해는 돌박산 주기철 목사 묘지 옆에 안장되었다. 오정모는 오직 믿음, 오직 청빈의 삶을 살다 갔다. 그 이름인 '정모'(貞模)의 의미와 같이 '정절의 모범'이었다. 김린서는 다음과 같이 그의 삶을 기렸다.

오(吳) 부인은 대한 예수교회 백세지하(百世之下)에 여성도(女聖徒)의 모본인저![6]

평양노회의 주기철 목사 복권

해방 후 평양노회가 우선적으로 해야 할 일이 한 가지 있었다. 그것은 주기철 목사의 복위문제였다. 일제의 강압에 의해서 파면했을망정 신앙의 절개를 지키기 위해 신사참배를 거부하고 투옥되어 있던 동료 목사를 면직시켜 목사 자격을 박탈한 것은 우선 하나님 앞에 죄악이었고, 한국교회 앞에 죄악이었다. 그러나 어찌된 영문인지 평양노회는 이 일을 처리하는 데 소극적이었고, 이 사건 자체를 무시하고 없었던 일로 치부하는 것 같은 인상을 주기도 했다. 해방과 함께 북한에 들어선 공산정권이 서서히 교회를 옥죄면서 탄압의 고삐를 감아쥐고 조여 들어오는 와중에 많은 목사들과 교인들이 남한으로 도피해 왔고, 그 가운데서 평양노회는 기능을 제대로 하기 어려웠을 것이다.

그런 중에 6·25사변이 터졌고 전쟁으로 휘말려 들어가면서 국가, 사회, 교회, 가정이 3년 동안 고난의 가시밭길을 걷게 되었으므로 노회도 제정신을 차릴 수 없었을 것이다. 하지만 1953년 휴전협정이 조인되고 나서 일단 전쟁은 멎었고, 불안하지만 평화가 찾아와 서서히 모든 것이 제자리를 찾아 가고 있었다. 교회, 노회, 총회도 원위치로 돌아오기 시작하였다. 앞에서 설명한 것처럼 장로교회 내에 무지역 노회가 확정되었고, 그중에 평양노회가 중요한 자리를 차지하고 정착하였다. 이때라도 해방 정국과 전쟁의 소용돌이 가운데서 해결하지 못했던 주 목사 복위문제가 자연스럽게 대두되었어야 하는데, 평양노회는 이 문제를 제기하지 않고 침묵으로 일관했다.

이후 장로교 총회가 세 번이나 갈리면서 분열의 고통을 겪었고, 1959년 장로교가 통합 측과 합동 측으로 갈려 각각 평양노회를 두고 있었지만 여전히 이 문제는 수면 밑에 가라앉아 있었다. 세월이 흘러 한국 교회가 선교 100주년을 기념하여 기념대회를 치르고 수많은 사람들에게 표창을 하며 그들의 공을 기리는 중에도 평양노회는 주기철 목사 복위문제에 대해서는 여전히 침묵하고 말았다.

그러던 중 여기저기서 주기철 목사 복위문제가 불거지더니 급기야 서울 산정현교회(통합)가 소속되어 있던, 실제로는 아무런 법적 권한이 없는 서울 동노회의 발의로 대한예수교장로회(통합) 총회가 주기철 목사의 복권를 결정하였다. 1997년 4월 20일 서울 산정현교회(송석산 목사)에서 주기철 목사 복권예배를 드리고, 당시 총회장이던 박종순 목사(서울 충신교회)가 주기철 목사 복권을 선언하였다. 그러나 이것은 합법적인 일은 아니었다. 목사의 적(籍)은 노회에 있고, 평양노회가 주 목사의 목사직을 면직시켰으므로 목사직을 복권하는 권한과 의무 또한 평양노회에 있었다. 그러나 평양노회는 이에 대해 아무런 행동도 없이 세월을 보내고 있었다.

오랜 세월이 흐른 뒤 평양노회는 드디어 주기철 목사의 복권이 이루어져야 한다는 판단을 하고 이 일에 착수하였다. 이렇게 된 것은 필자가 평양노회 개회 중 설교할 기회가 있어서, "평양노회가 해서는 안 되는 일 하나를 했고, 반드시 해야 되는 일 하나를 하지 않았다. '해서는 안 되는 일'은 주기철 목사를 제명 처분한 일이고, '반드시 해야 되는 일'은 그의 복권문제"라고 강하게 이야기한 데서 출발했다. 이에 자극받은 노회는 비록 때는 많이 늦었지만 지금이라도 이 일을 하는 것이 좋겠다고 판단하고 '주기철 목사 복권준비위원회'를 구성, 이 일을 진행하였다. 필자와 주기철 목사의 손자 주승중 교수(장로회신학대학교)가 자문위원으로 위촉되었다.

평양노회는 드디어 2006년 4월 17일 경기도 남양주시 동화고등학교에서 모인 164회 정기노회에서 '참회 고백서'를 발표하고 주기철 목사가 제명 처분된 지 67년 만에 복적과 복권을 선포했다. 이로써 평양노회는 비록 일제의 강압에 의해 이루어진 일이라 할지라도 해서는 안 될 일을 한 죄악을 하나님과 한국 교회 앞에 그리고 유가족들 앞에 사죄하고 참회하는 예배를 드렸다. 오랜 세월 앙금처럼 가라앉아 있던 문제를 척결하는 결단의 예배였다.

주기철 목사를 67년 만에 복권하면서 한국 교회에 발표한 평양노회의 참회 고백서는 다음과 같다.

한국 교회의 신사참배 결의와 주기철 목사의 순교와 관련하여

한국 교회 앞에 발표하는 평양노회의 참회 고백서

우리는 1907년에 있었던 대한예수교장로회(독노회)의 창립과 그해 평양의 모교회인 장대현교회에서 열렸던 죄의 고백 대부흥 성회 100주년이 되는 2007년을 기다리면서, 일제시대에 우리 노회가 행한 중대한 잘못들을 고백함으로 이 시대에 하나님께서 우리 노회에 엄중히 요구하시는 참된 회개와 갱신을 성실히 수행하기로 지난 제163회 평양노회 정기노회(2005년 10월 방주교회)에서 결의하였습니다.

우리는 평양노회가 일본 제국주의자들의 강압적 통치하에서 교회가 마땅히 지켜야 할 신앙 양심을 지키지 못하고 신사참배에 가담한 것과, 신사참배에 반대하여 신앙을 고수하기 위해 일제에 항거했던 주기철 목사를 목사의 직에서 파면하고 산정현교회를 강제로 폐쇄하는 일을 행했던 우리 노회의 죄악상을 애통하는 마음으로 참회하며 고백합니다.

우리 평양노회원들은 이 죄악들이 이미 지나간 어제의 문제가 아닌 우리가 살고 있는 오늘의 문제이며 우리의 죄악임을 통절히 시인합니다. 우리는 너무 오랜 세월 동안 이 죄악을 정직하게 시인하고 고백하기보다 덮어 놓고 외면하며 지내왔습니다.

지금 우리는 과거의 죄악을 우리 앞에 두고 큰 슬픔 속에서 이 참람한 죄악을 바라봅니다. 우리 노회는 일제의 압력에 굴복하여 진리를 외면하고 하나님의 교회를 욕되게 하였으며 우리 중 어떤 이들은 일제가 하나님의 교회를 짓밟는 일에 적극적으로 협력하였습니다. 우리는 주기철 목사의 일사각오의 신앙이 우리 믿음의 뿌리임을 재확인함과 동시에, 주기철 목사를 목사직에서 파면할 것을 결의한 선배들의 그 잘못된 결의도 우리 자신의 것임을 가슴 아프게 고백합니다.

우리는 일제치하에서의 신사참배와 관련하여 우리 평양노회에 구체적인 몇 가지의 죄가 있었음을 아래와 같이 인정하며 고백합니다.

첫째, 신·구교를 망라한 우리나라의 여러 교단들이 신사참배를 공식적으로 허용하는 일이 진행되면서 1938년 9월 9일, 평양 서문밖교회에서 개회된 제27회 대한예수교장로회총회는 동 9월 10일 일제의 강압에 굴복하여 신사참배를 가결하는 큰 죄악을 범하였습니다.

이때, 현 평양노회의 전신인 평양, 평서, 안주 3노회(1972년에 평양노회로 통합)는 신사참배 결의안 상정 및 결의를 주도하였습니다. 일제가 미리 계획한 각본대로 3노회의 연합대표인 평양노회장 박응률 목사는 신사참배결의 및 성명서 발표를 위한 긴급제안을 하였고, 평서노회장 박임현 목사와 안주노회 총대 길인섭 목사는 동의와 재청을 하였습니다. 이는 우리 장로교가 신사참배를 결의함에 있어서 평양노회가 앞장선 증거입니다. 일제가 한국 교회 및 장로교의 중심인 평양 지역의 노회들을 앞세워 한국 교회가 완전히 신사참배하는 교회가 되었음을 선언한 이 악마적 계략에 동조하고 앞장섰던 우리 노회의 씻지 못할 죄악을 우리 모두는 깊이 참회합니다.

둘째, 총회가 신사참배를 결의하였음에도 불구하고 주기철 목사는 평양노회에 속한 산정현교회에서 순교를 각오로 설교를 계속하였습니다. 평양의 산정현교회와 주기철 목사는 한국 교회 신앙 양심의 마지막 보루였습니다. 수차례에 걸친 투옥과 회유, 탄압 속에서도 주기철 목사와 산정현교회가 굴복하지 않자 일제는 주기철 목사를 세 번째로 구속한 상태에서 평양노회를 협박하였습니다. 계속되는 위협과 회유를 견디지 못한 노회원들은 1939년 12월 19일에 평양 경찰서의 강압으로 열린 임시노회에서 주기철 목사의 파면을 결의하였습니다. 이제 우리는 신앙의 지도자요, 민족의 십자가를 진 하나님의 종 주기철 목사에게 목사직 파면의 큰 고통을 안긴 엄청난 죄악을 통회 자복하며 회개합니다.

셋째, 주기철 목사가 없는 상황에서도 산정현교회가 여전히 노회에서 파송하는 목사를 거부하는 일이 계속되자, 일본 경찰당국은 결국 산정현교회 예배당을 폐쇄하기 위해 다시 평양노회를 이용하였습니다. 제38회 정기노회(1940년 3월 19-22일, 평양 연화동교회)에서 평양노회는 목사명부에서 주기철 목사의 이름이 삭제된 것을 확인하고 산정현교회에 관한 전권을 부여하는 전권특별위원회를 구성하였습니다.

전권위원으로 선정된 사람은 장운경, 김선환, 심익현, 박응률, 차종식, 이용직, 김취성, 변경환 등이었습니다. 전권위원회는 3월 24일 부활주일에 신사참배를 지지하는 목사를 강단에 세우기 위해 일본 경찰의 호위를 받으며 시도하였지만, 산정현교회 교인들의 격렬한 저항으로 뜻을 이루지 못하자 마지막으로 예배당 폐쇄라는 수단을 쓰게 되었습니다. 하나님의 교회를 보호해야 할 성(聖) 노회가 신앙을 지키려 울부짖는 성도들의 통곡으로 가득한 교회를 강압적으로 폐쇄한 이 추악한 전대미문의 역사적 범죄 행위를 우리 노회는 진심으로 회개합니다.

넷째, 예배당 폐쇄 2주 후, 일본 경찰은 노회전권위원들을 앞세워 주기철 목사의 노모를 포함한 가족을 교회 구내에 있던 사택에서 추방하는 일까지 감행하였습니다. 이후 주기철 목사 가족은 해방될 때까지 5년 동안 열세 번이나 이사를 하며 핍박과 유랑의 생활을 해야만 했습니다. 또한 해방 이후, 마땅히 회개하여 유가족들에게 사과하고 그들을 돌보았어야 할 노회는 오히려 주기철 목사의 유가족들을 외면하고 박대하여 그들의 가슴에 깊은 상처를 남기고 그들이 신앙의 갈등을 안고 방황하게 만들었습니다. 그 과정에서 주기철 목사의 자녀들은 생계의 고통을 겪고 고아원과 공장 등을 전전하며 정상적인 배움과 성장의 기회를 상실하게 되었습니다. 우리는 우리의 이 모든 비인간적인 처사들에 대하여 하나님께 회개함과 동시에 우리의 악행으로 고통당한 순교자의 유가족 여러분께 머리 숙여 깊이 사과하며 진심으로 용서를 구합니다.

다섯째, 주기철 목사는 긴 옥중생활에서의 고문과 위협 속에서도 한국교회 신앙의 순수성을 끝까지 지키다 1944년 4월 21일 금요일 밤중에 영광스럽게 하나님의 부르심을 받았습니다. 그의 나이 만 47세였습니다. 주기철 목사의 죽음은 핍박을 견디지 못한 평양노회원들의 변절과 비신앙적인 비겁한 결의와 직접적인 관련이 있습니다. 주기철 목사는 일제뿐 아니라 당시의 노회와 교회로부터도 핍박과 외면을 받은 것입니다. 불행하게도 주기철 목사의 부인 오정모 사모님은 45세가 되는 1947년 1월 27일에 병환으로 별세하였고 장남인 주영진 전도사는 대동군 신재교회에서 목회하다가 1950년 공산군에 의해 죽임을 당하여 순교의 대를 이었습니다.

오늘, 우리는 60여 년 전에 우리 평양노회가 범한 이 모든 죄악을 숨김 없이 고백합니다. 그 당시 대다수의 평양노회 교회 지도자들이 신앙 양심을 지키지 못하고 일제의 위협 앞에 굴복하고 침묵하였을 뿐 아니라 그 범죄에 동참하였음을 부끄러운 마음으로 고백합니다. 우리 노회는 그때 하나님이 주신 영광스러운 교회의 사명을 온전히 감당하지 못하였습니다. 이 뼈아픈 실패는 우리 노회 역사의 치명적 수치입니다. 우리들은 우리의 이 수치스러운 죄악을 오고가는 모든 세대 속에서 지속적으로 아파하고 기억하면서 역사의 경고와 교훈으로 길이 간직할 것을 다짐합니다. 우리 평양노회는 우리 노회의 불의와 죄를 참회하고 고백하면서 하나님께 용서를 구하고 우리의 참회와 고백을 듣는 모든 교회와 민족 앞에 슬픈 마음으로 용서를 간구합니다. 또한, 우리의 부끄러운 모습으로 인하여 순교를 당하고 상처와 고통을 입은 주기철 목사와 그의 유가족, 후손 여러분과 평양 산정현교회 성도들에게도 다시 한 번 머리 숙여 우리의 참람한 잘못에 대해 용서를 구합니다.

그러나, 우리는 주기철 목사님을 우리 노회의 선배 노회원으로 다시 회복하여 감히 모시게 된 것을 크나큰 영광과 말로 다 표현할 수 없는 은혜로 여겨 눈물로 하나님께 감사드립니다. 이제 우리 노회는 다시 주기철 목사의 순교정신을 이어받아 병든 한국 교회를 치유하고 한국 교회의 새로운 부흥과 세계 교회의 발전을 위해 쓰이기를 간절히 원합니다. 자비로우신 주님께서 우리 지난날의 죄악을 용서하시고 새롭게 하여 주시기를 엎드려 간구합니다.

2006년 4월 18일

대한예수교장로회 평양노회 노회장 권영복 목사
평양노회 주기철 목사 복권추진 및 참회고백 특별위원회
위원장 손달익 목사 외 제164회 평양노회 노회원 일동

이로써 평양노회는 비록 몹시 늦기는 했지만 해묵은 빚을 청산하였다. 인간이나 집단은 하나님과 교회와 민족 앞에 범죄할 수 있다. 인간이나 집단은 죄를 범할 수밖에 없는 한계적 존재이기 때문이다. 그러나 그 죄를 청산해야 사함을 받게 되고, 사함을 받은 후 새로운 역사 창조가 비롯됨을 모두가 명심해야 하겠다.

맺음말

    지금부터 2,000여 년 전 첫 교회가 예루살렘에서 시작되었다. 기독교가 전 세계로 퍼져 나가던 때, 로마제국 치하에 있던 기독교는 제국으로부터 불법 종교로 낙인이 찍혀 혹독한 박해를 받기 시작하였다. 불법 종교가 된 첫째 이유는 로마제국 황제를 신으로 섬기라는 명령을 따르지 않고 황제에게 제사하고 절하기를 거절하였기 때문이다. 기독교인들은 황제 숭배는 십계명의 제1계명인 "나 외에는 다른 신들을 네게 있지 말라"와 제2계명인 "우상을 만들지 말고, 절하지 말고, 섬기지 말라"는 내용을 어기는 것이라고 여겼다. 때문에 군국주의 로마에서 국법을 어기는 것, 특히 황제를 부인하는 행위는 죽음 외에 다른 길이 없었다. 그 대가는 혹독하여 이를 어긴 자는 십자가형에 처하거나, 굶주린 맹수의 굴에 던져 맹수의 밥이 되게 하거나, 바울 사도와 같이 로마의 시민권을 소지한 사람은 참수형에 처했다.

    비록 배교자가 없었던 것은 아니지만, 대부분의 초기 교회 교인들은 죽음을 두려워하지 않고 스스럼없이 죽음의 길을 택했다. 그것은 육신의 생명은 잠시 동안이지만, 죽은 후 생명은 영원하다고 하는 믿음과 신앙 때문이었다.

주후 313년 콘스탄티누스 황제가 기독교를 공인함으로 죽음 같은 세월이 끝나고 교회는 자유를 얻었지만, 평화의 시대에 어쩔 수 없이 스며들어오는 세속화의 물결은 교회를 속부터 썩게 만들었다. 중세 천년의 로마 가톨릭 역사는 진리를 수호한다는 명목으로 로마 교회에 반기를 든 사람들을 종교 재판을 통해 화형에 처해 죽이는 일을 무수히 자행하였다. 교회가 신자를 죽이는 시대로 접어든 것이다.

지난 역사를 더듬어 보면, 진정한 그리스도의 교회는 비진리와 싸워 왔다. 진리 편에 선 자들은 그 수가 적었고, 비진리 편에 선 다수는 비진리를 마치 진리인 것으로 착각하고 또는 의도적으로 비켜서서 진리 편에 선 자들을 제거했다. 그러나 역사는 진리가 승리한다는 교훈을 우리에게 증언한다.

주기철 목사의 전기가 적지 않게 나와 있는데도 또 다른 글을 쓰는 이유는 그의 삶과 순교가 이 시대의 모든 교역자와 기독교인들에게 믿음을 지키며 사는 것이 무엇인지를 무언으로 증언하고 있기 때문이다. 그는 고난의 세월 속에서 진리를 지키고 순교로 답하면서, 자유와 평화의 시대에 비진리를 진리로 착각하고 따라가는 수많은 교회 지도자들과 교인들에게 진리의 길에 서는 것이 무엇인지 보여 준다. 또 그 길은 외적·내적 고난을 수반한다는 사실을 우리에게 교훈한다.

주기철은 혼란한 세대에 진리를 수호하기 위해서는 그 어떤 타협도, 회유도, 탄압도, 박해도, 고문도, 심지어 죽음까지도 각오하는 흔들리지 않는 신앙과 믿음을 지니고 살아가야 한다는 교훈을 우리에게 남겼다.

주님은 우리 한국 교회에 '신앙의 사표'를 보내 주셨다. 기독교 신앙은 어떠해야 한다는 것을, 그리고 진리를 수호한다는 것이 무엇인지를 그를 통해 보여 주셨다. 우리 모두는 주기철 목사의 신앙 정신으로 이 시대를 살아가야 하며, 이런 신앙이 세상을 이긴다는 것을 명심해야 한다.

주(註)

1부 양육받는 예수의 양

1) F. A. McKenzie, *The Tragedy of Korea* (New York: Fleming H. Revell, 1920), 62–64; F. A. McKenzie, *Korea's Fight for Freedom* (New York: Fleming H. Revell, 1920), 55–56. 윤치호는 영문으로 쓴 그의 일기(1895. 10. 8.)에서 자기는 이 세상에서 이런 잔인하고 끔찍한 사건이 일본인 살인자들에 의해 저질러진 것을 증언할 마지막 사람이라고 적고 있다.

2) 주기철이 태어난 주씨 문중은 중국 남송(南宋) 시대에 활약했던 주희(朱熹: 朱子)를 자기들의 조상으로 여겼다. 주희는 중국에서 공자, 맹자 다음으로 여기는 철인(哲人)으로 중국 유교를 부흥시킨 사람이다. 중국의 신안(新安) 주씨 가문의 일원이었던 주희의 증손이 되는 잠(潛)이 한국의 고려조 고종 때인 1224년에 아들 여경(餘慶)을 데리고 한국에 들어와 전라도 땅 능주(綾州)로 이주하여 살았다. 여경은 고려조 고종 때에 좌정승이 되었다. 그중 한 가족이 조선조 광해군 때인 1618년에 웅천으로 이거하여 삶을 정착하였는데, 이들이 바로 주기철의 조상인 신안 주씨 웅천종파(熊川宗派)의 시작이다.

3) 황정덕, 《진해시사》(지혜문화사, 1987), 640–47.

4) 金麟瑞, 《金麟瑞著作全集》 5권(基督敎文社, 1976), 132.

5) 車載明 編, 《朝鮮예수敎長老會史記》, 上(新門内敎會堂, 1928), 160.

6) "熊川敎會 堂會錄", 1919. 12. 9.

7) 〈朝鮮예수敎長老會 總會(1917) 會錄〉 第六回, 44, 第八回, 122, 第九回, 122.

8) 고등보통과에서는 수신, 국어, 조선어, 한문, 역사, 지리, 수학, 이과, 경제, 농업, 도화, 체조, 창가 등의 과목을 가르쳤다.

9) 金麟瑞, 《金麟瑞著作全集》 5권, 133.

10) 웅천교회 "생명부"(生命簿).

11) 함석헌, "남강 이승훈 선생의 생애–심부름꾼에서 심부름꾼으로–", 《南崗 李昇薰 民族運動》(南崗文化財團出版社, 1985), 36.

12) 위의 책, 37–38.

13) 함석헌, "남강 이승훈 선생의 생애", 39.

14) 朴永浩, 《씨올–多夕 柳永模의 生涯와 思想》(弘益齊, 1994), 49.

15) 엄영식, "오산학교에 대하여", 《南崗 李昇薰 民族運動》, 144.

16) 민경배, 《주기철》(동아일보사, 1992), 17.

17) 엄영식, "오산학교에 대하여", 132, 136.

18) 남강의 기업 활동에 관한 것은 주기준, "남강 이승훈의 기업 활동" 그리고 "신민회와 남강의 경제활동 연구"《南崗 李昇薰 民族運動》, 53–117을 참조할 것.

19) 《延世大學校100年史》(연세대학교출판부, 1969), 303, 312.

20) 민경배, 《순교자 주기철 목사》(대한기독교서회, 1997), 51.

21) 위의 책, 61.

22) "신계영의 證言", 주광조 자료집, 證言類, 119.

23) H. Chung, *The Case of Korea* (New York: Fleming H. Revell, 1921), 149.

24) 金麟瑞, 《金麟瑞著作全集》 5권, 133.

25) 위의 책, 134.

26) 《朝鮮예수敎長老敎會史記》 下卷(韓國敎會史學會編, 1968), 244.

27) A. J. Brown, *The Mastery of the Far East* (New York: Charles Scribners, 1919), 540.

28) 《朝鮮예수敎長老敎會史記》 下卷, 161.

29) 〈朝鮮예수敎長老會神學校學友會報〉 제2호(1923. 6.). 재학생 현황에 주기철은 양산읍교회
조사로 표기하고 있다.

30) 金麟瑞, 《金麟瑞著作全集》 5권, 135.

31) 《長老敎會史典彙集》(朝鮮耶穌敎書會, 昭和 十年), 32.

32) "신학교 소식", 〈神學指南〉 8권 2호(1926), 192.

33) 남산에 있던 장로회신학교에 대한 자세한 내역은 《장로회신학대학교 100년사》(장로회신학대
학교출판부, 2002), 제5부 제6장 312쪽 이하를 참조할 것.

2부 예수를 따르는 양

1) 요즘은 통합 측에 강도사 제도가 없으나, 당시에는 강도사 과정을 거쳐 목사가 되었다.

2) 배위량 선교사가 부산에 내려온 날짜가 《초량교회 100년사》 70쪽에는 1891년 9월로 되어 있
으나, 배위량의 아들 리처드가 쓴 그의 아버지 전기에는 10월로 되어 있다. R. Baird,
William M. Baird of Korea, 김인수 역, 《배위량 목사의 한국 선교》(쿰란출판사, 2004) 제2장
이하 참조할 것.

3) "경남노회 보고", 〈朝鮮예수敎長老會 總會 第11回(1922) 會錄〉, 139.

4) 金麟瑞, 《金麟瑞著作全集》 5권, 136. 6·25사변 당시 양성봉은 경남 도지사로서 괄목할 만한
일을 수행하였다. 당시 이승만 정부가 부산으로 이거하였으므로 이에 대한 수발을 해야 했고,
이북에서 그리고 남한 각지에서 밀려드는 수백만 명의 피란민들의 뒤치다꺼리를 모두 맡아 처
리해야 했다. 또한 외국에서 오는 귀빈들의 접대와 기숙은 모두 양 장로가 치러야 하는 일이었
다. 국가의 운명이 풍전등화와 같을 때, 양성봉은 약 3년간의 피란 정부의 뒷일과 기타 업무를
처리하는 능력을 과시했는데 이는 주 목사의 영적 힘에 기인한 것이라 여겨진다. 양 장로는 피
란민들이 세우는 교회들의 터를 확보하는 일에도 적극 협력하여, 부산 영락교회, 임광교회 등
의 여러 교회가 양 장로의 배려로 터를 확보하였다.

5) 《초량교회 100년사》, 139.

6) 위의 책, 155.

7) 주기철, "천하에 복음을 전하라", 〈宗敎時報〉(1935. 2.), 11.

8) 金麟瑞, 《朱基徹 牧師의 殉敎史와 說敎集》, 7.

9) 《초량교회 100년사》, 151.

10) "초량교회 당회록", 1930. 4. 27.

11) 〈朝鮮예수敎長老會總會 第1回(1912) 會錄〉 50. "당회들이 교회 다스리는 것은 장로회 정치
를 의지하며 책벌한 것은 혼인 규칙을 위반하며 음란하며 잡기하며 모든 불법한 일도 책벌한
자가 3백3인, 해벌한 자 1백50인, 출교한 자가 47인이오며……"라고 기록되어 있다.

12) 〈朝鮮예수敎長老會 總會 第6回(1917) 會錄〉 44.

13) 《초량교회 100년사》, 143-44.

14) "초량교회 제직회록", 1931. 1. 25.

15) 《朝鮮예수教長老會 第15回 總會(1926)》, 11.

16) "경남노회 제이십이회로 제이십칠회까지 회록", 1929. "조선예수교장로회 경남노회 제28회 회록", 1928.

17) 초량교회 제직회록에는 李守然이라고 되어 있으나 李守鉉의 오식으로 보인다.

18) "초량교회 직원회의록," 1931. 6. 21.

19) 《초량교회 100년사》, 159-60.

20) "마산교회 당회록", 1912. 3. 19.

21) 《문창교회 85년사》, 41-42.

22) 위의 책, 47.

23) 金麟瑞 , 《朱基徹 牧師의 殉敎史와 說敎集》, 27-34.

24) "문창교회 당회록", 1927. 10. 10., 10. 12

25) "마산교회 제직회록", 1931. 8. 21.

26) 위의 문서, 1932. 8. 7.

27) "마산교회 당회록", 1931. 9. 5.

28) "마산교회 제직회록", 1934. 6. 3.

29) 언더우드가 발행하던 〈그리스도신문〉 1901년 6월 20일 기사에 의하면 장로회 공의회가 여성 인권에 관한 다섯 가지 결의 사항 중 세 번째에 "교중 신도가 믿지 아니하는 이와 혼인하는 것이오"라는 것이 있다.

30) 이승원 편저, 《대지교회 70년사》(1977), 60.

31) 1907년 평양대부흥운동의 효시가 된 1903년 원산 선교사 기도회에서 하디(R. Hardy) 선교사가 고백한 최초의 죄가 한국인을 무시하고 괄시했다는 내용이었다.

32) "문창교회 제직회록", 1936. 1. 10. "내(來) 1월 27일(월) 오후 7시경에 김용오 집사 댁에서 장로, 독립 양 교회 제직연합 간친회를 개최하기로 동의 가결하다. 단, 당 간친회를 위하여 금 10원을 본회에서 지불하기로 함."

33) 민경배, 《순교자 주기철 목사》, 133 참조.

34) 안 사모의 유해는 후에 유족들에 의해 경기도 금곡에 있는 서울 영락교회 교회 묘지로 이장되었다가 다시 서울 동작동 국립묘지 순국열사 묘역에 안장되어 있는 주기철 목사 묘지에 2006년 10월 24일 합장되었다. 주기철 목사의 실제 묘지는 평양 돌박산이므로, 동작동에는 주기철의 유해가 없고 주 목사의 사진 한 장과 성경 한 권이 안치되어 있을 뿐이다. ─주광조 장로의 증언.

35) "장로회 목사수양회, 금강산 수양관에서", 〈基督申報〉 1936. 5. 6.

36) 위 신문.

37) "금강산 목사수양회 후문", 〈基督申報〉 1936. 5. 13.

38) 주기철, "목사직의 영광", 〈基督申報〉. 이 설교문은 후에 김린서 목사가 쓴 《韓國教會 殉敎史와 그 說敎集》에 "예언자의 권위"라는 제목으로 실렸다. 金麟瑞, 《韓國教會 殉敎史와 그 說敎集》, 174 이하.

39) C. F. Bernheisel, Diary, 김인수 역, 《편하설 목사의 선교 일기》(쿰란출판사, 2004), 276.

40) "平壤山亭峴教會史記", 《靈溪 吉善宙 牧師 著作集》 第1卷(寶晉齊, 1968), 190. "1907년(융희 원년) 1월 7일에 본 교회가 설립되다⋯⋯. 본 교회 설립 이래로 주님의 은혜가 풍성하여

1년 사이에 남녀 교우가 300명에 달하였다. 그들이 서로의 의연금을 모아서 성내 릉흥면 3
리 계동 서쪽 산정현 위에 기지를 정하고 예배당을 건축하였다. 이 예배당의 기지는 마포삼
열 씨의 기부로 되어 교우들은 새 힘을 얻었고, 교회는 날로 흥왕하였다. 예배당 건설에 있어
서 김문준, 김용흥 씨 등 두 사람이 간역하였고, 공비는 천여 원으로 건평은 56평이었다. 여
름 6월에 착공하여 가을 9월에 준공하였다. 교회를 옮기고 비로소 산정현교회라 하였다."

41) 金麟瑞,《金麟瑞著作全集》1권, 71.

42) 만우송창근선생기념사업회,《만우 송창근》(선경도서출판사, 1978), 15 이하.

43) 편린서,《平壤老會 地境 各敎會史記》(광문사, 1925), 27-29.

44) "平壤之片言",〈信仰生活〉(1935. 7.), 41.

45) 金良善,《韓國基督敎解放十年史》(大韓예수敎長老會總會 宗敎敎育部, 1956), 177.

46) 위의 책.

47) 宋昌根, "새 생활의 전제",〈神學指南〉(1935. 1.), 12.

48) "宋昌根 博士 南遷",〈信仰生活〉(1936. 6.), 36. 이해를 돕기 위해 내용은 풀어썼다.

49)〈信仰生活〉(1936. 5.), 17.

50) 金麟瑞, "西守論,"〈信仰生活〉卷頭言(1934. 8.), 1.

51) "平壤之片言",〈信仰生活〉(1936. 6.), 36.

52) "조선예수교장로회 경남노회 임시노회록", 1936. 7. 25.

53) "平壤之片言",〈信仰生活〉(1936. 8.), 40.

54) "平壤之片言",〈信仰生活〉(1937. 4.), 36.

55) "소식란",〈게자씨〉(1937. 6.), 46.

56) 대한예수교장로회 평양노회,《평양노회사》, 263.

57) "平壤之片言",〈信仰生活〉(1937. 9.), 42.

58)《주기철 설교집》(한국교회순교자기념사업회, 1992), 32 이하.

59)〈朝鮮예수敎長老會 總會 第26回(1937) 會錄〉2.

60)〈基督敎報〉1937. 4. 20., 10. 19.,《평양노회사》, 228.

61)〈朝鮮예수敎長老會 總會 第26回(1937) 會錄〉14, 36, 56, 73.

62) K. M. Wells, New God, New Nation, Protestants and Self-Reconstruction Nation-
alism in Korea, 1896-1937 (Honolulu: University of Hawaii, 1990), 제3장 주 4 참조.

63) 조선신궁은 남산신궁(南山神宮), 경성신사(京城神社), 조선신사(朝鮮神社) 등으로 불리다가
1925년 조선신궁(朝鮮神宮)이라는 이름으로 확정되었다.

64) 姜渭祚,《日本統治下의 韓國의 宗敎와 政治》(대한기독교서회, 1969), 56.

65) 김규식(金奎植)은 해방된 이듬해 "조선교회여 부활하라",〈活泉〉2호(1946. 6.)에서 "일제가
조선신궁을 남산 정상에 세우지 않고 중턱에 세운 것은 더 높은 곳에 계시는 하나님을 쳐다
보라고 하신 것"이라고 해석하였다.

66) 한석희,《일제의 종교침략사》, 김승태 역(기독교문사, 1990), 제3장을 참조할 것.

67) 姜晋哲, 姜萬吉, 金貞培,《世界史에 비춘 韓國의 歷史》(고려대학교출판부, 1975), 218.

68) "國民精神總動員朝鮮聯盟役員總會席上總督埃拶"1939. 5. 飯沼二朗, 韓晳曦,《日帝統
治와 日本基督敎》(所望社, 1989), 255 주 39.

69) 朝鮮總督府 警務局 "最近에 있어서 朝鮮의 治安狀況", 昭和 13年(1938), 392.

70) International Review of the Mission, April 1940., 182-83.

71) 1933년 전북노회장, 1934년 황해노회장이 신사참배 문제에 대한 질의, 평남 順川 滋山교회

목사의 신사 건축비 징수에 대한 문의 등이 있었다. 〈朝鮮예수敎長老會 總會 第22回(1934) 會錄〉, 11, 65.

72) 金良善, 《韓國基督敎史硏究》(기독교문사, 1971), 178.

73) 맥큔은 한국에서 추방당한 후 미국 노스 다코다 주 휴런칼리지 학장으로 재직하다가 3·1운동 후 일제가 문화정책을 채택하자 다시 내한하여 숭실을 위해 헌신하였다.

74) A. D. Clark, *A History of the Church in Korea*, 222-24.

75) 李永獻, 《韓國基督敎史》(컨콜디아사, 1978), 201.

76) G. T. Brown, *Mission to Korea*, 153.

77) C. D. Fulton, *Star in the East*, 186을 G. T. Brown, *Mission to Korea*, 156에서 재인용.

78) 吳允台, 《韓日基督敎交流史》(혜선출판사, 1983), 249.

79) 1937년 10월에 제정한 것으로 아동용과 중등학교 이상의 학생들과 일반이 사용하는 일반용으로 되어 있었다. 〈아동용〉 1. 나는 대일본제국의 신민이다. 2. 나는 마음을 합해 천황폐하께 충의를 다한다. 3. 나는 인고단련(忍苦鍛鍊)하여 훌륭하고 강한 국민이 된다. 〈일반용〉 1. 우리는 황국신민이며 충성으로써 군국(君國)에 보답하자. 2. 우리 황국신민은 서로 신애협력(信愛協力)하여 단결을 굳게 하자. 3. 우리 황국신민은 인고단련의 힘을 키워서 황도(皇道)를 선양하자.

80) 飯沼二郞, 韓晳曦, 《日帝統治와 日本基督敎》, 254-55. 姜渭祚, 《日本統治下의 韓國의 宗敎와 政治》, 63.

3부 번제단 위에 오른 예수의 양

1) 金麟瑞, 《金麟瑞著作全集》 5권, 41.

2) 평양 장로회신학교 29회 졸업생이며, 동양성서신학원 출신으로 목사 된 후 유명한 부흥사로 전국을 다니기도 했다. 그러나 후에 친일파로 변절하여 행세하다가, 해방 후 교인들이 배척하자 밤중에 자기가 목회하던 예배당(平北 鐵山郡 西林面)에 불을 지르고, 평안북도 인민위원회의 도청 직원이 되었다. 金麟瑞, 《金麟瑞著作全集》 5권, 146. 《平北老會史》(기독교문사, 1979), 219 이하 참조.

3) 朝鮮總督府 警務局, "最近에 있어서 朝鮮의 治安狀況", 昭和 13年, 392.

4) 성격이 과격한 장홍련은 목사가 된 후에 목회하다가 7계를 범하고 교회에서 추방되었다. 金麟瑞, 《金麟瑞著作全集》 5권, 146.

5) 金麟瑞, 《金麟瑞著作全集》 5권, 41.

6) "평양노회 34회 촬요", 〈基督申報〉 1938. 4. 19.

7) 제34회 평양노회 정기노회 촬요, 김요나, 《동평양노회사》, 1242.

8) "朝鮮續信", 〈福音新報〉 1938. 7. 21.

9) "平壤之片言", 〈信仰生活〉(1938. 4.), 26.

10) 隨越智生, "朝鮮續信", 〈福音新報〉 1938. 7. 2.

11) 위의 글.

12) 위의 글.

13) 警務局保安科, 森浩一, "事變下에서 基督敎", 〈朝鮮〉(1938. 11.), 65, 飯沼二郞, 韓晳曦, 《日帝統治와 日本基督敎》, 255.

14) 吳允台, 《韓日基督敎交流史》, 253.

15) 〈大阪每日新聞〉 朝鮮版, 1936. 8. 2. 노기남 주교는 "민족감정으로는 신사참배하고 싶지 않으나 신앙상으로는 가책 없이 참가한다"라고 술회하였다. 《노기남회고록》, 1972. 11., 133.

16) Sacra Congregatio de Propaganda Fide "Instructio", *Acta Apostolieae Sedis* (Romae: Typis Polyglottis Vaticanis, 1936), Annua XXVIII, Series II. III, 408-09. 姜渭祚, 《日本統治下의 韓國의 宗敎와 政治》, 132 주 87을 재인용.

17) 〈京鄕雜誌〉(1940. 3. 15.), 11.

18) 그러나 일제는 3·1운동 시 33인 가운데 1인이었던 鄭春洙 목사가 친일파로 돌아서자 그를 내세워 미국 유학파였던 梁柱參, 柳瀅基, 鄭一亨, 金昌俊, 田榮澤, 鄭京玉 등을 요직에서 축출하여 산간벽지로 보내 버렸다. 따라서 양주삼 같은 이는 신사참배 하는 일에 앞장서서 일했지만 결국 일제에 버림을 받고 만 셈이 되었다. 《姜信明信仰著作集》(기독교문사, 1987), 578.

19) 金良善, 《韓國基督敎史硏究》, 189-90 각주 32 참조.

20) 朝鮮總督官房文書課, 《論告, 訓示, 演說 總攬》(1941), 707.

21) 林鍾國, 《親日文學論》(平和出版社, 1986), 351.

22) 〈每日申報〉 1938. 8. 10.

23) 평북노회의 신사참배 결정에 대한 자세한 기록은 《平北老會史》 219 이하를 참조할 것.

24) 朝鮮總督府 警務局, "最近에 있어서 朝鮮의 治安狀況", 392.

25) 金良善, 《韓國基督敎史硏究》, 188. 총대는 목사 86인, 장로 85인, 선교사 22인, 합 193명이었다. 〈朝鮮예수敎長老會 總會 第27回(1938) 會錄〉, 1.

26) 이 총회에 참석한 선교사 총대들은 모두 22명이었다. 〈朝鮮예수敎長老會總會 第27回 (1938) 會錄〉, 1.

27) 김양선 목사는 그의 《韓國基督敎解放十年史》, 188에서 10명 미만이라고 기록하였다. W. N. Blair, *Gold in Korea*, 105, A. D. Clark, *History of the Korean Church*, 193, G. T. Brown, *Mission to Korea*, 159 등에서는 '몇 명'(a few members)이라고 기록하고 있다.

28) 金麟瑞, 《金麟瑞著作全集》 5권, 149. (可便에 예라고 대답한 이들은 이승길, 김응순, 장운경, 박응률, 박임현, 김일선 등 수인에 불과했다고 안광국 목사는 기록하였다.) 안광국, 《韓國敎會宣敎百年秘史》 안광국목사유고집(대한예수교장로회 총회교육부, 1979), 237.

29) 〈朝鮮예수敎長老會 總會 第27回(1938) 會錄〉, 9.

30) 기독교내선친목회란 일본 기독교인과 한국 기독교인들 간에 친목을 도모하여 교회의 피해를 막아 본다는 명목으로 세워진 단체로 결국 친일의 앞잡이 노릇을 했다. 이 모임을 주도했던 이는 吳文煥, 회원으로는 金漂樺, 朴應律 등이 있었는데, 李承吉 등 3명은 일본을 방문하고 돌아오기도 하였다. 吳允台, 《韓日基督敎交流史》, 256 참조. 이들에 대해 설명한 구절을 보면, "민족주의 기독교인들 틈에 끼어들어 민족적 항쟁의욕을 저하시켰고, 독립정신 고취 사실을 일경에 밀고하여 항일세력의 약화를 기도하였는데, 후에 교회 내의 지도자급 인사들을 희생시키는 악랄한 경지에 도달하였다"고 하였다. 金載明 編著, 《殉敎者 宋貞根 牧師傳》(普文出版社, 1976), 82.

31) 심익현은 해방 후 강양욱과 더불어 '조선기독교도연맹' 창설에 가담하여 기성교회 박해에 앞장섰다. 《평양노회사》(평양노회사편찬위원회, 1990), 318 참조.

32) 金良善, 《韓國基督敎解放十年史》, 189.

33) "最近의 朝鮮 治安 狀況", 《韓國獨立運動史》 5권, 408-09.

34) "基督敎徒와 時局", 〈靑年〉(1938. 7.), 7; (1939. 3.), 8.

35) 吳允台, 《韓日基督敎交流史》, 260.

36) 〈東亞日報〉 1938. 2. 15.

37) 위 신문, 1938. 10. 2.

38) 학교가 폐문된 이듬해 통신교육으로 과정을 마친 신학생 16명의 졸업식 사실을 〈東亞日報〉가 1939년 4월 15일자에 사진과 함께 자세히 보도하고 있다.

39) 朝鮮總督府 警務局, "最近에 있어서의 朝鮮의 治安狀況", 昭和 13년, 334-35. 金良善, 《韓國基督敎解放十年史》, 190-91 각주 34 참고.

40) 위의 책, 190-91 각주 34 참고. 신사참배에 대해 이렇게 자유로운 입장을 보인 캐나다 선교부가 해방 후에 '기장'이 신학의 자유를 주장하며 교회를 갈라 나갈 때 기장과 함께 떠나간 이유가 여기서 일부 증명된다.

41) 박관준 장로의 투쟁에 대해서는 그의 아들 박영창, 《정의가 나를 부를 때》(신망애출판사, 1970)와 안이숙, 《죽으면 죽으리라》(기독교문사, 1976)를 참조할 것.

42) 안용준, 《태양신과 싸운 이들》(세종문화사, 1972), 부록 예심 종결서 262.

43) 金成俊, 《韓國基督敎史》(韓國敎會敎育硏究院, 1980), 160.

44) 위의 책.

45) C. F. Bernheisel's letter to Rev. P. S. Wright, Nov. 14, 1939. (이 책에서 인용하는 C. F. Bernheisel 선교사의 편지는 이덕주, 《사랑의 순교자 주기철 목사 연구》(한국기독교역사박물관, 2003)에 나오는 편지를 재인용함).

46) 〈基督新報〉 1929. 7. 3-29., 11. 27-12. 25., 1931. 3. 4., 1935. 1. 1-30.

47) "最近에 있어서의 朝鮮의 治安狀況", 30.

48) 〈宗敎時報〉(1935. 2.), 34.

49) C. F. Bernheisel, "The Present Condition of the Church in Korea," Feb. 2. 1939.

50) 위의 편지.

51) 위의 편지.

52) 위의 편지.

53) 위의 편지.

54) C. F. Bernheisel's letter to Rev. P. S. Wright, Nov. 14, 1939.

55) 위의 편지.

56) 김린서 목사는 주 목사 생존 시 장로였다. 그는 신학교를 졸업한 후 오랫동안 목사안수를 받지 않다가 해방 후 이남에 와서 목사안수를 받았다. 편의상 그를 목사라 부른다.

57) 金麟瑞, 《金麟瑞著作全集》 5권, 146-47.

58) 위의 책, 147-48.

59) C. F. Bernheisel's letter to Rev. P. S. Wright, Nov. 14, 1939.

60) 주기철, "목사직의 영광", 〈基督申報〉 1936. 5. 13.

61) 안이숙, 《죽으면 죽으리라》, 429.

62) 위의 책, 54.

63) 위의 책, 430.

64) 위의 책, 432-33.

65) C. F. Bernheisel's letter to Rev. P. S. Wright, Nov. 14. 1939.

66) 金麟瑞, 《金麟瑞著作全集》 5권, 68-69.

67) C. F. Bernheisel's letter to Rev. P. S. Wright, Nov. 14, 1939.

68) C. F. Bernheisel's letter to Dr. J. L. Hooper, Dec. 20, 1939.

69) 〈東亞日報〉 1939. 10. 22.

70) 위의 신문, 1939. 10. 25.

71) C. F. Bernheisel's letter to Rev. P. S. Wright, Nov. 14, 1939.

72) 〈東亞日報〉 1939. 10. 24.

73) C. F. Bernheisel's letter to Rev. P. S. Wright, Nov. 14, 1939.

74) 위의 편지.

75) 위의 편지.

76) C. F. Bernheisel's letter to Rev. S. Wright, Nov. 14, 1939.

77) 위의 편지.

78) 〈每日申報〉 1939. 12. 20.

79) C. F. Bernheisel 's letter to Dr. J. L. Hooper, Dec. 20, 1939.

80) 위의 편지.

81) C. F. Bernheisel's Letter to Rev. P. S. Wright, Nov. 14, 1939.

82) 〈朝鮮日報〉 1939. 12. 20.

83) 〈長老會報〉 1940. 1. 24.

84) 그 위원들은 장운경, 김선환, 심익현, 박용률, 차종식, 이용직, 김취성, 변경환 등이었다. 平壤老會 38回 撮要, 〈長老會報〉 1940. 4. 10.

85) 〈東亞日報〉 1940. 3. 26.

86) C. F. Bernheisel, "Recent Events in Pyengyang," Mar. 26, 1940.

87) 1938년 '장로회신학교'가 폐쇄되자 신사참배하는 총회는 신학교 설립을 추진하여 1940년 '평양신학교'라는 이름을 짓고 채필근 목사를 교장으로 하여 시작하였다.

88) 金麟瑞, 《金麟瑞著作全集》 5권, 166.

89) 주광조, 《순교자 나의 아버지 주기철 목사님》(UBF출판부, 1997), 60-62. 이 부분에 대해 김린서 목사는 주 목사의 노모가 유치장에 들어갔다고 했고, 주 목사의 가족들이 옮겨 간 곳은 형사 집 건넌방이라 하였다.

90) 이 부분을 자세히 알려면, 김인수, 《일제의 한국 교회 박해사》(대한기독교서회, 2006), 제4장 9절을 참조할 것.

91) 金麟瑞, 《金麟瑞著作全集》 5권, 167.

92) 주 목사의 석방 날짜는 정확히 알 수 없다. 천장절 석방에 대해서는 〈每日申報〉 1940. 4. 25., 5. 1. 참조.

93) 김두석, 《두 감나무 고목에 활짝 핀 무궁화》, 25. 이덕주, 《사랑의 순교자 주기철 목사 연구》(한국기독교역사박물관, 2003), 278-79에서 재인용.

94) "朝鮮耶穌敎徒 不穩事件檢擧", 〈高等外事日報〉 14호, 朝鮮總督府 警務局保安課 1940. 9.

95) 위의 문서.

96) 〈每日申報〉 1940. 9. 22.

97) 위의 신문.

98) 金麟瑞, 《朱基徹 牧師의 殉敎史와 說敎集》, 10.

99) 주 목사의 필적으로 전한 말씀으로 이순경(李順環) 목사가 전송(傳誦)한 것임.

100) 주광조, 《순교자 나의 아버지 주기철 목사님》, 66.

101) 위의 책, 70.

102) 안이숙, 《죽으면 죽으리라》, 136.

103) 위의 책, 137.

104) 위의 책, 192.

105) 위의 책, 137.

106) 鮮于燻, 《民族의 受難》(태극서관, 1946), 49-59.

107) "三一運動秘史", 〈基督敎思想〉(1966. 3.), 88-89.

108) C. A. Clark, Home Letter, October 1, 1941.

109) 주광조, 《순교자 나의 아버지 주기철 목사님》, 90-92.

110) 위의 책,

111) 김두석, 《두 감나무 고목에 활짝 핀 무궁화》, 38.

112) 안이숙, 《죽으면 죽으리라》, 214.

113) 위의 책.

114) 주광조, "주영진 전도사의 생애와 순교", 47.

115) "Basis of Withdrawal," *The Korea Mission Field* (March 1941), 33-34.

116) 자세한 내용은 Charles A. Sauer, *Methodists in Korea 1930-1960* (Seoul: The Christian Literature Society, 1973), 93 이하 참조.

117) 위의 책, 95.

118) 〈새문안교회 堂會錄〉 1942. 5. 17. 〈朝鮮예수敎長老會 總會 第三十回(1940) 會錄〉, 82 참조.

119) 金麟瑞, 《金麟瑞著作全集》 5권, 172.

120) 김요나, 《일사각오》, 449.

121) 안용준, "주기철 목사와 그 부인", 《태양신과 싸운 이들》, 67.

122) 심군식, 《손명복 목사의 생애와 설교》(영문, 1997), 59.

123) 金麟瑞, 《金麟瑞著作全集》 5권, 168.

124) 한상동, "주님의 사랑", 127. 이덕주, 《사랑의 순교자 주기철 목사 연구》, 324에서 재인용.

125) 金麟瑞, 《金麟瑞著作全集》 5권, 168.

126) 주광조, 《순교자 나의 아버지 주기철 목사님》, 100.

127) 주남선, "신사참배 반대 수난기: 출옥 성도 주남선 목사의 옥고기", 《신사참배 거부 항쟁자들의 증언》, 139.

128) 金麟瑞, 《金麟瑞著作全集》 5권, 160.

129) 주광조, 《순교자 나의 아버지 주기철 목사님》, 104-06.

130) 金麟瑞, 《金麟瑞著作全集》, 5권, 169. 돌박산은 평양에 있는 기독교인 묘지였다.

131) 안이숙, 《죽으면 죽으리라》, 441.

132) 金忠南, 朴鍾九, 《예수 천당》(백합출판사, 1993), 160.

4부 제물은 향기를 남기고

1) 金麟瑞, 《金麟瑞著作全集》 5권, 170.

2) 金麟瑞, 《朱基徹 牧師 殉敎普》, 79.

3) 金麟瑞, 《金麟瑞著作全集》 5권, 171.

4) 위의 책, 170-71.

5) 위의 책, 172. '최 권'은 최봉석 목사를, '계기'는 주기철 목사를 가리킨다.

6) 金麟瑞, 《金麟瑞著作全集》 5권, 173.

주기철 목사 글모음

설교

은총과 책임

어떤 사람이 묻기를 하나님께서 사람의 소유를 왜 차별이 있게 정하셨나요 한다. 내적 외적이 같지 않고 지혜 있고 미련하고 건강하고 연약하고 빈한하고 부자 됨이 각각 달라서 하나님의 뜻이 어디 있는지 알지 못하나 한 가지 아는 것은 적게 가진 것이나 많이 가진 것을 물론하고 가진 것은 하나님께로부터 온 것임을 아는 바이다. 예수는 자기의 것은 하나님으로 온 것이라 하셨고 위에서 받지 않은 것이 없다 하셨으니 각종 은혜는 반드시 위로부터 온 것이 확실하다. 또 한 가지 알 것은 많이 준 자에게는 많이 찾고 적게 준 자에게서는 적게 찾는 사실이다.

옛날 이스라엘 민족은 하나님께 특별한 은총을 받은 민족이다. 부르시고 율법을 주시고 선지자들을 보내 주셨고 많은 은총을 받았으므로 책임도 많은 것이다. 이사야 49장에 "너로 이방의 빛을 삼아 나의 구원을 베풀어서 땅 끝까지 이르게 하리라"(6절) 하는 책임을 맡기셨으나 그 책임을 깨닫지 않고 하나님의 주신 은혜를 자기 혼자 누리고자 했기 때문에 심판을 받아 아랍 나라나 바벨론으로 잡혀 간 것이다. 요나의 이야기를 생각한즉 이방인에게 빛을 보내라고 하신 모형이었던 것이다. 즉 이스라엘이 받은 은혜를 사람에게 주지 않으니 타국의 포로가 되었다. 포도원 노래는 이스라엘의 역사를 이야기한 것이다. 은총을 받고 책임을 감당치 못하여 심판을 받은 것은 오직 이스라엘 백성뿐 아니라 온 세상 사람이 다 그러하다.

아모스 3장에 "온 땅 백성 중에 너희를 알게 하리라" 하였다. 부자들은 그 소유 재산을 자기 것으로 알고 하나님의 것으로 알지 못하며, 학자는 재주와 학문도 자기의 것으로 알고 하나님의 것으로 알지 못하니, 사회를 위하여 하나님의 뜻을 행하지 못한다. 오직 자기만 위하는 은총, 재물, 지식으로 인하여 복이 되지 못하고 도리어 재앙이 되는 일이 많다. 이 진리를 각각 자기에게 적용하여 반성하기를 원하는 바이다.

1. 건강의 은총을 받은 것을 감사히 생각하고 잘 이용할 것이다.

이 세상에는 신체상의 장애인이 얼마나 많은가? 신경쇠약자와 시각장애인과 연약한 자와 장애인이 많은 중에 나에게 머리부터 발까지 완전한 건강을 주신 것은 이것 가지고 죄의 향락을 누리기 위하여 주셨다고 생각할 것이 아니다. 하나님의 나라와 사업을 위하여 주신 것이다. 미국 헤란 포드 씨는 시각장애인으로, 유명한 나이아가라 폭포에 사람의 인도를 받아 가서 경치를 구경할 때 자기 눈으로 보지는 못하고 오직 폭포에서 흩뿌리는 물방울이 얼굴에 뿌려지자 붓을 들어 찬송의 시를 써서 눈 밝은 자의 감상 이상을 표현하였다. 우리 눈이 내일도 볼 수 있을까? 입이 말할 수 있을까? 이 건강이 이대로 있을까? 의문이다! 오늘 이 건강이 이대로 있을 때에 하나님을 위하여, 교회를 위하여, 사업을 위하여 봉사하고 일해야 할 것이다. 우리가 건강한 몸을 가졌다고 장애인을 조소하거나 죄악의 낙을 누리는 생활을 해서는 결코 안 될 것이다.

2. 우리의 받은 물질적 복을 살피자.

우리가 큰 부자는 아니라도 일용할 양식은 가졌다. 걸인은 굶고 헐벗지만 우리에게는 복을 주셨다. 죄인이기는 걸인이나 나나 일반이요, 불의한 것은 걸인이나 나나 일반이다. 그러나 하나님이 나에게 복을 내리신 것은 어떠한 의미가 있는 것이 아닌가! 닭은 새벽을 알리기 위하여 있고, 소는 경작을 위함이 하나님의 뜻이다. 어떤 장로는 어떤 교회를 위하여 성심껏 봉사하는 중 사경회 때에 강사를 그 장로의 집에 유숙하기로 하였는데, 그 부인이 못마땅해하자 그 장로는 우리 집을 지은 것은 교회를 봉사하기 위함이 아니냐고 하였다. 그는 실로 복 받은 책임을 잘 알고 사명을 깨달은 이었다. 그보다 큰 집과 많은 소유를 가지고도 그런 책임을 못하고 사치 위에 사치, 호강 위에 호강하지만, 가난한 사람이나 불쌍한 사람이나 교회를 위하여 자기의 책임을 다하는 자가 몇이나 있는가? 또 우리는 음식을 볼 때 굶주리는 이를 생각하고 의복을 입을 때 헐벗는 이를 생각하는가? 나를 이렇게 먹이고 입히는 뜻이 어디 있는지 살펴야 할 것이다.

3. 우리에게 주신 정신적 복을 생각하자.

우리가 비록 큰 지식은 갖지 못했으나 조선 사회의 사정으로 보면 100분지 90이 문맹인 것을 볼 때, 우리가 가진 지식은 그대로 행복이다! 기차 정거장 이름을 보라. 볼 수 없는 이와 성명을 기록하지 못하는 많은 사람들 중에서 우리가 신학을 능히 말하고 시사(時事)를 능히 이해하는 것은 남다른 복을 받은 것이라 아니할 수 없다. 감사할 것이다. 이 지식은 결코 무식자를 멸시하라고 준 것인가? 착취의 도구로 준 것인가? 아니다. 무식한 동포를 가르치기도 하고 향상케 하라는 책임을 하라고 주신 것이다.

4. 우리에게 주신 신령한 복을 생각하자.

우리는 왜 남보다 먼저 예수를 믿게 되었는가? 어찌해야 죄에 빠지지 않는가? 어째서 복음의 빛을 받게 되었는가? 이 신령한 은혜를 주신 것은 홀로 선하고 홀로 덕을 행하라는 것인가? 많이 준 자에게는 많이 찾고, 적게 준 자에게는 적게 찾는 법이다. 이 남대문교회는 최상의 특별 은혜를 받았다. 학식, 인격, 재산, 모든 복을 최상으로 받았는데 그만한 책임과 의무도 최상으로 감당하고 있는지, 냉정하게 스스로 반성하기 바란다. 여러분 개인만을 위하여 그렇게 주셨는가? 불의한 적은 자를 위하여 주셨을 리가 있는가? 아, 우리는 기름이 마르고 뼈가 부서지도록 주를 위하여 일해야 되겠다. 마태복음 11장 21절의 예수의 교훈을 귀를 기울여 들어보시오. "벳새다야 너희에게 행한 모든 권능을 다른 데서 행하였더라면 회개하였으리라" 하였다. 하나님의 복은 지극히 좋은 동시에 지극히 무서운 것이다. 마태복음 21장 43절, 포도원 비유는 복의 책임을 이행치 못한 자에게 책망하신 것이다. 예루살렘아! 예루살렘아!…… 멸망을 예언하셨다. 하나님의 사랑과 특별한 은총을 받는 것에 주의하지 않으면 매우 위태롭다. 무슨 얼굴로 주님을 만날까?

어떻게 회계할까? 무엇으로 주께 드릴까? 나는 악하고 게으른 종이라는 자복밖에 없을까? 아니다. 우리는 힘껏 일하고 노력하자! 성 다미안이 "나는 최선을 다하고 가는 자처럼 행복된 자는 없다"고 하더라. 예수는 "다 이루었다" 하였다.

하나님은 큰일을 우리에게 요구하시지 않는다. 오직 분량대로 요구하신다! 주를 위하여 성도를 위하여 받은 복대로, 받은 은총 그대로 힘껏 봉사하는 것이다. 이런 생활보다 더 나은 생활이 어디 있는가?

죽음[死]의 준비

죽음이란 듣기에 불쾌하나 죽음은 참된 생에 들어가는 것이다. 고린도후서 5장에 있는, 장막집이 무너지면 하나님께서 지으신 집이 하늘에 있다 하심은 우리가 육신을 떠나 하나님께로 돌아감을 이름이다. 그러므로 죽음의 준비는 곧 영생의 준비라 할 것이다. 세상 사람은 흔히 소년 시대에는 방탕하여 늙은 때를 준비하지 못하니 매우 우둔한 일이다. 한 번 들어가고 다시 나오지 못하는 죽음에 대하여 준비를 하지 않은 것은 애석한 일이라. 대개 일생일사는 정해진 이치라. 사람이 산다는 것은 죽음을 향하여 달려 나아가는 것이며 하루를 살았다면 사망의 문에 하룻길을 가까이 간 것이며, 지구의 운전은 인생을 싣고 일분도 정지함이 없이 사망을 향하여 달려가는 것이며, 시계의 똑딱이는 소리는 우리 인생의 생명이 끊어지는 소리이다. 나폴레옹은 "불가능이란 단어는 불란서 사전에는 없다"고 호언장담을 하였지마는 그도 죽음에는 단 일분을 연기하지 못하였고, 진시황, 알렉산더, 카네기, 에디슨, 레닌, 누구누구 할 것 없이 천지창조 이후 사망의 문을 뛰어넘은 자 하나도 없다. 인생이 누가 죽지 않을 수 있을까? 그렇지 않으면 반드시 죽음에 대하여 준비할 것이다. 세상 사람은 사랑하는 아들의 혼처를 위하여 힘써 준비하며, 딸의 출가를 위하여 치장을 준비하며, 그 후에 산아를 위하여 준비를 분망(奔忙)히 하지만, 인생의 가장 크고 가장 명확한 죽음이란 사실을 위하여 준비하는 인생이 적은 것은 마귀의 속임을 받아 안심한 것이 아닌가 한다!

준비란 무엇인가? 수의? 무덤? 아니다. 곧 분명한 심판대에서 핑계하지 말고 거짓 없이 오직 행한 대로 심판받을 일을 잘 준비하여야 할 것이다. 사람이 죽는 일은 홀연히 당하며 주의 재림도 갑자기 온다. 아침에 건강하게 나가서 저녁에 죽음에 이르는 일이 없는가? 죽음에 있어서는 빈부의 차별이 어디 있으며, 형편의 다름이 무슨 상관이며, 노소의 구별이 있는가 없는가. 한 주일 동안 사경회로 인하여 본 교회를 떠나 있는 동안 노인보다 청년이었던 교인이 의외에 죽은 자도 있다. 영국 어떤 사람의 통계를 듣건대 1년에 이 지구상에서 평균 5,700만 명씩 사망한다 하니 1934년인 금년에도 땅 위에서 5,700만 명이 죽으면 그 수에 내가 들지 않는다고 장담할 자 없다. 1933년에 조선에서 병사자가 38만 1,817명이라 하니 매 20초마다 한 사람씩 사망한 것이다. 이 숫자에 내가 들어 있지 않다고 장담하지 말라! 인생아! 아는가 모르는가? 너의 사망할 일자를 만일 모르거든 사망이란 급박하고 용서 없음을 알아 두라. 우리는 죄를 위하여 반 시간만 연기하여 달라고 하나님 앞에 애걸할 날이 있다. 하나님이여 10분만 용서하여 주시옵소서. 내 죄를 청산하고 가겠나이다 하고 애걸한들 용서하실까. 하나님의 예정한 시기는 절대 용서가 없는 것이다. 사망 시에 모든 죄를 다 청산하고 가겠다고 하지 말라. 사망 시에는 있던 믿음도 도리어 잃기가 쉬울지언정 없던 믿음을 그때에 찾기는 어려울 것이다.

국가는 왜 병력을 늘 준비하는가! 외적이 침략할 때를 알지 못함이다.

사망은 언제든지 온다. 늘 예비하라. 그렇지 아니하면 크게 낭패할 것이다. 오직 오늘이 우리의 소유요, 지금이 구원의 때요, 내일은 하나님 소유다. 내게는 현재만 있을 뿐 과거도 아니요, 미래도 아니다. 그러므로 일찍 일어날 때 충분한 기도로 준비하고, 집을 나가 모든 일을 하기 바란다. 밤에 침상에 누울 때에도 기도로 준비하고 누우라. 내일, 내년이 내 것이 아니다.

그러면 어떻게 준비할까?

1. 사망을 두려워하지 않도록 준비할 것이다.

왜 죽음을 두려워하는가. 죽을 때에 두려워함은 형벌의 염려가 있음이다. 가령 경찰서에서 호출할 때 만일 죄가 있는 자는 공포심이 생기는 것은 죄인의 심리이다. 양심은 하나님 앞에서 행한 대로 증거한다. 어떤 무신론자가 임종 시에 말하기를 "나의 앞길은 정신병자가 밤중에 문을 뛰어 나감과 같다"고 하여 방황 주저하며 갈 곳을 몰라 위험천만하였다. 한 번 영원한 형벌받을 곳에 가면 영원히 즐겁지 못하며, 한 번 영원한 복 받을 곳에 가면 영생을 얻을 것이다. 생전에 하나님을 경외하는 생활을 하고 하나님을 경외하면 천국에 갈 것이요, 방탕한 생활로 배만 위하여 욕심으로 살면 지옥에 갈 것이다. 우리는 세상 사람이야 알 건 모르건, 칭찬하건 말건, 오직 하나님 앞에 경건한 생활을 할 것이다.

2. 비애의 사망이 되지 않도록 준비할 것이다.

세상 사람은 임종 시에 비애하지 않을 자 없는데, 이는 소망이 없기 때문이다. 가는 자도 보내는 자도 슬픔밖에 없다. 문상하는 말이 "할 말이 없습니다" 한다. 불신자는 죽은 후에 천당 갔다고도 못하고 지옥 갔다고도 못할 것이니 이 말이 옳다. 소망 없는 길을 떠나면 위로가 없고 슬픔밖에 없다. 신자는 천국에서 서로 만나 주를 영접하며 영광 중에 먼저 생활할 것이며 죄의 괴로움이 없는 것을 생각하면 기쁨밖에 없다. 생전에 죄를 애통하는 자는 죽을 때에 찬미하고 간다. 그러므로 내 죄를 위하여 가슴 치고 애통하는 것은 귀하다. 애통의 눈물을 흘리는 신자의 수가 여기 몇이나 되는가? 다윗은 간절한 기도의 눈물이 흘러서 누워 자는 침상을 띄우게 되었다. 임금의 지위에서 홀로 고요히 하나님 앞에서 통회의 눈물을 흘렸다. 영국 부스 대장이 왜 위대한가? 잠을 같이 자 보니 한 시간쯤 잠을 자고 일어나서 통회의 기도를 하고 고요히 눈물을 흘려 기도하였다 한다. 그런고로 세상 사람이 이 부스를 유명하다고 한다. 외국 청년 중에 폭포에 떨어져 자살하는 자가 많다 한다. 조선의 청년은 죄를 통회치 않고 생각 없이 사는 것이 오히려 저들만 못한 것이 아닌가?

3. 재물을 하늘에 쌓으라. 사망 시에 슬프지 않다.

하와이로 여행하는 사람이 돈을 본국에 보내어 토지를 산 다음 본국에 돌아올 때에 슬퍼하지 않고 기뻐 돌아왔다. 신자 역시 재물을 하늘에 쌓고 소망을 저 나라에 두고 천국을 위하여 일할 것이라. 이 땅에 소망을 두고 재물을 모으고 모든 것을 쌓으면 이것에 연연하여 떠날 때에 울고 슬퍼할 것이다. 우(禹) 임금이 강을 건널 때에 파선이 되어 배에 탄 사람들이 다 죽는 것을 두려워하는데, 이에 말하기를 "生也天死也天, 何爲怛死"(생과 사가 하늘에 달렸거늘 왜 죽음을 두려워하는가)라 하였다. 마귀와 영원한 형벌을 받을 자식아! 저 불 가운데 들어가라는 엄한 선고를 내릴 때에 어떻게 할까. 신자여! 준비합시다. 죽음의 준비를!

■〈宗敎時報〉(1934. 8.)

천하에 복음을 전하라

마가복음 16장 15절

주 예수께서 사랑하는 제자에게 최후로 부탁하신 말씀은 땅 끝까지 가서 복음을 전하라 하신 것이다. 그러므로 신자는 누구를 막론하고 마땅히 전도할 책임이 있는 것이다. 이제 신자의 전도할 이유에 대하여 몇 가지를 생각하려 한다.

1. 우리가 하나님 나라의 복락과 지옥의 공포를 생각하니 전도할 수밖에 없다.

가령 일기가 뜨거운 여름날에 무거운 짐을 지고 높은 산을 올라갈 때에는 그 고생이 얼마나 큰가. 그렇지만 정상에 올라가서 그 무거운 짐을 벗어 놓고 앞에서 불어오는 맑은 바람을 맞을 때에 얼마나 상쾌하며 얼마나 신선하던가? 이와 같이 세상 사람이 죄 짐과 고통을 지고 괴로운 세상에서 나그네가 되어 이 세상의 정상에 올라가 신성한 천국에 들어가게 되면 그 영광이 어떠하리오. 신자가 참으로 천국의 복락을 생각할 때에 그 기쁨은 형언하기 어렵다.

이런 복락을 인하여 천국 복음을 어찌 전하지 아니하리오. 지옥의 번민과 고통의 불길이 영원히 계속된다면 이 어찌 형극이 아닌가? 형언할 수 없는 지옥의 고초를 깨닫는 자는 복음을 전하지 않을 수 없다. 가령 미로에 방황하며 애쓰는 것을 보고도 바로 인도하지 아니하면 이는 악인일 수밖에 없다. 하나님을 찾아가려는 세상 사람들을 보고 바른길, 즉 예수를 소개하여 주지 않으면 어찌 죄인이 아닐까?

이웃 사람, 세상 사람, 죄인은 다 죄악의 길에서 방황하는데 전도하지 아니하는 것은 중병자에게 약을 알면서도 주지 않는 것과 무엇이 다르겠는가.

2. 우상숭배의 가련함과 미신의 가련함을 보고 어찌 전도하지 아니하랴?

미신의 인생이 저 돌부처를 숭배하는 것을 보아라. 복을 받고 싶어서 우상에게 수십 번씩 경배하고 자식을 얻기 위하여 부처에게 공을 들이는 것은 인간의 타락이 아닌가? 천지만물을 창조하신 하나님은 경배하지 않고 사람의 손으로 만든 우상은 숭배하는 세상 사람의 무지와 허망함이 어떠하며 그 수가 얼마나 되는가? 도처에서 이런 가련한 자를 보게 된다. 아, 도처에 교회가 있으나 교회는 어찌 전도하는 사명을 다하지 않는가? 보다 더 선교적 정신이 충만하여야 하겠고 세계를 향한 전도 정신은 교인의 머릿속에 가져야 할 것이 아닌가? 전도열, 선교 정신이 박약하여 가는 현대 교회의 깨우침을 부르짖노라.

3. 전도는 주님의 엄격한 유언인 동시에 간절하신 부탁이다.

주님의 최후의 유언은 부모의 최후의 유언보다 엄격하다. 부모의 유언은 행하면서도 주님의 유언을 망각하여서는 안 될 것이다. 신자는 파수꾼의 사명이 있다. 책임이 중하고 또 크다. 그러나 복음을 세상 사람에게 전파하지 아니함으로 불신자들이 심판을 받게 되면 어찌 신자의 책임이 아닐까?

가령 천국 심판할 때에 가브리엘이 말하기를 예수가 세상에 계실 때에 자기 피로 값 주고 사신 교회를 신자께 맡기고 교회에게 위탁하신 것을 태산같이 신임하고 계신다. 그러므로 교회는 주님의 신임을 저버리지 말기를 바란다 할 것이다.

4. 전도는 천국 건설의 유일한 방법, 예수 강림의 목적은 인류를 구원할 뿐 아니라 만물의 부흥을 위함이라.

그런 위대한 사명을 완수하시려고 무엇을 하셨는가? 다만 열두 제자를 세워 교훈하신 일밖에 없으시다. 열두 명의 제자가 세상 사람에게 전도하여 겨자씨의 왕성함과 같이 교회가 점점 왕성하였다. 개인 열두 명이 전도한 결과 7억만 명의 신자가 있으니 내 힘으로 그중에 몇 명이나 인도하였나 생각하여 보아라.

오늘 우리 교회 형편을 보면 교회가 사라지지 않을까. 나로 말미암은 새신자가 얼마나 되는가. 50년 동안이나 예수 믿고, 죽고, 가는 날에 집안의 대를 잇지 못하고 가는 자 어찌하려나. 바울은 전 세계에 전도하여 몇 십만 명을 모았고 무디 선생이 수만 명씩 전도한 덕에 나는 전도하지 아니하여도 좋다고 생각하는가. 자기의 전도로 대를 이을 자 없으니 이 어찌하랴?

어떤 교회 신자가 이렇게 말한다. 현재 형편을 보니 성결교회나 어떤 교파에서는 신앙고백과 전도에 열심함으로 새로 믿는 사람이 많이 생기는데 우리 장로교회에서는 점점 심오한 철학을 설교하고 고상한 학설을 강론하려 하지만 전도열이 냉랭해졌다고 평하였다. 우리 장로교회는 독선적인가 신사적인가? 철학적인가? 새로 난 교파는 왜 열이 있는가? 이는 아직 그들이 신자를 얻기 위하여 진리를 전도하고 있기 때문이다. 그러므로 우리 교회는 초대 교회가 열심히 전도하던 것을 회복하자. 옥에 갇히는 핍박에도 불구하고 복음 전도에 불탔던 것을 찾아보라! 현대 교회에서 열심히 전도하지 아니하면 신앙의 힘이 쇠약해진다는 원칙을 깨닫고 교회는 교인이 전도하게 하자!

(1) 씨를 뿌리면 언제든지 날 수 있고 (2) 남을 구원하고자 하는 힘에 자신의 구원도 완성한다. (3) 열심을 내는 은혜를 받으려면 전도하기를 계속할 것이다. 물질을 남에게 주면 내 것이 없어지나 신령한 은혜는 나누어 주면 주는 대로 더욱 풍성케 되는데 이는 영계의 법칙이다.

5. 천국에서 영광은 세상에서 전도한 교회요, 세상에서 전도하여 구원한 생명은 천국에서 나의 면류관이다.

바울의 면류관은 그가 세운 교회이며 내가 전도하여 믿은 신자를 천국에서 만날 때에는 영광 중에 영광이 될 것이다. 세상에서 전도 많이 한 신자가 천국에 들어갈 때에 그에게서 전도를 받은 신자가 다 증거하고 환영하고 반갑고 기쁘게 맞이하겠지만 한 사람의 생명도 구하지 못한 신자는 비록 천국에 들어갈지라도 그는 쓸쓸하고 고독하게 지낼 것이니 그런 민망한 일이 다시 없겠다. 그런고로 형제여! 자매여! 전도합시다.

6. 반기독자들은 열렬히 자기들의 주의를 전하는데 교회는 전도열이 식어지면 장차 어찌 될 것인가?

부산에서는 불교에서 주일학교를 설립하고 아동에게 불교 정신을 가르치는 것을 보았다. "예수 사랑하심은 거룩하신 말일세." 찬송 대신에 "부처 사랑하심은"이라는 노래를 가르치고 있다. 사회주의자들은 그 주의를 가르치기에 열심이다.

사회의 죄악의 패거리들은 자기들의 주장하는 주의(主義), 정신을 양성하는 일을 얼마나 열심히 하는가! 오늘 세계는 아동 쟁탈전을 하는 세상이다. 교회의 목사는 종교교육을 위하여, 주일학교 사업을 위하여 얼마나 열중하는가. 종교교육을 담당하고 있는 자에게 대하여 큰 기대를 갖고 있는 것이다. 그러므로 교직자는 저들을 후원하고 힘써 도와야 할 것이다. 저 사회주의자들의 선전은 놀랄 만하다. 말로 글로, 들과 공장으로, 회사로, 학교로 다니며 주야 활동한다. 욕을 해도 또 나와서, 감옥에 갇혀도 또 나와서, 핍박해도 또 나와서, 죽어도 선전한다. 그렇게 한 결과 생기 있고, 용맹 있고, 늠름한 청년은 다 공산주의로 빠져들고 만다. 교회 안에는 몇 날 있다가 공동묘지에 갈 노인들이나 모여서 예배하고 있다. 유망한 청년 후진들은 다 다른 주의로 따라갔다면 예수께서 가슴을 치실까, 기뻐하실까? 그러므로 청소년 전도 문제를 등한히 보지 못할 것이다. 우리는 교인 심방보다 불신자를 위하여 하루에 1인에게 복음을 전도하는 것이 요긴하다. 우리는 말로만 의논하지 말고, 작정하고 실행하자. 무디 선생은 1일 1인 전도를 작정하고 실행하다가 사정으로 종일 시행 못하고 밤 12시에 거리로 뛰어다니며 만나는 사람에게 전도하였다고 한다. 배가운동은 어떤 교회에서 실행하여 보았는데 1년에는 실천이 안 되어도, 3년 만에는 될 것이라 한다.

현재 조선 청년 남녀의 풍기 문란은 말할 수 없이 타락하고 있어 정부에서 국가적으로 지도하고 있으며 중국의 장개석은 생활 개선을 부르짖으며 사상 선도적 국제주의를 가지고 국내 청년을 지도하는데, 교회는 교회 청년을 구원의 길로 인도하지 아니하고 버려 두니 이 어찌 한심하지 아니한가. 조선 교회는 조선 청년, 아니 조선 민족의 산성이 되어 주어야 하지 않겠는가! 조선 교회가 어느 사회적 토대가 못 될 것이 무엇인

가. 면려청년회가 있는가. 노방전도를 시작하자. 신자 형제여 자매여, 주일예배에 예배당에 참석하고 3장 찬송 후에 빨리 가 버리고는 일을 밤낮 해 보라. 교회가 되나, 왕성하나? 오직 영생의 구원을 위하여 열심히 전도하여야 교회가 왕성할 것이다. 형제여 자매여, 다시 작정하고 전도하자. 이 일을 아니하고 무엇 하랴. 진실로 간절히 말하노니 조선 교회여, 전도열을 회복하자.

■〈宗教時報〉(1935. 2.)

목사직의 영광

머리말

목사라는 것은 영적 지도자라는 의미, 즉 민중의 영적 지도자의 호칭이다. 성경에 기록되어 있는 선지자, 제사장, 사도, 목사, 감독, 장로 등의 직분을 총합한 직분이 목사직이다. 이제 이렇게 중대한 목사직이 얼마나 영광스러운 것임을 말하고자 한다.

1. 목사는 하나님의 사자

이 세상에서 한 국가를 대표하고 한 국민의 총의(總意)를 대리행사하는 자가 누구냐 물으면 대통령이라 이름하는 사람이요, 일국의 원수인 황제의 대표자, 대리자가 누구냐고 물으면 칙사, 대사, 공사라고 하는 사람일 것이다. 그러나 이 인간 세상에서 하나님을 대리하고 칙령을 받아 행사하는 자가 누구냐고 물으면 곧 목사라 이름하는 사람일 것이다. 이제 목사가 하나님의 대리자, 사신인 것을 몇 가지로 말하겠다.

(1) 그 명칭에서부터

　① 하나님의 하인(행 26:16)

　② 하나님의 증인(위와 같음)

　③ 하나님의 종(딛 1:1)

　④ 하나님의 오묘한 도를 맡은 자(고전 4:1)

　⑤ 하나님과 같이 일하는 자, 즉 하나님의 협동자(고후 6:1)

　⑥ 하나님의 사람(딤전 6:11; 왕하 4:9; 신 33:1)

이상의 모든 칭호가 다 하나님을 대표하는 자 칭호이다.

(2) 하나님이 직접 택하여 세우심

목사란 자기가 되려고 해서 되는 것이 아니다. 사람이 시키려고 해서 되는 것도 아니다. 오직 하나님께서 택하시고, 세우시고, 보내시는 것이다. 예레미야를 보라. 그의 책 1장 5절을 읽으면 "내가 너를 배에서 만들기 전에 너를 알았고 네가 태에서 나오기 전에 너를 긍휼하게 하고 너를 세워 열방의 선지자가 되게 하였다"고 기록하지 아니하였는가. 또 보라. 사도행전 20장 28절의 기록을. "너희가 너희를 위하여 삼가고 하나님의 교회를 먹이라. 성신이 그중에서 너희를 세워 감독을 삼으셨으니 이 교회는 자기 피로 값 주고 얻으신 것이니라" 하지 아니하였는가. 그리고 보라. 갈라디아서 1장 1절의 기록을. "사도 바울의 사도 된 것은 사람에게서 난 것도 아니요 사람으로 말미암아 된 것도 아니요 예수 그리스도와 및 죽은 자 가운데서 그리스도를 살리신 하나님 아버지로 말미암은 것이라" 한 것이라. 이렇게 목사의 직분은 직접 하나님과 교회의 머리 되신 예수 그리스도께서 택하여 세우시는 직분이다. 물론 세상에는 자의로 된 자작 목사와 인의(人意)로 된 인조 목사가 없지 않다. 그것을 완전히 부정하지는 않는다. 그러나 원칙적으로 목사는 직접 하나님이 택하여 세우신 것이다. 이것은 모세 행적으로 보아 그러하고 예레미야를 읽어 보면 그렇다. 그리고 바울이 택함을 입은 것을 보아 그렇다. 모세가 하나님 앞에서 그 직분을 사양하였던가. 하나님이 노여워하실 만큼 사퇴(辭退)한 것이었다. 그러나 그를 택하실 때에 하나님이 강제할 만큼 한 은혜가 더하였던 것이 아닌가. 바울은 얼마나 난폭한 태도로 완강한 일을 하였던가. 그리스도는 기어이 그를 사로잡지 아니하셨던가. 오직 하나님이 택하여 세우심에 있을 뿐이다. 나 개인의 경험으로도 충분히 증명한다. 나도 신학 공부를 죽기를 각오하고 거부하였다. 그러나 신학을 연구할 수밖에 없었고, 목사가 될 수밖에 없었다. 이것은 하나님의 강제라고 믿는다.

(3) 하나님의 대리자

하나님은 살아 계셔서 말씀으로써 우리에게 들려주시려 한다. 그러나 우리의 육신의 귀로는 하나님의 들리지 않는 음성을 들을 수 없는 것이다. 그러므로 인간을 택하셔서 그 입으로 대언케 하시는 것이다. 이러한 대언의 직분을 누구에게 맡기느냐 물으면 곧 목사 그 사람에게 하시는 것이다. 목사는 하나님의 말씀을 받아 인간에게 선포하는 자이다. 베드로후서 1장 21절에 "대개 예언은 언제든지 사람의 뜻으로 낸 것이 아니요 오직 사람이 하나님의 감동을 받아 말하는 것이라" 하였다.

목사의 설교는 자기의 주의, 자기의 학설을 전파하는 것이 아니요 자기의 의견, 자기의 생각을 발표하는 것이 아니라, 하나님이 주시는 말씀을 선포하는 것이요 하나님의 영감을 발표하는 것이다. 에스겔 3장 4절에 보면 "그가 또 내게 이르시되 인자야 이스라엘 족속에게 가서 내 말로 그들에게 고하라" 하였고 예레미야 1장 9절 하반절에는 "내가 내 말을 네 입에 넣었노니" 하였다. 그러므로 옛날에 하나님의 말씀을 받아 말하지 않고 자의로 말한 선지자를 거짓 선지자라 하였다.

예레미야 14장 14절 하반에 말하기를 "내가 저희를 보내지 아니하고 저희를 명하지 아니하고 저희에게 이르지 아니하였으니 저희는 허탄한 묵시와 복수과 허황한 것을 자기 마음의 거짓으로써 너희에게 예언하느니라" 하였다. 지금이라도 만약 목사의 설교가 하나님의 말씀이 아니요, 자기의 말이라 할 것 같으면 이는 곧 거짓 목사일 것이다. 참된 목사는 하나님이 주시는 말씀을 받아 전하는 하나님의 대언자이다.

그런데 대언자란 두 가지 의미가 있는 줄 안다. 첫째는 먼저 말한 것과 같이 하나님이 주시는 말씀이면 무엇이든지 말하는 것이 대언자이다. 예레미야 1장 7절 하반절에 "내가 너에게 무엇을 명하든지 말할지니라" 하였고 동 1장 17절에 "너는 허리에 띠를 띠고 일어나서 내가 네게 명한 바 모든 일을 저 무리에게 고하되 그 얼굴을 두려워하지 말라 그렇지 아니하면 내가 저희 앞에 너를 욕보게 하리라" 하였다.

보라! 모세와 엘리야와 나단과 세례 요한 등의 참된 선지자들을. 그들은 죽음을 개의치 아니하고 하나님의 말씀을 그대로 전하였다. 오늘의 교회 안에 안면에 가려, 권위에 눌려, 직업적 야비로 인하여 직언이 없어진 것이 일대 통탄사이다. 목사직의 본질은 그런 것이 아니다. 하나님이 시키는 것이면 어떠한 때, 어떠한 곳, 어떠한 경우, 어떠한 사람에게라도 전하는 것이 목사이다. 제왕을 충간하는 자 목사이요, 대통령을 훈시하는 것이 목사이다. 목사는 이에 하나님 앞에 선 하나님의 대언자이다.

(4) 하나님의 영광을 위하여 사는 자

빌립보 1장 20절에 바울이 "내가 간절히 기다리고 바라는 것은 일만 일에 부끄럽지 아니하고 오직 전과 같이 이제도 온전히 담대해서 살든지 죽든지 내 몸에서 그리스도로 하여금 존귀케 하려 함이라" 하였다. 이것은 목사직을 가진 자의 생활의 중심이 어디 있어야 하는지를 말함이다.

세상의 다른 직분자들은 자기의 먹고 살 일을 위하여, 자기의 명예를 위하여, 자기의 안락을 위하여 사는 자가 많다. 그러나 목사직만은 하나님이 특별히 택하사 하나님 자신을 위하여 살게 하셨다. 세상이 간혹 우리를 비난하여 직업적 목사요 영리적 교역자라고 하는 자가 있었다. 그러한 비난을 받을 만한 내용을 가진 자 있는지도 모르지만 원칙적으로 목사라는 직분은 그러한 야비한 직분이 아니다.

오직 살든지 죽든지 주만 영화롭게 하는 고귀하고 영광스런 직분이라. 먹든지 마시든지 오직 하나님께 영광을 돌리려는 하나님의 사자들이다. 또는 세상에는 국가를 위하여 사는 자가 있고, 민족을 위하여 사는 자가 있고, 사회를 위하여 사는 자가 있으되, 우리 목사들은 하나님이 직접으로 자기의 영광을 위하여 살게 하신 자들이다.

세상이 목사를 오해하여 민족주의자라 하는 자가 있고, 세상이 목사를 오해하여 사회사업가로 아는 자가 있으나, 목사는 그러한 한계에서 초월하여 오직 하나님의 영광과, 이름과, 나라를 위하여 사는 하나님의 사자인 것뿐이다.

(5) 하나님의 양떼를 맡아 기르는 자(요 21:15-16; 벧전 5:2)

아마 일국을 맡아 다스리라 하는 큰 사명을 받은 대통령은 하나님 앞에서 큰 사명과 영광을 느끼게 될 것이다. 보다 더 큰 천하를 맡아 다스리라는 사명을 맡은 대제왕은 더욱 큰 사명과 큰 영광을 느끼게 될 것이다.

이같이 하나님께서 세상의 영웅과 호걸과 성인과 위인들을 불러 나라를 맡기시고 천하를 맡기실지언정 자기의 피로 값 주고 사신 자기의 교회 자기의 양떼만은 그 아무에게도 맡기지 아니하시고 오직 목사들에게

만 맡기셨다. 하늘에 있는 천사들에게도 "내 양을 먹이라"는 직분을 맡기지 아니하셨다. 자기의 교회와 양떼를 맡기기 위하여 오직 우리를 찾으셨고 우리를 선택하셨다.

(6) 그런즉 우리는 어떠한 자들인가

우리는 우리를 적게 여기고(삼상 15:15) 세상은 우리를 쉽게 알지만 하나님은 우리를 택하사 자기의 이름을 주셨고 우리를 세워 자기의 대언자가 되게 하셨고 자기의 영광을 위하여 살게 하시며 자기의 양떼를 기르게 하셨다.

그런즉 목사직의 어떠한 것을 알고자 하는가. 하나님의 영광을 아는 자가 목사의 영광을 알 것이요 하나님의 존귀를 아는 자가 목사의 존귀를 알 것이다.

그리고 하나님의 권위를 아는 자가 또한 목사의 권위를 알 것이다. 목사를 향하여 종종 모욕을 하는 자가 있거니와 이는 하나님을 모르는 무지 몽매한 자이다. (계속)

■〈基督申報〉(1936. 5. 13.)

성신과 기도

스가랴 12장 10절, 로마서 8장 26-27절, 갈라디아서 4장 6절

내용

1. 성신은 은총 간구하는 마음을 부어 주심

2. 성신은 정당한 기도를 하게 하심

3. 아바 아버지를 부르게 됨

1. 성신은 은총 간구하는 마음을 부어 주심(슥 12:10)

성신은 우리에게 간절한 마음으로 기도하게 하신다. 우리가 하나님을 아는 것이나 죄를 회개하는 것이나 신생(新生)케 되는 것이 모두 성신이 하시는 일이다. 성신은 우리 마음에 기도할 생각을 일으키신다. 그리하여 우리 중생한 심령으로 천국의 공기와 그 광명에 접촉케 하신다. 성신은 곧 기도의 신이다. 성신이 내재(內在)한 이에게 기도는 있을 수밖에 없는 일이 된다. 사도행전 2장 42절을 보면, 성신을 받은 오순절 교회 신자들은 "기도하기를 힘썼다"고 하였다. 성신이 역사하시는 교회나 개인은 기도하지 않을 수 없는 것이다. 성신이 기도할 마음을 주시지 않으면

내 힘으로 기도할 수 없는 것이다. 기도는 신자에게 없을 수 없는 중대한 것이다. 이 필요한 기도의 도수(度數)는 성신이 마음속에서 역사하시는 데 따라 오르고 내리는 것이다. 마치 높은 산에 오르는 사람의 심장이 몹시 뛰는 것같이 성신의 역사가 마음속에서 맹렬히 운동하는 자일수록 기도의 도수가 더욱 높은 것이다.

성신이 내게 없으면 아무리 기도하려 해도 기도가 되지 않는다. 이 육신은 기도를 원치 않는다. 그리고 원수 마귀는 우리에게 기도할 생념(生念)을 도무지 일으키지 않는 것이다. 기도는 오직 성신이 주장하시는 것이다. 어떤 때 우리는 무아지경에서 물 솟듯이 내 마음속에서 기도가 흘러나옴을 체험하는 바이다. 그런 때에 흘러져 나오는 기도는 내가 지어먹고 하는 것이 아니라 성신이 하시는 것이다.

종교생활 하는 자로서 기도가 없으면 그는 혹 종교철학자나 신학자는 될 수 있을지 모르나 성신을 가진 자는 아니다.

2. 성신은 정당한 기도를 하게 하심(롬 8:26-27)

우리는 이 세상의 과대한 욕망 때문에 하나님께 정당한 것을 구하기 어렵다. 우리는 모두 빌 바를 알지 못하는 자들이다. 우리는 철없는 어린 자식같이 하나님 앞에 앞뒤를 가리지 않고 그저 내 표준만 하고 또 욕심에만 끌려 사실 내게 무익한 것을 허락해 달라고 조르는 반면에, 진정 내게 유익한 것은 구하지 않는 때가 퍽도 많은 것이다. 이때에 성신은 우리의 혼미한 마음을 열어 하나님 뜻대로 성도를 위하여 기도하시는 것이다.

이 사실은 우리들이 종종 체험하는 바이다. 우리가 평소에 별로 생각지도 않고 또 기도를 시작할 때에도 별로 관심치 않았던 것이었으나 기도하는 중에 새로운 열심과 뜻하지 않은 간절한 기도를 드리는 때가 종종 있는 것이다. 이는 성신이 우리에게 지도하심이다.

발락의 사실을 생각해 보라. 발락이 이스라엘 백성을 저주하기 위해 발람에게 갔으나 발람은 자기의 마음대로 저주를 빌지 못하고 도리어 복을 빎으로 큰 소동을 일으킨 것이다. 그의 기도는 성신이 지시하심이었다. 또 성신의 감동으로 나오는 기도는 일종 예언이 되는 것이다. 발람의 축복에서 그것이 증명되며 야곱이 요셉의 두 아들을 축복하는 데서 확증된다. 연로한 야곱이 에브라임에게 장자의 축복을 내린 것은 그가 연로함으로 알지 못해서 그런 것이 아니었다. 하나님의 신이 지시하는 대로 하기 위함이었다. 또 그같이 하나님의 신이 하시는 예고는 그대로 응하고야 마는 것이다. 신명기 마지막 부분(33장)에 있는 모세의 축복도 역시 하나님의 신이 감동하심으로 발포한 것이었다. 우리는 어떤 때 무심히 있지만 뜻하지 않은 간절한 복을 비는 수가 있다. 또 그와 반대로 어떤 때는 간절히 기도하려 하나 그같이 되지 않는 때가 있음을 체험하는 바이다. 성신은 기도하시는 것을 직접 주장하시는 것이다.

3. 아바 아버지를 부르게 됨(갈 4:6)

기도는 조용 침착한 가운데서 하는 것만이 아니다. 우리 마음이 큰 고민이나 공포와 같이 암담한 가운데 휩싸이든지 또는 대사건에 부딪칠 때, 형언할 수 없는 난경을 직면할 때, 다른 말은 나오지 않고 오직 아바라 하는 아버지만을 연발하게 되는 일이 있으니 이것도 역시 기도인 것이다. 이도 또한 성신이 말할 수 없는 탄식으로 우리를 대신하여 기도하는 시간이니 이때는 과연 만감(萬感)이 잠재해 있는 의미심장한 때이다. 어떤 순서나 질서가 있는 것이 아니나 성신이 말할 수 없는 탄식으로 기도하시는 것이다.

그때는 상한 갈대와 꺼져 가는 등불과 같은 내 심령이 절망과 비애에 잠겨 있는 때이니 그때에 성신은 내 마음속에 번득이시는 것이다. 저가 내 아버지시요, 내가 그 아들이니 무슨 염려가 있을까. 그 같은 장면에서 아버지란 말밖에 무슨 말을 더 할까. 이는 어떤 웅변가가 할 수 없는 말이다.

우리는 어떤 때 기도하는 중에 너무 감격에 휩싸여 30분이나 혹은 그 이상으로 다른 말은 없이 오직 아버지만을 부르는 때가 있을 것이다. 그때는 성신이 내 마음속에서 무한한 탄식으로 대신 기도하는 시간이니, 그 비록 짧은 한마디 말이나 하나님은 그 말을 들으시고 또 하감하시는 것이다. 그 위대한 시간이 지난 후 내 마음속에는 희락과 평화가 솟아오르게 됨을 체험하는 것이다. 이는 우리 사정이 하나님께 통달하신 것이다. 요한복음 14장 16-17절에 있는 말씀같이, 주님께서 다른 보혜사를 보내실 터인데 그가 영원토록 우리와 함께 계시리라 하셨다. 또 이 성신은 세상이 받지도 못하고 알지도 못한다고 하셨다.

그리스도의 신 없는 자는 그리스도인이 아니라고 했다. 그리스도인은 누구인가. 성신을 받은 자이다. 다시 말하면 그리스도인은 거룩한 귀신을 접한 자이다. 사귀(邪鬼) 접한 자를 무당이라 하면, 거룩한 귀신[聖神]을 접한 자를 일컬어 그리스도인이라 할 수 있다. 성신을 알지 못하는 자로서 기도를 말한다는 것은 일종의 거짓말이다.

우리는 성신과 동거하고 또 기도하는 성신을 받아 많은 은혜를 받도록 힘쓰자.

■〈說敎〉(1937. 3.)

전도의 사명

오늘날 신자의 배가운동(倍加運動)을 부르짖는 이때에 있어서 무엇보다도 전도가 제일 필요한 것은 누구나 다 아는 사실이외다. 그러나 믿는 사람이 전도하는 것은 총회의 결의라든지 교회를 확장하는 방침으로 할 것이 아니라 우리 믿는 사람에게 주신 가장 큰 사명이외다. 예수께서 승천하시기 전에 제자들에게 마지막으로 부탁하시기를 "너희는 온 천하에 다니며 만인에게 복음을 전파하라" 하셨습니다. 제자들에게 하신 분부는 또한 그 전도를 듣고 믿은 우리에게 하신 분부이니 우리의 사명이라 하겠습니다. 예수께서 마지막으로 전도하라는 부탁을 하신 까닭이 무엇일까, 우리가 전도하지 아니하면 안 될 까닭이 무엇일까, 이제 이것을 생각해 봅시다.

1. 사람이 복음을 듣지 못함으로 천국의 복락을 누리지 못하고 무서운 지옥의 생활을 할 것을 생각하면 전도하지 아니할 수 없습니다.

묵시록에 천국의 복락이 여러 가지 모양으로 기록되었거니와, 우리가 삼복더위에 땀을 흘리면서 무거운 짐을 등에 지고 험한 고개에 올라간다고 합시다. 주먹 같은 땀을 흘리면서 허덕허덕 마지막 고개에 다다라서 서늘한 바람을 맞는 것처럼 기쁘고 상쾌한 일이 없습니다. 우리가 세상을 살아가는 것도 꼭 이와 같습니다. 우리 인생이 만일 험한 고개를 올라가는 것 같은 고생만 있고 마지막 시원한 일이 없다면 어찌하겠습니까. 얼마나 기막힐 일입니까. 인간의 고초를 다 지난 다음에 낙원에 들어가서 주님이 나를 영접하고 천만성도와 천사들이 둘러서서 같이 영접하여 노래와 기쁨으로 하나님을 영화롭게 하는 것이 얼마나 기쁜 일입니까. 세상에 있어서 믿는 우리들의 기쁨은 천당복락의 그림자요, 우리들의 고통은 지옥의 그림자입니다. 참말 우리가 구원을 얻지 못하여 천국에서 주님의 얼굴을 볼 수 없고, 영원한 고통을 당하는 지옥에 이른다면 우리의 슬픔과 고통보다 더욱 심할 것입니다. 이 세상에서 당하는 모든 슬픔과 고통보다 더욱 심할 것입니다.

옛날에 안셀름 감독이 말을 타고 들길을 가는데 개가 토끼 한 마리를 물고 와서 말의 발 아래 놓았습니다. 감독을 따라가던 이들이 그것을 보고 웃고 떠들고 있는 것을 본 감독은 민망한 얼굴로 "이 사람들아, 왜 이렇게 웃느냐. 이 세상에 사죄함을 입지 못하고 임종하는 사람과 구원 얻지 못한 사람은 저렇게 참혹한 죽음뿐이니 가엾지 아니하냐?" 했다고 합니다. 참으로 우리 영혼이 구원을 얻지 못하고 죽는다면 이처럼 비통한 일이 없을 것입니다. 가령 어린아이가 아버지를 찾아서 길을 찾아가는데 방금 걸어가는 그 길로 그냥 가면 깊은 함정에 빠지리라 하면, 그 사실을 모르는 자라면 모르려니와 아는 자가 있다면 으레 그 길로 가지 못하도록 할 것이외다. 하물며 세상 사람이 죄악의 함정에 빠져들어 가는데 우리가 그 바른길을 모른다면 모르려니와 구원의 길을 알면서도 가르쳐 주지 않는다면 이 책임은 우리에게 있을 것입니다. 주님께서 "나는 길이요, 생명이라” 하셨습니다. 이것을 뻔히 알면서도 이 도리를 죽어가는 이에게 알려 주지 않는다면 이처럼 큰 죄는 없을 것입니다. 여러분! 돈이 있어도 굶어 죽는 이를 도와주지 않는다면 이처럼 잔인한 사람이 없을 것입니다. 여러분은 이 잔인한 자가 되지 않을 줄 압니다.

2. 우상숭배의 가증함과 미련함을 보고 전도하지 아니할 수 없습니다.

[중략]

3. 전도는 주님의 엄한 명령이요 간곡한 부탁입니다.

예수님은 복음 전파하시느라 밥을 잡수실 겨를도 없습니다. 너희는 모여서 성신을 받아서 천하 만방에 가서 나의 복음을 전파하라고 하셨습니다. 신자가 자기만 성경책을 끼고 다니면서 남에게 전도하지 않는다면 주의 부탁을 저버리는 죄인이 될 것이외다. 우리는 파수꾼이라고 하셨습니다. 파수꾼은 문어귀에 서서 적군이 올 때면 자기 편 군인에게 보고하는 책임이 있는 것입니다. 만약 알려 주지 않는다면 적군이 들어와서 군영을 깨트리느니, 불을 질러놓느니, 물건을 약탈하느니, 사람을 죽이느니 할 것입니다. 이렇게 되면 그 손해가 여북 큽니까? 우리는 여호와의 파수병입니다. 마귀가 우리의 교회에 들어오지 않도록 하여야겠습니다. 사마리아 사람이 여리고로 나가려다가 불한당을 만나서 죽을 뻔한 것도 그때 사람의 마음의 잔인함을 증거하는 표시입니다. 오직 주님의 명령을 준행한 사마리아 사람만이 이 죽게 된 사람을 살게 하였습니다. 이 아름다운 행동이 참된 주님의 복음을 전파함인 줄 여러분은 알아 주어야겠습니다.

4. 전도는 하나님의 나라가 임하는 유일한 방도입니다.

처음 예수의 제자는 열둘이었습니다. 그 담에는 여러 사도, 이같이 자

꾸 믿는 자가 늘어서 오늘날은 세계를 정복하다시피 되었습니다. 참으로 복음만 이 세상을 정복하는 것입니다. 오늘날은 기독 신자가 7억이나 됩니다. 이 7억 중에 나를 인하여 예수 믿은 이가 몇이나 되는가 하고 생각하여 보십시오. 십년 동안 교회에 다녀도 혼자만 다닙니다. 벌써 초대 교인들이 7억이라는 신자를 믿게 하였을 뿐이지 금일의 신자가 이같이 많은 불신자를 믿게 한 자가 매우 적습니다. 우리는 그저 초대 교인의 덕택으로 다리를 틀고 점잖게 놀고 있는 셈이 아닙니까. 만일 독자(獨子)로 사대 오대 계속되어 내려간다면 그 집이 흥하지 못할 것입니다. 불행히 그 아들이 병이 나서 죽는다든지 하면 그 집 가족은 대가 끊길 것입니다. 우리 교회도 전도하지 않고 현상 유지에만 급급하다가는 마른나무처럼 뾰족하여지고 마는 것입니다. 바울이 전도함으로 복음을 유럽, 아시아까지 전파하였고 베드로가 전파했고 무디 선생 같은 분도 몸을 바쳐 전도함으로 많은 신자를 얻게 된 것입니다. 참으로 우리는 이들의 덕분에 그저 놀고먹는 셈입니다.

지금 조선 사회에서 할 일이 무엇이냐. 복음 전파, 전도뿐이외다. 무엇보다 귀하고 급한 일이외다. 날마다 술 먹는 자들이 멸망 가운데 빠져들어 가는데 우리는 이것을 보고 못 본 체하고 다른 일 할 것이 무엇입니까.

50년 내에 이만큼 신자가 증가했다면 앞으로 50년에도 우리는 그 같은 성과를 내어야 할 것 아니오. 내 이웃을 믿게 하지 않고는 천당에서 상을 받을 수 없는 것이외다. 공산당들은 동지를 얻기 위해 생명을 내어 걸고 발분망식(發憤忘食: 끼니조차 잊고 분발함) 하는데 우리 믿는 자들은 그렇게 합니까. 우리는 더욱 많은 신자를 얻기 위하여 많은 힘을 쓰시기 바라는 바입니다.

■〈새사람〉(1937. 3.)

마귀에 대하여

에베소서 6장 10-20절

이 유형물질세계(有形物質世界)가 있기 전부터 하나님을 대적하고 선을 대적하는 신적 존재가 있었으니 이 악신, 악령을 가르쳐 마귀 또는 사단이라고 한다.

이 세계가 피조되고 인류들이 하나님의 영광 되며 자녀가 될 때, 이 마귀는 인류에게 덤벼들어 인류를 시기하고, 하나님 나라 건설을 반대하고, 갖은 장애를 벌여 놓게 되었다. 인류가 피조된 후 마귀의 활동 역사는 뚜렷이 나타나게 되었다. 성경에는 여러 곳에 이 악신에 대하여 기록했다.

1. 마귀의 명칭

이 악신의 명칭은 보통 두 가지로 나타나는 것이니 첫 번째는 '사단'이다. 그 뜻은 '대적하는 자'요, 두 번째는 '마귀'니 이는 '참소'(讒訴)하는 자라는 뜻이다. 이하 성구를 주의하라.

요한복음 12장 31절에는 마귀를 '세상 임금'이라 했고, 고린도후서 4

장 4절에는 '불신자의 정신을 혼미케 하는 세상 신'이라 했고, 에베소서 2장 2절에는 '공중의 권세 잡은 자'라 했고, 에베소서 6장 12절에는 '어두운 데서 세상을 주관하는 자'라 했고, 마태복음 13장 19절에는 '복음을 빼앗는 악한 자'라 했고, 요한일서 2장 13절에도 '악한 자'라 했고, 요한계시록 9장 11절에는 '무저갱의 사자'라 했고, 요한계시록 12장 9절에는 '큰 용 옛 뱀 곧 천하를 꾀이는 자'라고 했고, 마태복음 4장 3절에는 '시험하는 자'라 했고, 데살로니가전서 3장 5절에도 '시험하는 자'라 했다. 그 밖에도 성서 중 마귀를 가리킨 말은 많지만 어떤 것임을 짐작할 수 있을 것이다.

2. 마귀의 기원

마귀의 기원에 관해서는 자세한 기록이 없다. 성서는 우리들의 호기심을 만족케 하려고 기록한 것은 아니다. 다만 우리는 성경 몇 곳에 나타난 사실들을 종합함으로 이 마귀의 기원을 '타락한 자'라는 희미한 암시를 받을 뿐이다. 다시 이 영물(靈物)의 타락을 생각한다면 본래 하나님께 큰 권세를 받아 이 우주의 한 부분을 맡아 통치하는 영물로서 그 마음이 교만하게 되어 하나님을 반대하는 입장에서 부단히 역사(役事)를 진행하는 자가 아닌가 한다. 요컨대 유력한 천사의 타락이니, 이하의 성구를 참고하라. 에스겔 28장 16-17절에 말하기를 "네 무역이 네 가운데 강포가 가득하여 네가 죄를 범하였도다. 너 덮는 그룹아, 그러므로 너를 더럽게 여겨 하나님의 산에서 쫓아내었고 화강석 사이에서 멸하였도다. 네가 아름다우므로 네 마음이 교만하였으며 네가 영화로우므로 네 지혜를 더럽혔음이여. 내가 너를 땅에 던져 열 왕 앞에 두어 그들의 구경거리가 되게 하였도다"고 했다. 또 이사야 14장 12-14절에는 "너 아침의 아들 계명성이 하늘에서 떨어짐은 어찜이며 너 열국을 찍던 자가 땅에 엎어짐은 어찜이뇨. 네가 네 마음에 이르기를 내가 하늘에 오름이여 하나님의 뭇 별 위에 나의 보좌를 높이리로다. 내가 북극(北極) 집회의 산 위에 좌정하리로다, 가장 높은 구름 위에 오름이여 지극히 높은 자와 비등하리라 하도다" 한 말이 있다. 또 유다 6절에는 "또 제 지위를 지키지 아니하고 그 처소를 떠난 천사들을 주께서 영원한 결박으로 어두운 가운데 가두사 큰 날의 심판을 기다리게 하셨다" 하였다.

이상의 성구를 종합해 보면 마귀는 "제 지위를 지키지 않고 외람되이 교만하여 하나님같이 되려다 떨어진 영물(靈物)이라" 생각할 수도 있다.

3. 마귀의 존재

어떤 이들은 이 마귀의 인격적 존재를 부인하는 이도 있다. 다만 죄악과 육욕의 상징뿐이라 한다. 현세에 더욱 그런 주장을 하는 자가 늘어 간다. 그러나 성경에는 마귀를 인격적으로 존재하여 왕래와 활동을 부단히 하는 영물(靈物)로 생각한다.

유대 역사가 요세푸스는 마귀를 가리켜 '악인의 영혼'이라 했지만 성경은 그것을 시인치 않는다. 성경상으로 보면 죽은 사람과 현세와는 아무런 인연이 없는 것이다. 혹 특별한 경우에 그 연락이 있는 듯이 말하는 이들이 있으나 그것은 어떤 개인의 상상뿐이요 성경에는 그런 사상이 없다. 오늘에 강령술(降靈術)이 성행하여 유령을 영매(靈媒)를 통하여 보여 준다 하나 그것은 마귀의 일종 간계이니 마귀의 조작으로 죽은 사람의 형상을 표현시켜 사람으로 마귀에게 굴복케 하려는 악의뿐이다.

오늘 우리에게 마귀의 의식이 명료치 못하고 또 그 활동을 감각치 못함은 우리 신앙이 박약한 탓이며 성신의 역사가 맹렬치 못하기 때문이다. 달빛이 비칠수록 물체의 그림자가 더욱 명료한 것같이 성신이 충만하여 성화(聖化)의 지경에 이를수록 마귀의 시험과 방해, 작패(作悖) 등을 현저히 느낄 수 있게 되는 것이다.

우리의 심령의 눈이 밝을수록 천사와 악령을 가히 볼 수 있게 될 것이다. 위대한 성자들의 전기 중에는 그 같은 경험이 있었음을 볼 수 있다. 마르틴 루터는 잉크병으로 마귀를 친 사실이 있다.

4. 악령은 그 계급이 있다.

마귀와 사단은 그 수령으로 볼 수 있고 그 부하로서 허다한 무리가 있으니 그것을 가리켜서 사귀, 악귀 등으로 생각할 수 있다. 생각건대 타락한 천사는 무수한 그 부하들과 공모하고 하나님을 반역하다가 마침내 그 일당이 전부 추방을 당한 모양이다. 주님 당시에 거라사 사람에게 들린 사귀는 '군대'라 했으니 대개 그 수는 5천 명으로 계산하리만치 많은 수이다.

5. 악령의 역사(役事)

(1) 에베소서 2장 2절을 보면 "그때에 너희가 그 가운데서 행하여 이 세상 풍속을 좇아 공중에 권세 잡은 자를 따르니 이 권세 잡은 자는 순종치 아니하는 자 속에 지금 일하는 신이라" 했다. 이 악령의 역사는 사람을 죽음에 가두어 생명이 돌아오지 못하게 한다. 또 마귀는 사람의 마음에 들어와 죄짓는 마음을 일으킨다. 사단의 뜻이 '대적하는 자'라는 것같이 사단은 사람으로 하나님을 대적케 한다.

또 마귀는 '참소하는 자'라 함과 같이 마귀는 항상 하나님 앞에 참소하는 자이다. 지금도 하나님 앞에 마귀는 우리를 참소하고 있는 것이다. 묵시록에도 마귀를 가리켜 참소하는 자라 했다. 또 마귀는 사람 편에 와서 하나님을 참소하는 자이다. 에덴동산에서 하나님을 참소함같이 오늘도 우리에게 하나님을 참소하고 있는 것이다.

(2) 일절 죄악을 도발한다.

요한복음 13장 2절에 보면 "마귀가 예수 잡아 줄 뜻을 시몬의 아들 가룃 유다의 마음에 이미 두었다" 하였다. 마귀는 유다가 돈을 탐함을 잘 알았다가 그 탐심을 밟고 그 마음속에 들어가 사랑하는 선생을 팔 마음까지 일으킨 것이다. 또 사도행전 5장 3절에는 "베드로가 가로되 아나니아야, 어찌하여 사단이 네 마음에 가득하여 성신을 속이고 땅값 얼마를 감추었느냐"고 했다. 또 에베소서 4장 27절에는 "마귀로 틈을 타지 못하게 하라"는 말이 있다. 마귀는 항상 틈을 타서 모든 죄심을 도발케 한다.

(3) 혼미한 마음을 준다.

고린도후서 4장 4절에 "이 세상 신이 믿지 않는 자의 정신을 혼미케 하여 그리스도의 영화로운 복음의 광채가 비치지 못하게 한다"는 말이 있다.

(4) 선을 행치 못하게 한다.

마가복음 4장 15절에 "사단이 곧 와서 마음에 뿌린 도를 빼앗는다"고 했다.

(5) 모든 재앙을 준다.

누가복음 22장 31절에 "시몬아, 사단이 너희를 구하여 얻어, 밀 까분 것같이 너희를 까부르려 한다" 했다. 또 욥기 1장 기사를 보면 마귀는 능히 재앙을 줄 수 있는 악령임을 알 수 있다. 과연 사단이 내 마음에 들어오든지 또는 내 가정에 들어온 때는 불평, 싸움, 질병 등 갖은 살풍경(殺風景)을 일으킬 것이다. 또 신성한 교회에 그놈이 들어오게 되면 불평이 일어나고 평화가 깨어지고 만다. 이것이 모두 마귀의 장난이다. 특히 악마나 사귀 같은 저급 영물은 병으로 사람을 괴롭게 하는 일이 많다. 마태복음 12장 22절에는 사귀가 "눈멀고 벙어리 되게" 하였다는 말이 있고, 누가복음 13장 16절에는 "사단에게 매인 바 된 지 십팔 년이나 된 구부러진 여자가 있었다" 하였다. 또 고린도후서 12장 7절에는 "바울에게 찌르는 가시 하나를 주셨으니 곧 사단의 사자요 나를 치는 자라"는 말이 있다.

(6) 번뇌를 준다.

사무엘상 16장 14-15절을 보면 악귀가 사울을 번뇌케 하였다는 말이 있다. 우리는 어떤 때 공연히 번뇌와 우울증에 잠기는 때가 있다. 마치 구름이 낀 날과도 같이 기분이 퍽 좋지 못할 때가 있다. 그리하여 그런 날은 다른 사람에게 불쾌한 감정을 표현하는 때가 있나니 이것도 마귀의 장난이다.

(7) 정신의 이상을 일으킨다.

마귀는 우리 육신을 망케 하며 또 우리 영까지 지옥에 떨어뜨리기를 기뻐한다. 우리를 잡아 실컷 종으로 부리다가 종당(從當)에는 지옥에 끌어넣는 것이다. 그러므로 성도 중에는 물론 하나님을 두려워하는 만큼 마귀를 무서워한 이가 많다. 이상에 말한 것 같은 작패를 즐겨 행하기 때문이다.

6. 마귀의 종국

이 마귀는 지금 공중에 권세 잡은 자로서 세상에서 그 권리를 마음대로 행사하지만 그 최후는 무저갱에 들어가는 것이다. 우리는 묵시록 20장 2절 말씀을 볼 때 통쾌함을 금치 못한다. 주님 재림 시 마귀는 무저갱에 가둔다. 그리하여 천년왕국 시대에는 유혹이 없을 것이라 했다. 그 후 다시 잠깐 놓을 터인데 그때는 최후 발악으로 큰 전쟁을 일으키다가 다시 붙잡혀 유황불에 던짐을 받으리라 했다. 묵시록 20장 10절을 보면 마귀는 그 사실을 잘 알기 때문에 자기 때가 점차 가까워 올수록 조급함을 금치 못하여 끝 날이 가까울수록 그 역사가 맹렬해지는 것이다. 그러므로 세상 끝에는 사랑도 식어 가고 갖은 해괴망측한 일이 많이 일어날 것이다.

주님이 오시기 전까지 마귀는 과연 무서운 영물이다. 주님이 우리를 지키시는 목자가 되시지 않으면 그 사자같이 입을 벌리고 덤벼드는 마귀를 당해 낼 수가 없었을 것이다. 마귀는 우리를 위협할 능력도 가졌고 또 그같이 할 심술도 가진 것이다. 또 마귀는 우리의 과거 비밀을 상세히 꿰뚫고 있는 것이다. 그래서 우리들이 세상에 있을 때나 또는 별세할 때에 그 죄목들을 적은 두루마리로 신자를 위협할 것이다. 그래서 중세기 어떤 성자는 그 임종 시, 마귀의 위협을 받을 때 너무 송구한 끝에 그만 실망낙담하여 며칠을 큰 고통으로 지낸 일이 있다 한다. 그 후 주님의 위로를 받고 다시금 용기를 얻어 기쁨으로 별세하였다 한다.

주님에게 광명이 있다 하면 마귀에게는 흑암이 있으며, 주님에게 평화가 있다 하면 마귀에게는 훤화(喧譁: 시끄럽게 지꺼려서 떠듦)가 있으며, 주님이 생명이시라면 마귀는 사망인 것이다.

7. 마귀를 이길 방법

이 악령, 우리 내용을 잘 알고 또 부절히 참소하는 자를 어떻게 이길까. 이전 조선 사람의 생각대로 복숭아나무 가지[桃枝]로 마귀를 쫓을 것인가. 완력으로 할 수 있는 것인가. 지혜로 할 수 있는 것인가. 세인은 마귀를 물리치려고 마귀에게 빌어야 한다. 그러나 마귀는 밥술이나 의복

조각을 받음으로 그 심술을 정지하는 것은 아니다.

오직 그 방법은 주 예수 그리스도를 믿는 데 있는 것이다. 만 주(主)의 주시요 뱀의 머리를 밟으시고, 사단의 머리를 깨뜨리신 예수 그리스도로 말미암아서만 이길 수 있는 것이다. 요한일서 5장 18절에 "하나님께로 나신 자가 저를 지키시며 악한 자가 저를 만지지도 못하나니라" 하였다. 주 안에 있는 자를 마귀는 엿보지도 못하고 만지지도 못하는 것이다. 그러므로 마귀를 이기려는 자 좀더 주님께 가까이 나갈 것이며 성신을 풍성히 받을 것이다. 성신의 갑옷을 두텁게 입을 것이다. 그같이 하는 자에게 기쁨과 화평이 넘쳐 흐를지며 거룩한 생활을 할 수 있는 것이다.

개인, 교회, 가정에 성신이 떠나시면 마귀가 들어온다. 그 들어오는 길이나 때를 우리는 알 수 없다. 그러나 분명히 들어오기는 하는 것이다. 그러므로 주님을 가까이 하고 성신을 충만히 받아 마귀를 멀리할 것이다.

■〈說教〉(1937. 4.)

이삭의 헌공(獻供)

창세기 22장

내용

1. 아브라함에게 이삭은 귀한 존재이다

2. 이삭을 바치라고 한 이유는 무엇

3. 이삭을 드린 결과는 여하

4. 이삭을 드린 후 아브라함이 얻은 감상 여하

    1) 희생의 참 뜻을 깨달음

    2) 기쁨은 순종에 정비례함을 깨달음

결론. 우리는 내게 가장 중요한 이삭까지 주님께 바치자

    이삭은 아브라함이 100세, 사라가 90세 되던 해에 하나님이 특별한 선물로 주신 외아들이었다. 두말할 것 없이 그 연로한 부모에게 이삭은 가장 귀한 존재였다. 저들의 희망과 사랑, 기쁨의 결정체(決定體)였다. 육체적 희망뿐 아니라 신앙상 희망도 전혀 이삭에게 집중되어 있는 것이니 곧 허락이 이삭으로 말미암아 성취될 것이었다. 아브라함에게 하나님의

신실 여부는 이삭이 살고 죽는 데 달린 것이라고 볼 수 있었다.

그 길은 중요한 관계를 가지고 있기 때문에 아브라함에게 이삭을 잃는 것은 곧 하나님을 잃는 것 같은 위험성과 또 자기존재의 파멸로도 볼 수 있게 되었다. 그렇거늘 하나님은 어찌하여 자기의 사랑하는 아브라함에게 청천벽력 같은 어려운 명령을 내리셨는가. 우리는 그 이유에 대하여 아래와 같이 생각할 수 있는 줄 안다.

이삭이 출생한 후부터 아브라함이 한 가지 어려운 시험을 당했을 줄로 짐작하는 것은 그 아들이 너무 귀중하기 때문에 혹 그를 하나님 이상으로 중요시하지 않았는가 함이다. 설혹 자기가 희생되는 한이 있을지라도 이삭만은 살리려는 생각이 있었을 것이다. 그러나 하나님은 그 같은 일을 원치 않으신 것이다. 자기에게 모든 정성을 들이지 않음을 원치 않으심으로 그 방해자 되는 이삭을 드리라 한 것이다.

이는 그에게 가장 어려운 문제였다. 그러나 아브라함은 용감스럽게도 그것까지 하나님 명대로 순종한 것이다. 만일 그가 신앙이 조금만 박약했을 것이면 하나님을 원망하는 자리에 이르렀을 것이다. 모리아산으로 가는 삼일 길, 먼 여행 중에 그는 악마의 유혹을 많이 받았을 것이다. 악마는 그 마음속에 여러 모양으로 유혹의 손을 폈을 것이다. '하나님은 너무도 무정하시고 잔인하시지 않는가. 언제는 이 자식으로 복의 기관이 되게 하신다더니 그것이 이루기도 전에 다시 거두어 가시는가? 참 알 수 없는 일이다.' 이같이 그 마음속에 하나님을 의심케 하는 유혹을 마치 옛날 뱀을 통하여 하와를 유혹하듯이 이간을 부치려 했을 것이다. 그러나 아브라함은 종래 그 무서운 시험을 이긴 것이다.

그 결과는 어찌 되었는가. 이상한 일이다. 죽는 줄 알았던 이삭은 잃지 않고 산 이삭을 데리고 오게 되었다. 하나님은 자비하시고 긍휼하신 이시므로 그 자녀를 괴롭게 하실 듯하면서도 도리어 유익을 주시는 것이다. 다만 그 아들에게 행한 애정보다도 자기[하나님]에게 향한 사랑이 더욱 강렬함을 보시고 그것으로써 만족하신 것이다.

아브라함도 그 시험을 통과함으로 깨달은 바가 많았을 것이다. 그러나 그중 몇 가지만을 생각한다면 다음과 같을 것이다.

1. 희생의 참 뜻을 깨달은 줄 안다.

희생은 잃는 것이 아니요 도리어 찾는 것이며 더 많은 축복을 받는 것으로 알았을 것이다. 창세기 22장 16-18절은 주의할 만하다. "여호와께서 자기를 가리켜 맹세하기를 네 아들 네 독자를 아끼지 않고 이같이 행하니 내가 네게 복을 주어 네 자손이 하늘의 별과 바닷가의 모래같이 번성하여 그 대적의 성을 얻고 천하 만민도 네 자손을 인하여 복을 얻게 하리라" 하셨다.

그는 과연 한 아들을 드림으로 더 많은 아들을 얻은 것이다. 육신상으로 이스라엘 백성이 많은 것은 물론 그 이상 영적으로 허다한 믿음의 후사(後嗣)를 소유한 것이었다. 또한 그 자손 중에 한 구주의 탄생까지 허락하신 것이다.

주님 말씀에도 목숨을 잃는 자는 얻을 것이요 자기를 낮추는 자는 도리어 높아지는 자라고 하신 것이다.

2. 기쁨은 순종에 정비례하는 줄을 알았을 것이다.

아브라함은 그 아들을 잡아 금방 제사를 드리려 할 때 수풀 사이에 한 수양을 여호와께서 준비해 두시고 그 아들에게 손을 대지 말라고 하셨다. 이제 우리는 생각해 보자. 아브라함이 그때 수양을 잡아 제사를 드리고 사랑하는 이삭을 다시 산 아들로 데리고 돌아올 때의 그 기쁨이 어떻겠는가를. 그는 여기에서 기쁨이란 순종에 정비례한다는 것을 절실히 느

껐을 줄로 안다. 아브라함이 그 아들을 데리고 집에 돌아올 때의 기쁨이란 그 같은 값있는 순종 없이는 맛볼 수 없는 것이다.

언제나 기쁨은 순종에 정비례함을 알아야 하겠다. 나는 며칠 전 기차에 올라 어디로 여행을 하던 중 몸이 피곤한 탓으로 좀 편히 쉬어 갈까 했다. 그러나 나는 신자로서의 단행할 전도의 책임을 느끼면서 주님의 명령을 순종하기로 작정했다. 그리고 용기가 잘 나지 않는 것을 막 시작해 봤다. 그랬더니 나는 이야기한 것 이상으로 몸의 피곤도 다시 회복할 수 있게 되고 또 마음에 큰 기쁨을 얻게 된 일이 있다. 또 나는 신학교 3학년 때에도 그 같은 체험을 한 일이 있다. 나는 그때 앞으로 목사 될 시일이 가까워 옴을 느끼면서 이전보다 좀 별다른 준비를 하지 않으면 안되겠다고 생각해 매일의 순서를 개정하고 그대로 실행해 봤다. 하나님 앞에 작정한 순서를 그대로 준행하는 날은 몹시 기뻤어도, 그대로 순종치 못한 때는 퍽 마음이 불안하였다. 나는 거기서 순종과 기쁨은 정비례한다는 것을 다시금 느낀 일이 있다.

우리 성신의 감화를 소멸케 되는 것은 흔히 우리 속에 내재한 성신이 시키는 대로 무엇을 행함으로 내 몸에 불편이 있고 손해가 있을 듯하여 그 뜻을 순종치 않음에 기인한 것이 많다. 그러나 어려워도 그대로 실행할 때 기쁨과 유쾌함을 얻을 수 있는 것이다. 이런 의미에서 신자에게 진정한 기쁨은 순종에 정비례한다는 것을 말할 수 있다.

결론

오늘 우리도 다 각기 이삭을 주님께 바쳐야 할 것이다. 우리 각 사람에게 각자 이삭이 있는 줄 안다. 우리에게 이삭은 무엇일까. 다른 것은 다 괜찮아도 "요것만은 내놓을 수 없다" 하는 것이 곧 우리에게 이삭이 될 것이다. 그 내놓을 수 없는 것은 어떤 이에게는 '돈'도 될 수 있고 또 어떤 이에게는 자식이 될 수 있는 것이다.

나는 이 강도(講道)를 준비할 때 "내게는 무엇이 이삭이 되겠는가" 생각해 봤다. 현재 돈이 없는 가난뱅이요 돈의 필요를 느끼지 않는 내게 있어서 돈이 이삭이 될 리 없고, 또 자식을 그처럼 못 잊을 존재로 생각지 않는 내게 자식도 이삭이 될 것 같지 않다. 그러나 일찍이 큰 고생을 해 본 일이 없는 내게 이 '몸'을 바치라고 하면 그것은 내게 큰 어려운 시험이 될 것이라고 생각해 보았다. 평시에는 무슨 주님을 위해 십자가를 져야 하느니 고생을 하고 태연자약이 참고 기뻐해야 하느니 하지만 막상 그 어려운 일이 내 몸에 닥치면 아무래도 그것이 어려운 시험이 될 것같이 생각했다.

우리는 누구나 내게 가장 귀중하고 사랑하는 대상이 되는 이삭까지 하나님께 바칠 결심과 또 그 같은 노력을 하기 바란다.

■ 〈說敎〉(1937. 5.)

네가 나를 사랑하느냐

요한복음 21장 15-18절

주님께서 베드로에게 동일한 말씀을 세 번이나 반복하심은 무슨 뜻일까. 이는 자기의 사명을 받는 자에게 무엇보다도 필요한 것이기 때문이다. 주님의 사명을 받는 자에게 필요한 것이 여러 가지 있겠지만, 이 '예수를 사랑하는 것' 이상으로 중대한 것은 없을 줄 안다.

베드로에게 물으신 이 말씀은 오늘 우리에게도 적용되는 줄 알아야 하겠다. 이 물으심에 대하여 각 개인은 숨김없는 고백으로 대답해야 할 것이다.

1. 모든 순종, 희생은 오직 이 고귀한 사랑에서만 되는 것이다.

요한복음 14장 15절에 우리가 그리스도를 사랑하면 그리스도께서 사랑하신 형제들을 마땅히 사랑하게 될 것을 말했다. 절대의 순종은 오직 사랑에서 되는 것이다. 또 요한복음 14장 23절에서는 "사람이 나를 사랑하면 내 말을 지키리라" 했다. 주님의 명령을 순종함은 오직 그를 사랑하는 중에 완성될 수 있는 것이다. 친구와 친구 사이에도 그를 사랑하는 처지이면 상대편의 요구를 거절치 않는 것이다. 또 한 남자와 한 여자의 사랑에서도 그렇다. 그러므로 예수를 사랑하는 자, 그 명(命)을 기쁜 마음으로 지키게 되는 것이다.

보라, 옛날에 주님을 위해 큰 곤욕을 당한 자, 부득이한 중에나 또는 지옥의 형벌을 면코자 하는 중에 그런 것이 아니었다. 그보다도 그들은 그같이 함으로 주님을 좀더 기쁘시게 할 수 있는 줄을 깨달을 때 기쁜 마음과 단 마음으로 자진해서 당한 것이었다. 만일 우리들이 하나님을 대할 때 전전긍긍한 태도를 취한다면 이전 우상숭배 시보다도 나을 것이 별로 없을 줄로 안다. 과거에는 우리가 혹 억지로 그 계명을 지켰고 또 죄를 피하려 했으나 이제부터는 그 사랑을 절실히 깨달아 기쁘고 즐거운 마음으로 행해야 되겠다.

베드로는 지금 실수한 다음인지라 그 마음이 아직 안정되지 못했을 때이니 주님은 그에게 그 같은 중대 문제를 물어볼 수밖에 없는 것이다.

2. 예수의 사랑을 깨닫는 자

고린도후서 5장 14절에 말하기를 "그리스도의 사랑이 우리를 권면하신다" 하였으니 그 뜻은 예수님의 사랑이 물결같이 밀려 들어옴을 말함이다. 바울은 예수님의 사랑의 권면이 큰 물결의 파도와 같이 자기에게 미침으로 자기는 그 사랑에 휩쓸리며 도취되었음을 직감했다.

바울은 예수를 반역한 자이다. 그러나 주님께서는 그같이 악한 자의 길을 막으시고 다메섹 도상에서 "사울아! 네가 왜 나를 핍박하느냐" 하는 위엄차고도 자애스런 말씀을 하실 때, 그는 그 앞에 엎드려지지 않을 수 없었다. 우리는 흔히 생각하기를 다메섹 도상에서 주님이 바울에게 나타나실 때 단순히 위엄과 영광으로만 나타나시어 자기를 핍박하는 반역자를 놀라게 하고 두렵게 한 줄로 알기 쉽다. 그러나 주님은 그때에 위의(威儀) 있게 그에게 나타나신 것이 사실이나 또한 반역자의 마음에 큰 인상을 일으킬 만한 위대한 사랑과 자비로서도 나타나신 것을 상상할 수 있다. 그것은 주님께서 자기를 거스른 자 더욱이 자기의 기계(도구)로 쓰려 하는 이의 중한 허물을 자비스러운 표정과 무한한 사랑으로 감화시키지 않은 때가 없었기 때문이다. 바울은 그 당시 일을 회상할 때마다 그 마음속에 예수님의 사랑을 더욱 절실히 느꼈을 것이다. 그러나 부름을 받은 그 당장에서도 주님의 그 위대한 사랑에 감촉되는 바 있었을 줄 안다. 만일 그가 그때에 주님의 사랑을 알지 못하고 단순히 그 위엄에 눌리어 두려운 중에 그 제자가 되었다 하면 자기가 이전 가지고 있던 종교관에 비하여 별로 다름이 없는 신종교를 혹 일시적으로는 믿었을지 모르나 영속적으로 계속지는 못했으리라 생각된다. 그러나 그는 다메섹 도상에서 벌써 주님의 고귀한 사랑을 맛보았고 또 그 사랑에 감복되고 사로잡혔을 것이다.

반역자의 보수는 형벌과 죽음뿐이겠지만 너그러운 사랑이 계신 주님은 바울이 행한 대로 갚지 않으시고 도리어 자애로운 아버지가 방탕한 자식을 달래듯이 "네가 왜 나를 핍박하느냐" 하시고 연민에 넘쳐흐르는 용서를 가장 인상 깊이 받지 않을 수 없었을 것이다.

다메섹 도상에서 큰일이 일어날 때 편협한 바울은 보통 사람의 추측과 또 구약사상에 젖은 유대인의 사상대로 이제 하나님의 벌로 죽는 것이라 생각되었을 것이다. 그러나 그는 자기의 예상했던 큰 화를 면할 뿐 아니라 도리어 반역자에게 중대한 일꾼의 책임을 맡겨 주실 때 그는 목석이 아닌지라, 아무리 강퍅한 그의 성정인들 그 뜨거운 사랑에 녹아지지 않을 수 있었으랴. 바울은 그것을 생각할 때마다 감개무량했다. 그리하여 그는 주님의 사랑에 완전히 포로되고 만다.

바울에게 그 후 허다한 고난과 핍박이 다른 이에게보다 혹독하게 임하였지만 그보다도 그에게는 주님의 사랑이 몇 갑절 우수한 강도(强度)로 물결과 같이 부딪힌 것이다. 그리하여 그는 잊으려야 잊을 수 없는 그 사랑 때문에 다른 모든 것을 생각할 수가 없었고 또 그것들은 분토와 같이 내버린 것이다. 그의 전 생애는 오직 그 사랑 속에서 뛰는 것이었다. 그리하여 그의 생활은 낙관적이었고, 쾌적한 생활이었고, 전진하는 생활이 된 것이다.

우리는 중대한 죄를 범한 베드로에게서도 이 같은 사랑의 장면을 발견케 되는 것이다. 그는 주님을 따르는 사람으로서 차마 할 수 없는 부끄러운 실수를 한 사람이다. 그러나 주님은 그 큰 허물을 뜨거운 사랑으로 용서하실 뿐 아니라 또한 그에게 중차대한 직임—당신의 귀중한 양을 위하여 피를 흘리신 가장 귀중한 양떼를 맡기실 때, 사랑의 파도가 이를 때, 감격에 넘쳐 눈물도 흘렸을 줄 안다. 말로 할 수 없는 굳은 결심이 그 마음속에 뿌리 깊이 새겨졌을 것이다. 주님은 과연 그를 사랑하셨다. 실수한 후 그 마음을 지탱할 곳이 없는 베드로에게 주님은 단독으로 그에게 나타나 큰 위안을 주었고 또 그 마음속에 '주님이 나를 어떻게 생각하실까. 무슨 면목으로 주님을 뵈올까' 하는 미안하고 죄송스럽던 생각을 일소해 버리셨다. 우리는 여기서 누가복음 7장 47절 말씀을 의미 있게 생각하나니 곧 "사함을 적게 받은 자는 적게 사랑하나니라" 함이니 이는 곧 "사함을 많이 받은 자는 많이 사랑할 것이라"는 말이다.

바울이나 베드로에게뿐이랴. 우리에게도 그 같은 느낌이 없을 수는 없는 것이다. 믿기 전 생활은 말할 것도 없고 믿은 후 생활만 두고 본다 해도 우리는 감히 주님의 보호나 복을 바랄 수 없는 자들이다. 그러나 우리들이 지금까지 신앙생활을 계속해 온다는 것은 오로지 예수님의 지극한 사랑 때문인 줄 안다. 우리는 하루 동안에도 주님을 몇 번이나 십자가에 못박는 자들이며 그를 섭섭케 하는 자들이다. 그럼에도 불구하고 우리에게 항상 위로와 교훈을 주시고 또 우리를 품어 주시고 지도하시는 것을 생각할 때 그 사랑을 감사하다 하지 않을 수 없다. 예수를 사랑할 수 있는 때는 오직 우리가 그 사랑을 깨달을 때뿐이다. 그러므로 바울은 에베소서에 "그 사랑을 아는 중에서 자라나라"고 촉구한 것이다. 우리의 기도 제목도 곧 그것이 되어야 할 것이다. "예수의 사랑을 깨닫게 해 달라"고 할 것이다.

내가 예수의 사랑을 깨달으면 예수를 전심으로 사랑하게 될 것이다. 이 사랑이야말로 제 일차적 큰 문제이다. 우리에게 무엇보다도 이 사랑은 절실히 필요한 것이다. 신자에게 안식일을 지키는 것이나 연보하는 것이나 전도하는 일, 기타 내적으로 일어나는 정욕을 이기는 것이 쉬운 일이 아니다. 과연 그 같은 일은 우리의 힘이나 어떤 결심으로 될 수 없다. 그러나 우리에게 주님을 극진히 사랑하는 마음이 항상 넘쳐흐를 것이며 이상의 모든 난제는 문제가 될 수 없고 또 어려운 것이나 마지못해 함이 되지 않을 것이며, 기쁘고 즐거움으로 행할 수 있게 될 것이다. 주님 말씀이 "내 제자가 되려 하는 자여든 나를 사랑하라" 하셨다. 이 시대는 마귀의 시험이 강렬한 때이므로 예수를 간절히 사랑치 못하는 것이나 공중에 나는 새가 공기의 혜택을 알지 못함은 무시로 그 은택을 입음으로 대수롭지 않게 생각함이라. 마찬가지로 우리들도 항상 주님의 사랑 속에 있으므로 도리어 그 사랑을 잊을 때가 많다. 항상 기도하고 깨어 있는 중에 그 사랑을 깨달아야 하겠다.

■ 〈說敎〉(1937. 6.)

무거운 짐 진 자여 예수께로 오라

   과거의 죄 짐에 눌리어 가슴이 펄떡거리는 이들이여! 사람마다 남모르는 양심의 자책과 죄악을 가지고 있다. 허심탄회하게 고요히 자기를 반성할 때에 "나는 죄인이로다"라고 고백하지 않을 자 누구뇨? 위급과 장엄 앞에, 실패에 공포를 느끼는 것이 그 때문이요, 죽음이 임박하면 온갖 몸부림을 하는 것도 그 때문이요, 금욕과 고행(苦行)으로 자신을 벌하는 것도 그 때문이외다. 이 과거의 죄책 때문에 인생은 부지중 청천백일을 대하지 못하고 불안과 공포에 차서 살다가 불안과 공포 중에서 죽고 말며, 심한 자는 자살의 길까지 밟게 됩니다. 그러나 이 죄악의 문제는 그렇게 함으로 해결되는 것이 아닙니다.

   내 몸을 괴롭게 한다고 내 죄가 없어지는 것이 아니요, 우상 앞에 분향을 하고 돈을 드린다고 내 죄가 없어지는 것도 아니요, 좋은 사업을 한다고 이미 지은 죄가 없어지는 것도 아닙니다. 무소부지하신 하나님의 심판 책에 일일이 기록되어 있는바 죄는 그러한 인간의 방법으로는 도말할 수가 없습니다. 오직 한 가지 방법이 있으니 이는 인간의 방법이 아니요,

하나님께서 친히 마련하신 하나님의 방법이외다. 그 무슨 방법이뇨? 죄인을 구속하려 세상에 오신 하나님의 독생자를 믿는 그 한 가지 방법이외다(요 3:16; 딤전 1:15). 그는 죄인을 구원하려 오셨고, 죄인의 죄를 위하여 친히 대가를 지불하셨습니다. 그는 무한대(無限大)의 공로를 하나님 앞에 쌓아 두어 만인의 죄를 고백하면서 그 앞에 나아와 그에게 매어 달리는 자마다 죄 사함을 받습니다(요일 1:9; 사 1:18).

이론보다 증거—예수의 십자가를 바라보고 사죄의 기쁨을 얻은 자 그 얼마이뇨. 죄 짐을 지고 괴로워하는 이들이여, 예수의 십자가 앞으로 오라.

죄를 이기지 못하여 슬프다, 나는 괴로운 사람이로다, 탄식하는 이들이여! 사람마다 남모르는 죄책과 양심의 고통을 가진 것이 사실임과 같이 사람마다 남모르는 약점을 가지고 그것을 버리지 못하고, 이기지 못하여 괴로워하는 것이 또한 사실입니다. 로마서 7장 14절 이하는 사도 바울의 경험인 동시에 또한 모든 사람의 경험입니다. 그리하여 이 죄를 잊어 보려고 산중과 동굴에 들어가 은둔생활을 하여 보기도 합니다. 죄를 짓지 않고 살아 보려는 인간의 노력도 비상히 강렬한 것이 됩니다. 그러나 그 모든 방법이 인류를 죄악의 세력에서 구원하였느냐? 결심과 서약이 무슨 소용이 있느냐, 작심삼일(作心三日)이 아니냐? 은둔생활이 무슨 소용이 있느냐? 몸은 은둔하여 있지만 마음까지 은둔하여 있느냐?

바울같이 도의(道義)의 생각이 강한 율법주의자라도 자기의 노력으로는 의롭다 함을 얻을 수 없어서 필경 비장한 탄식이 있을 뿐이었거든 하물며 누가 능히 제 힘으로 의롭게 될 자가 있겠느냐? 있다면 스스로 속임뿐이라. 오직 한 가지 방법이 있을 뿐인데 죄와 사망을 이기시고 살아 계신 그리스도의 능력을 힘입는 것뿐입니다. 그의 성신이 나를 주장하실 때에만 나는 능히 죄를 이길 수 있습니다(롬 8:2). 돌배나무는 참배나무에 접붙임이 되고야 참배를 맺습니다. 우리도 예수 그리스도 안에 들어가서 그에게 접붙임이 되고야 선한 열매를 맺을 수 있습니다. 이론보다 증거! 음주, 도박, 흡연 등 외부적 죄악으로부터 시작하여 미심에 뿌리 박힌 혈기, 교만, 음욕 등을 고쳐 중생한 자 그 얼마나 되는가? 다만 예수께로 와서 그 능력을 의지하는 자만이 이 무거운 짐을 벗고 죄악에서 완전히 거듭날 수 있습니다.

■〈福音時代〉(1937. 6.)

하나님 앞에 사는 생활

고린도후서 4장 1-6절, 창세기 17장 1절

내용

하나님 앞에 사는 생활은

1. 경건한 생활이다.

2. 정직한 생활이다.

　　1) 일절 사기적 행동을 끊어 버림이다.

　　(1) 상업에 에누리하는 관습을 버리자.

　　(2) 기타 일상생활에서 부정한 것을 버리자.

　　2) 한번 작정한 것을 변치 않음이다.

3. 태연(泰然)한 생활이다.

　　1) 훼방과 비난을 받을 때 태연한 것.

　　2) 공포에 떨지 않는 것.

　　믿지 않는 사람들에게는 보통 무형(無形)한 하나님이 저들을 감찰하신
다는 생각이 적다. 또 혹 있다 해도 그것이 저들의 행사(行事)에 아무런

장애가 되지 못하는 것이다. 그러나 믿는 우리에게는 무형한 하나님의 감시가 유형(有形)한 사람의 그것보다 오히려 더 강한 세력을 가지고 있는 것이다. 우리는 어디를 가든지 무슨 일을 하든지 하나님이 내 머리 위에서 나를 감찰하신다는 분명한 의식을 가지고 있는 것이다. 그러면 하나님 앞에 사는 생활이란 어떤 것을 의미함인가.

1. 경건한 생활을 의미한다.

전도서 5장 2절에 말하기를 "너는 하나님 앞에서 함부로 입을 열지 말며 조급한 마음으로 말을 내지 말라. 하나님은 하늘에 계시고 너는 땅에 있다" 하였다. 여기서 우리는 하나님 앞에 경건이란 조심 없이 방자스럽게 함부로 말하는 것으로 생각할 수 있다. 또 고린도전서 1장 29절에 있는 "이는 육체를 가진 아무라도 하나님 앞에서 자랑하지 못하게 함이라" 란 말에 비추어 본다 해도 하나님 앞에 사는 자는 함부로 자긍하는 말이나 일절 입을 열지 않고 근신하고 삼가는 것이 합당한 줄 안다.

우리는 웃어른 되는 부모나 스승 앞에서 함부로 말을 하거나 경건하지 못한 태도를 삼가는 것이다. 만일 그것이 합당한 일이라면 세상 모든 아버지의 아버지시요 또 우리를 창조하신 자요 우리의 생살권(生殺權)을 가지신 만능의 하나님 앞에서야 더욱더 엄숙하고 경건해야 될 것이 아닌가. 우리는 흔히 무의식에 신자의 체면을 손상하고 하나님 앞에 서기에 매우 부끄러운 실수를 곧잘 하고 있는 것이다. 그중 보통 흔한 것은 야비한 농담이다. 이 같은 농담은 성경에도 분명히 금했거니와 엄위하시고 거룩하신 하나님이 나를 감찰하신다는 것을 강하게 인식하는 자로서는 도저히 취할 태도가 아닌 줄을 안다. 혹 어떤 교역자들이 모인 자리에서도 그들의 입에서 더러운 욕설을 포함한 농담을 말하는 수도 종종 발견케 되나니 이 같은 행동을 하나님 앞에 경건한 생활이라 할 수 없는 것이다. 이 경건이란 예배 시뿐만 아니라 일상생활 어디서든지 표현되어야 할 것이다.

2. 정직한 생활을 의미한다.

바울은 갈라디아서 1장 20절에서 자기의 하는 말은 하나님 앞에서 거짓이 아닌 정직한 말인 것을 힘 있게 말했다. 이제 우리 하나님 앞에서 사는 자, 마땅히 하나님의 감시가 나를 떠나지 않음을 느끼면서 모든 일에 정직을 지켜야 할 것이다.

그 정직이란 무엇인가.

1) 일절 사기(詐欺)적 행동을 끊어 버림이다.

혹 어떤 이가 이 말을 오해하기 쉬우나 사실 신자로서 사기적 행동을 감행하는 자도 있으며 또 대부분은 무의식 중에 이 정당치 않은 행동을 감행케 되는 것이다. 이제 나는 두어 가지 실례를 들어 신자들이 흔히 행하고 있는 사기성을 띤 행동을 적발하려 한다.

(1) 장사에 있어서 고객에게 에누리(속이는)를 하는 것이다.

이는 긴 말로 설명할 필요도 없이 거짓이요 또 속이는 행동이다. 이 같은 풍속은 상업도덕이 발달되지 못한 조선 사람에게 특별히 많다. 또 이 같은 행동은 결코 상업에 성공을 가져오는 것이 아니다. 진정으로 고객의 마음을 끌고 또 그 마음을 안정케 하는 데는 정직 이상이 없는 것이다. 지금 도회지 큰 백화점에 많은 사람이 출입을 하는 것은 정당한 가격을 받기 때문인 줄 안다. 이 같은 실례가 있다.

함흥에 어떤 잡화상점에 함남도 참여관(관직의 일종)이 내의를 사기 위해 들어갔던 일이 있다. 상점 주인에게 쓸 만한 것을 보여 달라 하니 4원 가격 되는 것을 보이었다. 참여관은 그보다 더 좋은 것이 있다면 보여 달라 하니 그 주인은 "아, 있고말고요. 썩 좋은 것이 있는데 그것은 보통 사는 이가 없기 때문에 창고에 두어 둡니다" 하고 조금 후에 그것을 갖고 나왔다. 정가를 물어보니 16원이라 했다. 참여관은 의심 없이 16원을 주고 그 셔츠를 사 갔다. 그 다음에 그의 친구 중에 자기가 산 것과 꼭 같은 것으로 4원에 사 왔다는 말을 듣고 다음부터 영 그 상점에서 무엇을 사게 되면 그 주인은 아무리 정당한 가격을 부른다 해도 고객은 속은 것만 같아서 안심이 되지 않는 것이다. 결국 정가 이상으로 돈도 더 받지 못할 뿐 아니라 고객의 길을 막게 되므로 큰 손해뿐이다.

(2) 기타 일상생활에서 부정한 것을 버리자.

우리는 상업의 성공을 위해서보다도 하나님 앞에 산다는 것을 생각하면서 상업의 정당한 매매를 해야 될 것이다. 또 그 밖에도 전등 촉수(電燈燭數)를 속여 정량(定量) 이상으로 소모하는 것이나, 승차(乘車)에 있어서 그 임금을 정당히 지불치 않는 것이나, 또 학생이 시험 중에 커닝을 하는 것 등도 믿는 자에게는 합당치 못한 행동이요 부정직한 일이다. 불신자 중에서도 도덕을 지키는 이는 "군자는 반드시 그 홀로 있을 때를 삼간다" 하여 은밀한 중에서도 정직을 지키는 일이 있거든 항상 하나님 앞에서 산다는 우리에게 정직이 없다 하면 그 얼마나 부끄러운 일인가.

오늘 영국 국민을 가리켜 신사적 국민이라 함은 다름 아니다. 그들의 공중도덕이 발달되어 모든 일에 정직을 엄수함이니 그들은 오래전부터 하나님 앞에서 생활하기를 습관했기 때문이다. 지금 공중도덕이 문란한 우리 사회에 있어서는 하나님 앞에서 사는 우리로 말미암아서 정직한 도덕을 회복해야 하겠다. 이 사회에는 속임이 가득하고 정직과 참을 보기 어렵다. 우리는 이 사회로 거짓을 버리고 정직으로 돌아오게 할 책임이 있으니 먼저 나부터 정직할 것이며 그 다음으로 이 사회를 바른 데로 인도할 것이다.

2) 한번 작정한 것을 변치 않음이다.

시편 15편 1절에 말하기를 "여호와여! 당신의 성산에 거할 자 누구니이까! 그 마음에 서원한 것은 해로울지라도 변치 아니하는 자로다" 하였다.

이전 구약시대 한나는 자식이 없을 때 간절한 마음으로 자식을 구했다. 그리고 그는 하나님께서 만일 그에게 자식을 허락하시면 그를 하나님께 종신토록 바치겠다고 맹세하였다. 과연 그는 그 귀중한 아이를 받아 젖을 뗐을 때에, 맹세대로 아이 사무엘을 제사장에게 갖다 맡긴 것이다. 또 이스라엘의 사사 입다도 하나님 앞에 맹세한즉 "나로 승리케 하시면 내가 돌아올 때 나를 처음 보는 자를 주께 드리겠다" 하였으니 그후 싸움에 승리하고 돌아올 때 그의 무남독녀가 맨 처음으로 달려 나오므로 그를 여호와께 동정녀로 바치었다.

우리는 이제 과거생활을 검토해 보자. 나는 사람 앞에서 맹세한 것이나, 하나님 앞에 맹세한 바를 과연 부끄럼 없이 시행하였는가. 우리가 하나님 앞에 약속만 하고 실행치 못한 적이 하도 많아 그것을 일일이 헤일 수 없다. 만일 하나님이 사람같이 약속 불이행 자에게 진노하신다면 우리는 벌써 멸망을 받았을 것이다. 그러나 하나님은 우리를 관용하셨다.

연보는 하나님 앞에 약속하고 바치는 것이다. 그것은 사람이 관계할 바 아니다. 그러나 어떤 교회에서는 작정한 연보를 내지 않는 이가 있을 때 제직회에서 결의하고 탕감해 주는 수가 있다. 그러나 그것은 천만부당하니 사람은 하나님과의 맹세에 대하여 해소할 아무런 권리가 없는 것이다. 또 하나님 앞에 약속을 이행치 못할 때는 대신 집행하는 이나 차압

하는 이가 없어도 이 다음 마지막 심판대 앞에서는 그 책임을 회피할 수 없을 것이다.

3. 태연(泰然)한 생활을 의미한다.

이 태연한 생활이란 두 가지 뜻을 포함했으니,

1) 훼방과 비난을 받을 때 태연한 것이다.

고린도전서 4장 3-4절에 바울은 말하기를 "내가 너희에게나 세상 사람들에게나 거론되는 것을 매우 적은 일로 여길뿐더러 나도 나를 판단치 아니하나니……다만 나를 판단하실 이는 주시니라" 하였다.

믿는 자 하나님 앞에 완전한 사람이 되었으면 그것으로 만족할 수 있는 것이니 구태여 사람 앞에 훼방, 비난을 면하려고 애쓸 필요가 없다. 우리는 아무리 애를 써도 사람 앞에 비난을 면할 수 없는 것은 완전무결하신 주님께서도 비난을 받으셨기 때문이다.

세상 사람은 사람의 훼방과 비난을 몹시 두려워한다. 그리하여 그것을 막기 위하여 여러 가지 비열한 일을 많이 한다. 또 신자 중에도 그것에 감염되어 사람의 훼방, 비난을 두려워하는 자가 많이 생기고 또 그로써 불의한 결과도 많이 나타난다. 하나님 앞에 사는 자, 오직 그에게 인정되기를 힘쓸 것이요 세인의 동향에 움직일 필요가 없는 줄 안다.

2) 두려운 일을 당할 때 태연한 것이다.

시편 16편 8절에 말하기를 "내가 여호와를 항상 내 앞에 모심이여, 내 우편에 계신 고로 내가 요동치 아니하리로다" 하였다. 이것이 신자의 태도이다. 불신자는 조그만 일이 일어나도 큰 소동을 일으키고 두려워하지만 하나님을 모신 우리는 절대 무서워할 필요가 없는 것이다. 모든 성도는 그 길로 생활을 하지 않았는가. 내가 하나님 앞에서 생활함을 깨닫는 여부는 두려움을 당할 때 움직이지 않는 것으로써 증명될 것이다.

결론

어떤 이는 말하기를 "이 세상이 다 그런데 나만 경건하고, 정직하고, 태연하면 무슨 수가 있냐" 한다. 그러나 세상은 다 흐려져도 주님은 거룩하니 우리는 오직 그를 따라 나갈 것이며 그 명령을 좇아 이 흐린 세상을 맑아지게, 명랑하게 만들어야 할 것이다. 이 세상이 깨끗한 후에 나도 깨끗해지겠다 하면 그 시기가 언제 돌아올 것인가. 우리는 여기서 소금과 빛의 직분을 재삼 음미해야겠다.

■〈說敎〉(1937. 8.)

십자가의 길로 행하라

여기 고난이란 것은 예수의 고난을 내 몸에 채우는 것을 의미한다. 이는 결코 자신의 잘못이나 실수로 인해 오는 고난이나, 세상으로부터 오는 고난이나, 천재지변으로 인해 오는 고난이 아니다. 내가 받지 않으려면 얼마든지 받지 않을 수 있는 고난이니 곧 주님을 위해 당하는 고난이다. 이 고난이야말로 값있는 것이니 대개 사람이 이 값있는 십자가의 길로 행할 필요는,

1. 그 길은 생명의 길이기 때문이다.

주님은 인간에게 생명을 주시기 위해 그 길을 걸으신 것이다. 물론 그는 그 쓰라린 길을 걷지 않을 수도 있었지만 멸망할 인간에게 생명을 주시기 위해서 즐겨 그 길을 택하신 것이다. 그가 그 길로 걸으셨기 때문에 오늘 우리에게는 새로운 생명이 약동하게 된 것이다. 또 그 길을 걸으신 주님은 하나님 우편에 영광스럽게 앉게 된 것이다.

2. 그 길은 진리의 길이기 때문이다.

진리의 길을 가려 하는 자는 반드시 십자가의 길을 밟게 되는 것이다. 고금의 성인들을 보라! 그들 중에 누가 진리의 길을 밟으면서도 십자가의 길로 행치 않은 이가 있는가. 성경은 이 사실을 증명하고 있다. 디모데후서 3장 12절에 말하기를 "무릇 그리스도 예수 안에서 경건하게 살고자 하는 자는 핍박을 받으리라" 하였다.

이 패역무도한 시대에서 칭찬만을 받고 의기양양하게 평안한 생활을 하고 있는 자가 있다 하면 그는 분명 십자가의 길에서 탈선되어 시대의 사조에 휩쓸리어 바람 부는 대로 살아가는 자일 것이다. 즉 자가(自家)의 안일을 위하여 비진리와 타협하는 것은 십자가의 길을 밟는다고 할 수 없는 것이다. 성경에 가르친 진리대로 살아가려는 자에게 십자가가 있다는 것은 우리 각자 매일 체험하는 사실이다. 문제는 이 진리를 아는 데 있지 않고 그대로 십자가의 길을 걸어감에 있는 것이다.

3. 그 길은 주님과 동행하는 길이다.

나무를 베는 초부(樵夫)와 동행하려 하면 산으로 가야 할 것이며, 고기를 잡는 어부와 동행하려 하면 바다로 가야 할 것이다. 그와 마찬가지로 예수와 동행하려 하면 십자가의 길을 걸어야 할 것이다. 이 길에서 벗어

나면 예수와는 거리가 멀다. 그 길을 원하기만 하고 사실 그 길로 가지 못하는 자는 그의 제자가 될 수 없다. 주님 당시에도 허다한 무리 중에 극소수가 주님의 가신 길을 따라가게 된 것이다. 우리는 여기서 마땅히 우리의 갈 길을 결단해야 하겠다. 예수를 따라 십자가의 길로 갈 것인가, 그렇지 않으면 마귀를 따라 넓은 길로 갈 것인가.

어느 길이든지 택하는 것과 가는 것은 자유이지만 그 길의 종말이 어떻게 엄청난 차이가 있는지는 미리 알아 두어야 할 것이다. 그 길을 다 간 후에는, 좋으나 나쁘나 다시 돌이킬 수 없는 것이다. 다 못 걸어온 그 종점에서 그 결과를 당할 것밖에 없다. 즉 십자가의 길을 걸어간 자는 천국에 이를 것이요, 넓은 길을 찾아간 자는 지옥에 이를 것이다.

바울 같은 이도 구태여 그 길을 갈 필요는 없었으니, 자기가 원치 않았다면 얼마든지 안 갈 수도 있는 것이었지만 예수의 사랑 때문에 그는 그 험한 십자가의 길을 즐겨 걸어간 것이다. 오늘 우리도 예수를 나의 생명으로 알고 진리로 알 것이면 마땅히 십자가의 길로 그를 따라가야 하겠다.

4. 그 길은 하늘의 평화가 넘쳐흐르는 길이다.

이 길을 걷는 자의 맛보는 기쁨은 같은 길을 가는 자가 아니고는 헤아릴 수 없는 것이다. 세상의 길은 일견에 사는 길 같으나 사실 죽는 길이요, 십자가의 길은 좁고 험하지만 그 종말은 생명에 이르는 것이다. 로마서 8장 6절에는 육신의 생각은 죽는 것이라 하고, 성신의 생각은 사는 것이라 했다. 이전 가룟 유다는 예수를 따라다닐 때 순전히 이 땅 위에 메시아 왕국을 몽상했던 것이다.

그러나 주님의 태도는 자기의 예상하는 바를 조금도 만족케 하려 하지 않고 도리어 원수들에게 잡혀 죽는다는 말만을 할 때 그는 그만 실망케 되었다. 그는 예수를 따라감으로 평화롭고 호화로운 지상 왕국을 생각했으나 십자가의 길은 깨닫지 못한 것이었다. 또 주님을 따라가다가 당하게 될 바엔 그 길을 벗어남이 상책이라 하여 예수를 파는 자리에까지 나가게 된 것이다. 그는 혹 그같이 함으로 자기에게 평안이 있을 줄로 알았을 것이나 막상 그가 요구하고 예상하던 평안은 찾을 수 없었고, 자기의 취한 길로 인해 자살하는 자리에 이르고 만 것이다. 그러나 예수가 가시는 십자가의 길은 비록 이해하지 못했다 해도 끝까지 떠나지 않고 따라간 제자들은, 그때 형편으로서는 매우 불리할 것 같았지만 마침내 말할 수 없는 기쁨을 얻은 것이다.

오늘 우리는 십자가라는 것을 막연히 생각할 때 그 길에 놓여 있는 어려운 장면만을 보고 그 어려움을 이기고도 남음이 있을 기쁜 장면은 잊어버리는 수가 많다. 과거 성자들의 경험에 의하여 십자가의 길에 기쁨과 만족이 있음은 의심할 여지가 없다. 그 기쁨은 과연 고귀하다. 믿는 자는 누구나 그 길을 거쳐 친히 그 기쁨을 맛보아야 할 것이다.

5. 그 길은 천국에 가는 길이다.

사도행전 14장 22절에 말하기를 "우리가 하나님 나라에 들어가려면 여러 가지 환난을 겪어야 할 것이라" 했다. 또 로마서 8장 17절에는 "만일 그와 함께 고난을 받으면 또한 그와 함께 영광을 받을 것이라" 했다. 예수님같이 하늘의 영광을 받을 자는 누구인가. 그 고난에 참여한 자이다. 또 디모데후서 2장 12절에는 "한가지로 참으면 한가지로 임금 노릇할 것이라" 하였다. 과연 주님이 가신 십자가의 길을 가는 자, 이 다음 주님과 함께 왕 노릇 할 것이다. 그러나 마귀의 세상에서는 마땅히 고난을 면치 못할 것이다.

세상은 점점 그 끝을 향해 달리고 있다. 그러므로 많은 사람의 사랑이 점점 식어 가고 있다. 하나님을 마음대로 섬길 수 없고 또 우리 신앙에 장벽이 많은 시절이다. 이때를 당해 우리 신앙은 잠자는 자리에 있어서는 안 될 것이다. 마땅히 깨어 우리 앞에 십자가의 길이 열려 있는 것을 확인하고 용기를 가다듬어 흔연히 그 길을 걸어갈 것이다. 우리의 걸어갈 길은 세상 사람이 가는 길이 아님을 명심하자! 십자가의 길! 그 길은 곧 우리의 갈 길이다.

■〈說敎〉(1937. 9.)

주의 재림

　예수께서 재림하신다는 말씀은 성경 중에 많이 나타납니다. 그중 마태복음 24장 32절이나, 사도행전 1장 11절이나, 데살로니가전서 5장 23절은 대표적 성구이니 첫째는 주님이 친히 하신 말씀이요, 둘째는 예수 승천 시 천사들이 예고한 것이요, 셋째는 사도 바울이 성신의 감동으로 예고한 것입니다. 이같이 예수님의 재림은 성경 중에 소상하고도 분명한 것이나 우리는 별로 그것에 관심을 갖지 않습니다. 우리는 흔히 사도신경에 있는 여러 조목을 다 믿으나 "저리로서 산 자와 죽은 자를 심판하러 오신다"는 말씀은 꼭 그대로 믿는 표가 적습니다.

　노아 때 120년간 큰 홍수와 죄 회개를 외쳤지만 당시 사람 중에 그것을 믿은 자는 한 사람도 없었습니다. 그러나 홍수는 예정대로 땅에 이르렀고, 롯의 때에 아브라함과 롯이 그 동리 사람들에게 소돔 멸망을 말했으나 그 말을 귀 기울여 듣는 이는 없었습니다. 그러나 오늘의 사해(死海)는 우리에게 그 멸망이 참인 것을 보여 주고 있지 않습니까. 사람은 무슨 일이든지 지나본 다음에는 믿지만 후에 될 일을 예고하는 그 당시에는 그 말을 믿지 않습니다. 이는 마치 이스라엘 백성이 홍해의 이적과 불과 구름 기둥의 보호는 말하면서도 어려움을 당할 때는 일향(一向) 하나님을 의심하고 원망함과 같으니 그들은 지난 일은 믿었으나 앞의 일은 믿지 못한 것입니다.

오늘 우리는 어떤 사람들입니까. 예수의 초림에 대하여 이미 구약에 기록된 대로 꼭 맞아 응한 것을 믿고 알지만 앞으로 이를 재림을 확실히 주의하는 이가 매우 적습니다. 보통은 그 일에 대하여 아주 무관심한 것이며 또 좀 신앙이 원만하다고 하는 이들도 성경에 그같이 기록되었으니 그같이 될 것이다 하는 정도의 믿음뿐으로 그날을 위하여 철저히 준비하는 이는 보기가 매우 드물게 되었습니다.

묵시록에 보면, 이 땅 위에 사는 사람 가운데 삼분의 일을 없이 할 전쟁이 있을 것을 말하였는데, 지금 세상은 과연 인명을 얼마든지 살상할 수 있는 무서운 전쟁을 위해 준비하고 있음을 누구나 알고 있는 것입니다. 또 세계 도처에 거짓 선지자가 극성해 있으므로 진리를 붙잡기 힘든 것이나, 또 신앙생활에 핍박이 많아 땅 위에 있는 성도를 괴롭게 하는 사실들은 숨길 수 없는 사실들이요, 또 그 같은 일이 끝날 때에는 매우 창궐할 것을 성경에 미리 예고하였으니 우리는 이 모든 사실을 친히 목도하면서 주님의 재림이 가까웠다는 것을 주의해야 하겠습니다. 그러나 그 같은 명료한 징조로서 끝 날의 상징이 나타나지만 인간은 이 세상에 정신이 쏠리어 그것을 기억하기 어려울 것을 짐작하신 주님은 우리에게 "깨어 기도하라"는 부탁을 간곡히 하신 것입니다.

1. 말세에 기롱(欺弄)하는 자들이 일어나리라(벧후 3:3) 하였습니다.

이는 지금 세계 도처에 큰 세력을 잡고 있는 신신학 사조이니 그들은 우리의 성경 속에 있는 모든 초인간적 기사를 합리적으로 해석하여 부인해 버리는 것입니다. 그러나 그들을 위한 심판은 엄연히 존재해 있는 것입니다.

2. 주의 날은 하루가 천년 같고 천년이 하루 같다(벧후 3:8) 하였습니다.

주님의 재림을 부인하는 이들 중에는 벌써부터 온다 하는 주님이 아직 오시지 않았으니 결국 그 말은 거짓말이라고 조급하게 단언하는 것입니다. 그러나 우리는 좁은 인간의 생각을 떠나 하나님의 영원성을 한 번 생각해 볼 것입니다. 우리는 이 사실을 기억하기 위해서 하등생물의 일생을 참고해 볼 필요가 있습니다. 가령 하루살이 같은 것을 본다면 그것이 하루 사이에도 몇 대(代)를 나가려고 상당히 많은 수로 증가하는 것이니 그 생물의 표준으로 한다면 상당히 긴 세월을 사는 듯할 것이며 또 상당히 번식하였다고도 생각하게 될 것이지만 인간이 그것을 볼 때는 우습기 짝이 없고 또 그 일생이란 긴 것이 아니고 극히 짧은 것이라는 것을 생각지 않을 수 없을 것입니다. 그와 같은 이유로 우리 인간의 시간에 대한 하나님의 관찰은 그같이 짧게 보일 수밖에 없습니다. 천년이 하루 같다는 것은 과연 진리라고 할 수밖에 없습니다. 그러므로 우리는 내 편협한 생각에 비추어 오랫동안 기다려도 오지 않으니 이제는 그만 안 올 것이라는 경솔한 판단을 갖지 말 것입니다.

3. 재림이 더딘 것은 인간의 구원을 위해 참으시는 것이라(벧후 3:9) 하였습니다.

이는 우리에게 얼마나 큰 위안인지 알 수 없습니다. 사실 주님 재림이 온다 하기만 하고 오지 않으므로 믿을 수 없다는 자들에게도 막상 주님이 빨리 오신다 하면 더욱더 준비할 기회가 없어질 것입니다. 이 자리에도 주님의 재림이 더딘 것이 다행 될 신자가 많을 줄 압니다. 전도서 8장

11절에는 이 같은 말이 있습니다. "악한 일에 보응을 급히 받지 아니하므로 인생들의 마음이 담대하여 악을 행한다" 했습니다. 만일 하나님이 급히 재앙을 내리시면 감히 죄를 범할 이도 없고, 살아남을 자도 없을 것이나 하나님은 인간이 회개하기를 기다리시는 것입니다. 이 어찌 감사한 일인지 알 수 없는 것입니다. 하나님은 우리의 믿음을 하감하십니다. 이제 우리는 이 평양을 생각해 봅시다. 지금 이 시간에도 추악한 범죄를 진행 계획하는 자들이 많을 것이며 또 하나님은 그 사실을 하감하시지만 그러나 참으십니다. 묵시록에 보면 주님을 위해 목 베임을 당한 영혼들이 그 피를 신원해 달라고 애원하나 하나님은 그때가 되기를 기다리라 한 것입니다.

이같이 하나님은 모든 범행을 아시면서도 진즉 회개를 위해 참으시는 것이지만 인간은 보응을 급히 받지 않으므로 그 마음이 담대하여 악을 줄곧 행하는 것입니다.

4. 그러나 주의 날이 도적과 같이 이르리라(벧후 3:10) 하였습니다.

이는 주님도 일찍이 친히 하신 말씀이니 곧 홀연히 그물같이 이른다는 말입니다.

5. 그날이 이르면 체질이 뜨거운 불에 풀어지리라(벧후 3:10) 하였습니다.

어떤 사람은 하나님이 친히 창조하시고 지으신 것이 선미(善美)하다고 칭찬한 이 땅이 망할 리 없으리라고 하지만, 하나님은 아담과 하와의 범죄로 이 땅이 저주를 받은 후로는 노아 홍수 같은 것으로도 온 땅을 멸했던 사실이 있습니다. 하나님 대신으로 신의 존대를 받는 태양이나 별이나 이 땅의 만상들을 여호와 하나님은 반드시 진노로써 임하실 때가 있을 것입니다.

묵시록에 어린양의 진노를 인하여 땅에 있는 백성들이 피할 곳을 찾아 애탄다는 말이 있습니다. 온유 겸손하신 예수께서 한번 노하실 때는 항상 노해 있는 이보다 그 두려움이 심한 것은 가히 예상할 수 있는 일입니다.

6. 폭풍이 지난 후 신천신지(新天新地)의 전개(벧후 3:13)를 말하였습니다.

이 신천신지의 영광에 관하여 묵시록 21장에 기록한 바 있습니다. 우리는 이 신천신지를 바라보고 나아가는 것입니다. 이 영광 있는 곳은 우리의 마지막 목적지입니다. 고린도후서 4장 17절 말씀같이 신자는 세상에서 볼 것 없는 불행자로 지냈을지라도 이후 신천신지에 들어갈 때에는 과거의 일을 생각하여 찬송과 감사가 터져 나올 것입니다.

7. 우리는 어떤 사람이 되어야 마땅하겠는가(벧후 3:11) 하였습니다.

이 물질 문명이나 이 땅 위에 건설된 모든 시설도 굉장한 것입니다. 그러나 때가 이를 때 이것들이 불에 타 없어질 것이요 성도를 괴롭게 하는 자들이 모두 마귀와 그 사자들을 위해 준비한 지옥에 들어갈 터이니 우리는 어떤 사람이 되어 마땅하겠는가. 우리는 최후의 심판을 바라보고 미리부터 준비합시다, 거룩하고 경건한 생활로서. 이는 이 세상일을 도무지 돌보지 말라는 것을 의미함은 아닙니다. 그러나 이 장차 불탈 것만을 위해 애쓰지는 말고 영원한 나라를 위해 착실한 준비를 하라는 것입니다.

에녹은 하나님과 동행하다가 홍수 전에 하늘나라로 들어갔습니다. 이는 우리 교회로도 상징할 수 있으니, 우리는 이후 7년 대환난 전에 주님에게 이끌리어 공중으로 올라갈 것입니다. 비록 오래 믿었다 하나 그중에 참여치 못하면 그 섭섭함이 얼마나 클 것입니까. 우리는 이 세상에 도취되어 그날을 잊어버리는 자가 되지 말고 누가복음 21장 36절에 간곡히 부탁하신 대로 "항상 깨어 있어 기도하기를 우리로 능히 장차 올 이 모든 일을 피하고 인자 앞에 서게 하옵소서" 할 것입니다. 그리하여 우리는 요한일서 2장 28절 말씀같이 "주가 나타나서 강림하실 때에 군세어 그 앞에서 부끄러움이 없게" 해야 할 것입니다. 가령 어떤 여자의 남편이 먼 곳에 가서 돈을 모으고 있는 중에 여자가 딴 남자와 정을 통하여 불의의 관계를 맺고 있을 때, 홀연 그 남편이 큰 영광 중에 집에 돌아오게 되면 그 부끄러움과 애석함이 어떠하리오. 그같이 주님의 신부 된 우리는 어떤 어려운 역경이 있다 해도 주님에게 향한 일편단심을 잃지 말고 우리의 정절을 고이 지켜 주님을 부끄럼 없이 맞아야 하겠습니다. 주님과 한 몸 된 우리는 특별히 이 점에 있어서 주의해야 하겠습니다.

이 성경 구절들은 우리들이 보고 듣기만 할 것이 아니라 이대로 살아야 할 것입니다.

■〈說敎〉(1937. 10.)

십자가의 길로 가자

1. 이 길은 생명의 길인 까닭에 이 길로 가야 되겠다.

주님께서 말씀하시기를 사망으로 인도하는 길은 넓어서 그리로 가는 사람이 많고 생명으로 인도하는 길은 험하여 가는 사람이 적다(마 7:13-14) 하셨으니 그 뜻은 곧 십자가의 도를 가리키는 말씀이올시다. 누가 평탄한 길로, 많은 사람이 가는 길로, 가기 쉬운 길로 가기를 싫어하는 사람이 어디 있으리오만은 그 길은 사망의 길이요 멸망의 길이기 때문에 주님께서 그 길로 가지 말라고 하시고, 좁고 험한 길로 가라 하심은 그 길은 사는 길이요, 생명의 길 곧 영생 세계로 들어가는 길인 까닭입니다.

보시오, 주님께서 광야에서 금식하시며 기도하실 때에 원수는 와서 돌로 떡을 만들어 먹으라고 꾀었으나 주께서는 듣지 않으실 뿐만 아니라 단연히 하나님의 말씀으로 물리쳤습니다. 사람이 사는 것이 의식(衣食)이 넉넉한 데 있는 것이 아니라 하나님의 입으로 나오는 모든 말씀으로 산다 하시고 십자가의 길로 태연히 가신 것이며, 기사와 이적을 많이 행함을 많은 무리가 보고 임금으로 추대하겠다고 열광적으로 환영하였으나 주님은 칭찬과 환영을 받으시는 넓은 길을 버리시고 좁고 험하고 욕된 길 곧 십자가의 고생스러운 길을 택하셨는데 그 길로만 가신 것은 그 길에만 참 생명이 있고 진정한 영광이 있는 까닭이올시다. 그런즉 주를 따르는 우리 총회가 가기 싫더라도 불가불 이 십자가의 길을 걷지 않아서는 안 될 것이올시다.

2. 디모데후서 3장 12절 말씀을 보면,

"무릇 그리스도 예수 안에서 경건하게 살고자 하는 자는 핍박을 받으리라" 하였으니 우리 주님께서 허다한 평탄한 좋은 길을 버리시고 하필 십자가의 길, 곧 고생스러운 길을 왜 택하셨을까. 그 까닭은 다름이 아니라 경건한 생활을 하시기 위함이올시다. 동양의 옛 성인의 말에 보면 나라에 도가 있을 때에 가난하고 천하게 되는 것은 사람이 못나서 그렇게 되는 것이고, 나라에 도가 없을 때에 부하고 귀하면 이는 부끄러운 일이라고 하였습니다. 이 말이 과연 거짓말이 아니올시다. 이 십자가의 길은 진리의 길이기 때문에 환난과 핍박이 파도처럼 위험할지라도 안 갈 수 없는 길이올시다.

본문에 있는 대로 주께서 말씀하시기를 "십자가를 지고 나를 따르라" 하셨습니다. 그런즉 누구든지 예수를 따르고자 할진대 불가불 예수님께서 가라고 하신 길로 걸어야 되겠습니다. 그런고로 고생스러운 십자가의 길이 비록 가기 싫고 걷기 싫더라도 아니 가고는 안 될 것이올시다. 주님이 가라고 하시는 길로 가기 싫어하면 경건치 못한 길밖에 다른 길은 없습니다. 그런고로 자기의 육체 욕심을 따라가고 싶은 유난하고 방일(放逸)한 길을 버리고, 사치하고 괴이한 길을 버리고, 그리고 하나님 앞과 사람 앞에서 경건한 태도로 예수님이 가라는, 오라는 십자가의 길로 빠르게 걸어갑시다. 이 길은 생명의 길이올시다.

3. 이 십자가의 길은 주님이 가신 그 길입니다.

주님을 만나 뵈올 마음이 있으면 불가불 이 길로 가야 되겠습니다. 그뿐만 아니라 이 길은 주님과 동행하는 길이올시다. 주님께서는 말씀하시기를 "십자가를 지고 나를 좇아오라" 하셨으니 십자가의 길은 예수님이 가신 길이요 예수님과 동행하는 길이올시다. 여러분은 누구와 동행하시렵니까. 예수님과 통행하면 우리의 원수 마귀가 통행할 수 없을 것이요 하나님이 시기하시는 마귀를 떼어 버리고자 할진대 불가불 이 십자가의 길로 가야 되겠습니다. 세상과 벗이 되려는 자는 하나님과 원수 된 자라고 야고보의 말씀에 있지 않습니까. 바울의 말씀에 "우리가 하나님 나라에 들어가려면 여러 가지 환난을 겪어야 된다"(롬 8:17), 또 말씀하시기를 "한가지로 참으면 한가지로 임금 노릇 할 것이요"(딤후 2:12) 하였으니 이것은 분명히 주님의 가신 길일 뿐만 아니라 주님과 동행하는 길이올시다.

사랑하는 여러 총회원께서는 자기를 이기고 각각 자기의 십자가를 지시고 생명의 길 되시는 예수를 따릅시다. 경건한 생활로 주님과 동행하사 무궁한 복락을 함께 얻읍시다.

■ 〈說敎〉(1937. 10)

하나님을 열애(熱愛)하라

마태복음 22장 33-38절

1. 나는 구약성경 중에서 특히 신명기와 시편을 좋아합니다. 그 두 권은 특별히 그 기자들이 하나님을 열애한 기록이기 때문입니다. 하나님에 대한 깊은 정서의 말로이기 때문입니다. 그들은 어떻게 하나님을 열애하였을까요? 그들이 하나님을 칭할 적마다 "우리 하나님 여호와"라는 사랑에 넘치는 말을 한 것이라든지 "여호와께서 내게 베푸신 은혜를 내가 무엇으로써 갚으리오", "나의 좋은 것은 주밖에 없도다"라는 말들을 나열한 것을 보면 그들은 어떻게 그렇게도 하나님께 대하여 사랑을 바쳤을까요?

시편 148, 150편을 보시오. 그들은 어떻게 그렇게 하나님을 찬양할 마음이 그 심중에 가득하였을까요. 그들은 실로 하나님을 사모하여 갈급함이 사슴이 시냇물을 찾으려고 갈급함과 같았습니다.

2. 모든 예언서를 보아도 그 모든 예언자들의 하나님에 대한 열애의 표현입니다. 모든 예언자가 불같은 의분으로 인간을 움직인 것은 저들

이 하나님에 대하여 아무 각성이 없고, 경외함이 없고, 성의가 없고, 열애가 없음입니다. 이사야가 인간을 향해 의분을 토하여 가로되 "하늘이여 들으며 땅이여 귀를 기울이라. 대개 여호와께서 말씀하시되 소는 임자를 알고 나귀는 그 임자의 구유를 알되 이스라엘은 알지 못하며 내 백성은 깨닫지 못하니 오호라 죄를 범한 나라이며 허물을 짊어진 백성이며 악을 행하는 종류이며 스스로 망하게 하는 자식들이로소이다" 하였으니 이것이 곧 인간으로서 하나님께 대한 열애가 없음을 통책함이 아니고 무엇인가?

모든 예언자가 애처로운 말로 인생이 하나님을 모르고 하나님을 떠나고 하나님을 거슬러 하나님의 마음을 아프게 하고 괴롭게 하는 일, 곧 인간 때문에 당하는 하나님의 고민을 생각하여야 함입니다. 예레미야 8장 7절에 "공중에 나는 학(鶴)도 그 정한 기한을 알고 제비와 두루미도 그때를 지키지만 내 백성은 여호와의 법을 알지 못하는도다" 하였습니다. 죄로 말미암아 자기 국가가 망하게 된 경우에 그들은 먼저 하나님의 영광을 생각하였으니 국가의 흥망, 민족의 위안보다도 "너의 하나님이 어디 있느냐?" 하는 하나님의 이름에 대한 모독 때문에 그들은 사랑으로 보호하였습니다.

3. 부자(父子) 사이의 사랑도 크고 깊은 사랑이요 연인과 애인 사이의 사랑도 강하고 뜨거운 사랑이지만, 예로부터 신(神)인 성자가 보이지 않는 하나님을 사랑하는 사랑은 현실에서는 그 유례를 찾을 수 없으리만치 깊고도 뜨거운 사랑이었습니다. 우리 주님이 마음에 안고 있었던 것이 무엇이냐? 곧 아버지 하나님께 대한 열애였습니다. 성경에 기록된 예수의 첫 말씀도 하나님을 아버지라고 부르신 말씀이며(눅 2:29) 최후의 말씀도 하나님을 아버지라고 부르신 말씀인데(눅 23:46) 주님께서는 당신의 아

버지 하나님께 대하여 그야말로 무한의 사랑을 다 바쳤습니다. "아버지 외에는 아들을 아는 이가 없고 아들과 아들이 소원대로 지시한 자 외에는 아버지를 아는 자가 없느니라" 하신 말씀처럼 주님께서는 하나님을 알았습니다. "아버지께서 나의 맡기신 일을 내가 이루어 아버지를 영화롭게 하였사오니" 하는 말씀처럼 예수는 하나에도 아버지의 영광이었고, 둘에도 아버지의 영광이었습니다. 기아(饑餓)로 생명이 경각에 이른 때에도 아버지의 영광이었고 십자가의 위험이 다가왔을 때에도 아버지의 영광이었습니다. 그리하여 주께서 가르치신 기도문의 기원의 순서를 보아도 아버지의 영광을 먼저 구하였고 주님의 정신생활의 순서도 언제든지 하나님을 먼저 생각하였습니다.

4. 자연계를 보니 해와 달도 하나님의 영광을 드러내고, 별들은 하나님의 지혜를 나타내건만, 하나님의 형상대로 지음을 입은 만유의 영장 되는 인생은 하나님의 영광을 오손(汚損)하는 것뿐입니다. 새는 하나님의 성덕을 노래하고, 어린이는 하나님의 신비를 찬미하지만 하나님과 같은 의식을 가진 인생은 도리어 하나님이 미워하시는 죄악의 도구로 쓰이고 있습니다.

5. 하나님이 인생을 굽어 살피심은 그중에 지각이 있어 하나님을 찾는 이가 있는가 보시려 함이요(시 53:2), 하나님을 깨달아 지성과 열애로 섬기는 자에게는 무한한 축복을 약속하셨고 또한 실제 그 축복을 그대로 받은 실례가 세상에 많건만 하나님을 잘 섬기는 자는 적도다.

"아깝도다, 네가 내 명령을 들었으면 네 평강이 강과 같고 네 의가 바다 물결 같을 것이요, 네 후손이 모래같이 많고 네 몸의 소생이 세모래같이 많으며 그 이름이 내 앞에 끊이지 않고 멸하지 아니하였으리라."

(사 48:18-19)

6. 본래 세계의 억조창생(億兆蒼生) 중에 하나님을 열애로 섬기는 자 몇이나 있느냐? 대다수의 인생이 아직껏 무지와 허망에 빠져 하나님을 모르고 거스르고 있으며, 눈에 보이는 약간의 교회가 있다 하나 오늘날 세계 수억의 교인 중에는 과연 하나님을 열애로 섬기는 자가 몇이나 있느냐? 조선 교회를 보매 그 교인 된 동기는 불순 유치한 것이 많고 성심과 열애로 하나님을 섬기는 자는 극히 적도다! 오늘날 교회의 정세가 이를 말하고 있습니다. 주님께서 당시에 당신을 따르는 궁중을 향하여 "너희를 아노니 하나님을 사랑하는 것이 너의 마음에 없도다" 하신 탄식은 오늘날 조선의 신자를 향한 탄식이 아닐 수 없습니다. (요 5:42)

7. 불교도 중에는 "염불을 하다가 지옥을 가도 좋다"는 자가 있고, 우상과 귀신을 위하는 자는 오히려 그 신에게 정성이 지극한 것을 보지만, 살아 계신 참 하나님을 섬긴다는 자들에게서는 정성과 사랑을 보기 어렵도다. 한 풍조로 장난삼아 섬기는 자가 많도다. 이사야 29장 1절은 이러한 무리를 가리켜서 이렇게 말하였다.

"주께서 가라사대 이 백성들이 내게 나와서 입과 입술로만 나를 공경하고 그 말은 내게서 멀리 떠났으며 나를 경외하는 것은 사람의 유전한 계명을 배운 것뿐이니."

하나님께서 이러한 예배를 기뻐 받으시겠나뇨? (사 1:12-13)

결말

하나님이 안 계신가? 그러면 우리는 나가서 무신론자가 되자. 그러나 하나님이 참으로 계신가? 그러면 우리는 정성으로 섬기고 뜨거운 사랑으로 섬기자!

■〈說教〉(1938. 3.)

논고 외

기독교와 여자 해방

1. 기독교는 여자 해방의 선구자이다.

여자 해방의 절규! 과연 여러 사람들이 깨달은 부르짖음이다. 여자 해방의 운동! 과연 인간 사회의 최상의 행복을 끼칠 만한 가장 긴요한 운동이다. 이 뜻있는 부르짖음과 행복된 운동이 어디로부터 나왔으며 어디서 시작되었는가? 이에 대하여 두말할 것 없이 이구동성으로 여자 해방은 기독교로부터라고 할 것이다. 이 어찌 독단적 편견이겠는가. 주공(周公)이 성인(聖人)이라 해도 모든 제조를 세울 때에 여자를 속박하였고, 공자가 성인이라 하지만 삼종지도(三從之道)와 칠거지악(七去之惡)을 말하여 여자를 속박하였으며, 석가가 삼계(三界)의 법주(法主)라 하지만 여자를 천히 여긴다 함보다 차라리 여성을 부인하였으며, 마호메트가 세계의 구주로 자칭하였지만 일부다처(一夫多妻)를 허락하여 여자를 천대하지 않았는가. 주공, 공자, 석가, 마호메트의 종교를 신봉하는 세계 인류는 다 그들의 말대로 하여 여자를 속박하고 말았음을 역사가 증명하지 않는가? 그런데 예수께서 남녀평등을 설명하신 후에 견고한 철창의 문을 여시고, 수

천 년 동안 불평등에 울고 원한에 쌓인 약한 여자를 향하여 "사랑하는 딸들아, 내가 너희를 풀어 주노니 너희도 행복하게 살아라" 하신 사랑의 음성이 여자 해방의 절규의 첫 음성이 아니던가. 예수께서 이 제일성을 선창하신 후로 그를 따르는 기독교 신자들이 이 여자 해방을 실행하기로 하며 선전하기도 하여 복음이 전해지는 곳에 여자의 권리를 인정하고 찬송의 소리가 들리는 곳에 그 지위가 높아지고 있으니 어떤 달변가도 이를 부정하지 못할 것이다.

어떤 사람이 말하기를, 예수가 탄생하기 전 상고 시대에는 오히려 여자가 남자 이상의 권리를 가져서 남녀의 지위가 오늘과 정반대되던 시대가 있었다고 하지만, 나는 아무리 역사를 살펴보아도 이런 시대가 있었던 것을 찾을 수 없었다.

이것이 어찌 일부 호기심을 가진 사람들의 추상적 괴변이 아니겠는가. 심지어 기독 청년들 중에서도 이런 허황된 괴담에 속아 그것을 진실이라고 말하는 사람이 있으니 어찌 애처로운 일이 아닌가. 여자 해방은 기독교에서 나왔으며, 기독교는 여자 해방의 선구자이다.

2. 기독교는 여자 광패(狂悖)의 박멸(撲滅)자이다.

여자 해방의 기원을 기독교에서 시작한 이래 현재 세계 8억만의 여자는 얼마나 많은 은혜를 입었으며 기독교는 여자 해방의 선구자로 여자 해방의 그 일을 위해 얼마나 많은 공헌을 하였는가. 여자 해방 하면 벌써 기독교를 연상하고 기독교 하면 벌써 여자 해방을 연상할 만큼 인연이 있지 않은가. 그런데 나는 요사이 한 큰 기묘한 현상을 발견하게 되었다. 다름이 아니라 기독교로 인하여 이중의 구원을 얻고 기독교를 향하여 최상의 존경과 감사를 드릴 만한 여자 해방 운동가들 중에 도리어 기독교를 멸시하며 기독교를 훼방하는 일이 있다. 나는 그 이유가 무엇인지 알

수 없다. 기독교는 여자를 구속한다 하며, 기독교는 진부하여 새 시대의 여자가 요구하는 해방을 방해한다 하니 나는 이런 여자 해방 운동가들에게 묻고 싶다. 이상에서 논한 여자 해방이란 기독교의 산물이 아닌가? 속박에 신음하는 무수한 여자가 과거에 기독교로 인하여 해방을 얻었으며 현재에도 기독교로 인하여 해방을 얻고 있지 않은가. 만일 현재 조선 사회에서 해방을 얻은 여자가 있다면 그 해방은 어디에서 얻은 것인가. 기독교로 인하여 얻은 바가 아닌가? 진정한 기독 신자의 가정을 보라. 만약 성서의 교훈을 준행하는 신자라면 그 가정의 여자는 유감없는 해방을 얻었음을 볼 것이다. 그런데 그대들은 어찌하여 기독교가 여자를 구속한다 하는가? 그대들의 요구하는 해방은 과연 그 어떤 것인가? 나는 단언하고 싶다. 그대들이 요구하는 해방이 기독교의 정신에 위배되고 성경의 교훈에서 벗어나는 해방이라면 이는 해방이 아니고 광패(하는 짓이 예의에 어긋나고 난폭함)다. 이러한 해방을 요구하는 자는 해방을 요구함이 아니라 광패를 요구함이요, 타락을 요구하는 것이요, 범죄를 요구함이다. 나는 이론뿐만이 아니다. 사실로 많이 보는 바이다. 성경을 여자 해방의 장애물이라 하고 기독교를 여자 해방의 방해자라 하는 자들 중에 광패자가 많고 타락자가 많이 있음을 볼 수 있다. 그들이 말하는 기독교가 여자 해방을 방해한다 함은 사실로 해방을 방해함이 아니요, 그들의 심적 사치를 방어함이요 일락(逸樂)을 방지함이며 이혼을 방해하며 범죄를 용인치 않음이다. 묻겠노라, 그대들이여! 그대들의 말과 같이 하면 이것이 참 해방인가? 사치, 일락, 이혼, 방종을 임의로 한다면 이것이 이상적 해방인가? 이런 짓을 금지한다고 이상적 해방을 얻고자 하는 자는 기독교를 배반하는 자 아닌가? 이것이 어찌 해방인가! 이것이 만일 해방이라면 나는 해방을 배반하지 않을 수 없다. 이것이 어찌 해방인가. 오직 광패요 타락이다. 기독교는 이런 광패를 박멸하는 것이다. 이 도도(滔滔)

한 흙탕물을 기독교가 아니면 누가 방지할 것인가. 기독교는 실로 여자 해방의 선구자인 동시에 여자 광패의 박멸자이다.

3. 기독교의 여자 해방은 이렇다.

창세기 2장 21절에 여자는 남자의 갈비뼈로 창조하셨다고 말하고 있다. 이는 남녀 차별과 구별이 없이 일체임을 가르침이며, 마가복음 10장 8절, 9절에 부부는 둘이 아니요 합하여 일체 됨과 그 배우자는 하나님이 정하신 것인즉 인간이 나눌 수 없다고 말하였으니 이는 부부는 수족과 같고 그 관계는 가장 신성하여 서로 돕고 서로 사랑할 것을 가르친 것이며, 에베소서 5장 22절에 "아내 된 자여 남편에게 순종하기를 주께 하듯 하라" 하셨고, 25절에 그 미덕을 가르치고 있으니 기독교에서 가르치는 여자 해방의 기준이다. 요컨대 해방은 인간 사회에 행복을 증진하는 것이고 오직 그리스도의 교훈을 지키는 데 있다. 누구든지 이 기준 외에 자유를 요구하는 자가 있으면 인간 사회에 행복을 가져오는 해방을 요구하는 것이 아니고, 오히려 사회의 풍기를 문란케 하며 행복을 쫓아 버리기 쉬운 것이다. 자유라 하여 과도하지 말라. 새가 공기층을 떠나면 질식해 죽고 물고기가 물을 떠나면 죽는다. 해방이라 하여 탈선하면 해가 될까 두렵도다.

■〈新生命〉(1924. 7.)

기도

김영구 목사의 부음을 듣고

오! 사랑하시는 주님! 이것이 웬일입니까? 내가 가장 사랑하고 존경하는 형님을 당신이 불러 가셨습니다. 떠나도 좋은 자는 오히려 남겨 두시고 필요한 이는 벌써 불러 가십니까? 오! 주여! 이것이 웬 말입니까? 당신의 총애하시는 참된 종을 이렇게도 속히 불러 가셨습니까? 많고많은 당신의 사업을 누구에게 부탁하시려 하나이까! 오! 주여! 조선 교회의 밝은 별을 하늘나라로 옮기셨나이까? 사단의 역습에 시달리면서 외로운 성(城)을 사수하는 당신의 교회들을 어떻게 하시렵니까? 불법의 기미가 발동하고 거짓 스승이 창궐하는 이때에 당신의 교회를 어떻게 하시렵니까? 오! 주여! 조선 청념(淸念)의 두 선생을 당신 앞으로 불러 가셨습니까? 저희들은 다시 누구의 지도를 받을 수 있습니까? 그러나 주님이시여! 만사가 당신의 뜻입니다. 당신의 뜻을 누가 막을 수 있습니까? 당신의 지혜를 누가 측량할 수 있으며, 당신의 판단하심을 그 종적인들 찾을 자 있겠습니까?

당신의 뜻이 이루어지이다. 당신의 거룩한 뜻일진대 무엇이든지 복종코자 합니다. 우리에게 유익하게 하심인 줄을 믿고 선히 복종하옵니다. 더욱 크신 사랑인 줄 믿고 기쁨으로 복종코자 합니다. '모세'를 부르신 후에 '여호수아'를 보내시던 주님이시여! 당신이 가신 후에 성신을 보내시던 주님이시여! 보다 밝은 별을 조선 교회에 보내어 주시옵소서. 보다 굳센 진리의 옹호자, 보다 진실한 교회의 충복(忠僕)을 보내어 주소서. 아멘.

■〈基督申報〉(1928. 6. 6.)

윤치병 목사에게 보낸 편지

동래읍에서 열리는 부산 지역 설교 수양회에 참석하였다가 일전 돌아와서 형님의 서신을 받아 보았습니다. 일이 결국 그렇게 되고 보니 교회와 형님을 위하여 유감스럽습니다. 그러나 옳고 그름은 다음 문제이고 화합하지 못할 바에는 갈라서는 것도 무방한 일입니다. 들어가서 여러 사람 가운데 서든지, 아니면 나와 홀로 서든지 오직 진리를 위하여 싸운 것인지 아오니 주님께서 분명히 형님과 함께하실 줄을 믿습니다. 만인(萬人)의 사명이 반드시 한 길이 아니므로 형님은 형님 길에서 주님의 영광을 돌리시기 바랍니다.

■1931. 6. 15.

경남노회 여전도회 연합회에 보낸 편지

주 안에서 평안을 빕니다.

성신의 은혜가 귀 총회 석상에 충만하시고 귀 회의 사업이 날로 융성하시기를 기도하나이다. 금번 귀 총회가 통영에서 개최된다는 말을 듣고 감사와 감회를 금할 수 없습니다. 저는 직접 나가 귀 총회 석상에서 감사를 드려야 마땅하오나 현재 경남성경학교 교사로 몸이 매여 있어서 생각같이 못하고 엎드려 몇 마디 글을 올리오니 너그럽게 받아 주시기 바랍니다.

작년 5월, 제 처 안갑수의 장례 때 귀 회에서 베푸신 사랑과 위로는 영원히 잊을 수 없어 감사의 말씀을 드립니다. 분주하신 중에 임원 여러분이 장례식에 왕림하여 주셨고, 간곡하신 조문(弔文)을 보내어 주셨으며, 특히 갑수의 무덤 앞에 세워 주신 기념비석은 이후 공중의 나팔 소리가 들릴 때까지 귀 회의 사랑을 증거할 것입니다. 저는 귀 회의 그 두터운 사랑을 보답할 길이 없사옵고 다만 갑수가 생전에 귀 회를 위하여 매일 몇 번씩 기도하던 그 기도를 이어서 이 작은 몸이 세상에 있는 동안 잊지 않고 기도하여 드릴 것을 다짐합니다. 끝으로 이번에 모이신 귀 총대 여러분의 평강을 비옵고 이만 줄이나이다.

주후 1934년 2월 20일 교생(教生) 주기철 근상(謹上)

■1934. 2. 20.

졸업생 제씨에게 보내는 선배들의 고백과 부탁

1. 조선의 현상을 보니 귀하께서 제일 절실히 주창하려는 사업 운동은 무엇이오니까?

조선 교회의 현실에 있어서 내가 제일 주의하고 노력하는 것은 영적 부흥의 대선풍을 일으켜야 되겠다는 것입니다. 내가 말하는 영적 부흥운동이란 것은 첫째로 이미 믿는 40만 조선 신자가 성신의 불에 녹아 예수의 형상으로 새로 지음을 입어야 되겠다는 것이며, 둘째는 무수한 불신 동포가 회개하고 주 앞으로 돌아와야 되겠다는 것입니다.

2. 실제 목회 중에 귀하께서 제일 조심하시는 것이 무엇이오니까?

내가 목회하는 중 제일 조심하는 것은 교회 내에 영적 분위기가 산만하여질까 함입니다. 어떤 교회든지 그 교회에 발을 들여놓을 때에 쌀쌀하거나 냉랭한 분위기를 감지하면, 그 교회는 내려가는 교회요 시험에 든 교회라고 인정하여도 틀림없을 것입니다. 반대로 어떤 교회에 발을 들여놓을 때에 그 교회 내에 빛이 돌고 불이 움직임을 느낄 수 있다면,

그 교회는 올라가는 교회요 화평과 사랑으로 일치된 교회입니다. 그러므로 어떻게 해서라도 유지하고 나가야 됩니다.

3. 성경 이외에 귀하께서 제일 애독하시는 서적을 소개하여 주십시오.

성경 이외에 내가 제일 많이 읽는 책은 성자 위인들의 전기입니다. 그리고 최근에 와서는 청년 지도를 위해 여러 실제 문제에 대한 선배들의 비판문 같은 것을 많이 구해 읽습니다.

4. 새로 교회를 시작하는 교역자에게 특별히 부탁하고 싶은 점을 말씀해 주십시오.

새로 목회를 시작하는 교역자에게 특별히 부탁하고 싶은 것은 '제1선에서 승리하라'는 것이외다. 즉 첫 시(媤)집을 잘 살라는 것입니다. 죽을 힘을 다해서라도 첫 번으로 맡은 교회는 높이 들리게 하라는 것입니다. 그렇게 해야 앞으로 닥쳐오는 모든 전선에서 연승할 굳은 신념을 얻을 것입니다.

■〈神學指南〉(1935. 3.)

겸손하기 위하여

[요절]

대개 스스로 높이는 자마다 낮아지고 스스로 낮추는 자마다 높아지리라(눅 14:10-11).

[성경]

마 4:14; 약 4:6

[기도]

오! 주여! 나로 하여금 당신의 낮아지신 것을 깨닫게 하여 주시옵소서. 당신은 지극히 높으시고 지극히 영화로우신 하늘의 보좌 위에서 천국과 천사와 하늘의 모든 영물과 천천만 성도에게서 경배와 찬송을 받으시는 만유의 주재로서 낮고 천한 사람이 되어 티끌 세상에 오셨나이다. 오시되 왕후장상으로 금전옥루에 오시지 않고 지극히 미천한 사람으로 말구유에 오셨나이다. 사람이 다 싫어하는 세리와 창녀의 친구가 되셨고, 어린아이의 동무가 되셨고, 걸인과 문둥이의 벗이 되셨나이다. 마침내 벌거벗은 몸으로 강도의 틈에서 저주의 십자가에 달리시고 음부에까지 내려가셨나이다.

오, 당신이 이같이 낮아지신 것을 생각할 때 나는 어떻게 하오리까? 나는 나를 어디까지 낮추어야 당신 앞에서 합당하겠습니까? 당신이 제자의 발을 씻기셨으니 나는 문둥이의 발을 핥게 하여 주옵소서. 당신이 세리의 집에 들어가셨으니 나는 모든 사람의 발 앞에 짓밟히는 먼지와 티끌이 되게 하여 주시옵소서.

오! 주여! 나는 아나이다. 당신은 무아의 역에서 살기까지 겸손한 당신이었던 것을! 그러나 내 속에는 여전히 나라는 것이 남아 있습니다. 당신이 좌정하실 자리에 이놈이 앉아 있습니다. 그리하여 당신이 받으실 영광과 찬송을 이놈이 받고자 하는 때가 종종 있습니다. 남이 나를 대접함이 소홀하다 싶을 때에 이놈이 속에서 불평을 발하고, 남이 나에게 후욕과 멸시를 가할 때에 이놈이 속에서 노를 말하나이다. 오! 주여! 당신이 못 받으시던 환대와 환영을 받고자 하나이까? 당신은 그 지선 지성으로도 오히려 후욕과 침 뱉음과 뺨 침을 받으셨는데, 나는 무엇이관대 당신이 못 받으시던 칭찬과 영예를 바라고 있나이까?

오! 주여! 나로 하여금 이 외람된 오만에서 구원하여 주소서. 성신의 방망이로 이 '나'라는 놈을 마정방종(摩頂放踵)으로 때려 부수어 주시사 당신과 같이 무아의 경(境)에까지 내 마음을 비워 주옵소서.

오! 주여! 나는 의를 사모하여 마음이 갈급하지 못합니다. 당신의 완전을 사모하여 마음이 불타지 않습니다. 나의 죄악을 위하여 재에 앉아 가슴을 치는 통회가 심각하지 못합니다. 나의 부족을 생각하고 향상하고자 하는 정열이 강력하지 못합니다. 이는 분명히 내 맘이 비워 있지 못한 증거요, 내 스스로 무던하다는 오만이외다. 주여! 당신의 얼굴 빛 아래 내 심령의 자태를 그대로 드러내시사 나로 하여금 애통하고 회개하게 하옵시며, 내 신경을 긴장하고 당신의 완전을 향하여 달음질하게 하옵소서.

오! 주여! 나는 당신의 겸손을 사모하옵고 당신과 같이 되기를 원하나이다. 아멘.

■〈祈禱指南〉(1939. 2.)

연보(年譜)

1897. 11. 25.	경남 창원군 웅천면(웅읍면) 북부리(현 진해시 웅천 1동)에서 주현성과 조재선의 넷째 아들로 출생
1906. 3.	개통(소)학교 입학
1910. 12. 25.	웅천(읍)교회에 출석하기 시작
1912.	개통학교 졸업, 이광수의 강연을 듣고 평북 정주 오산학교 유학 결심
1913. 봄.	정주 오산학교 입학
1915. 11.	오산학교에서 세례
1916. 3. 25.	오산학교 7회 졸업
1916. 봄.	서울 '조선예수교대학'(연희전문학교) 상과 입학 질병으로 여름부터 휴학한 뒤 낙향
1917. 10.	김해읍교회 교인 안갑수와 결혼
1919.	웅천(읍)교회 집사 임명
1919. 10. 25.	장남 영진 출생
1920. 9.	마산 문창교회에서 있었던 김익두 사경회에 참석하여 은혜 받음

1920. 11. 1.	웅천(읍)교회 사경회 때 김익두 목사의 설교를 듣고 신학 공부를 하기로 결심
1921. 9.	웅천교회 여자 야학 설립
1921. 12. 13.	웅천교회에서 개최된 13회 경남노회에서 신학생 시취 합격
1922. 3.	평양 장로회신학교 입학
1922. 11. 5.	차남 영만 출생
1923. 봄.	양산읍교회 조사 시무
1924. 7.	〈新生命〉에 "기독교와 여자 해방" 게재
1925. 1. 9.	3남 영묵 출생
1925. 12. 22.	평양 장로회신학교 19회 졸업
1925. 12. 30.	20회 경남노회에서 목사안수 받음
1926. 1. 10.	부산 초량교회 담임목사 취임
1926. 9.	경남노회 대표로 15회 총회 참석 부산 경남성경학원 교사로 출강
1927. 11. 13.	4남 영해 출생
1928. 1. 3.	경남노회 부회장 피선
1928. 6. 6.	〈基督申報〉에 서울 승동교회 김영구 목사 추모 기도문 게재
1928. 7.	3남 영묵 병사
1930. 6. 9.	경남노회 부회장 피선
1930. 6. 22.	장녀 영덕 출생
1931. 7.	초량교회 사임

1931. 8. 1.	마산읍(문창)교회 담임목사 취임
1932. 1. 5.	밀양읍에서 개최된 31회 경남노회에서 노회장 피선
1932.	장녀 영덕 병사
1932. 3. 18.	5남 광조 출생
1932. 9.	경남노회 대표로 21회 총회 참석
1933. 1. 3.	경남노회 노회장 재선
1933. 5. 16.	부인 안갑수 별세
1933. 9.	경남노회 대표로 22회 총회 참석
1933. 11.	평양 장로회신학교 사경회 인도
1934. 4.	서울 남대문교회 부흥회 인도
1934. 5.	〈宗敎時報〉에 설교 "은총과 책임" 게재
1934. 8.	부친 주현성 장로 별세 〈宗敎時報〉에 설교 "죽음[死]의 준비" 게재 경남노회 대표로 23회 총회 참석
1935. 2.	〈宗敎時報〉에 설교 "천하에 복음을 전하라" 게재
1935. 3.	〈神學指南〉에 "졸업생 제씨에게 보내는 선배의 고백과 부탁" 게재
1935. 11.	마산에서 오정모 집사와 재혼
1935. 12. 19.	평양 장로회신학교 사경회 인도
1936. 4. 30.–5. 4.	금강산 기독교수양관에서 개최된 장로교 목사수양회에 강사로 참여
1936. 7.	마산 문창교회 사임

평양 산정현교회 담임목사 취임

1937. 3.	산정현교회 새 예배당 건축 시작 〈새사람〉에 설교 "전도의 사명", 《說敎》에 "성신과 기도" 게재
1937. 4.	《說敎》에 "마귀에 대하여" 게재
1937. 5.	《說敎》에 "이삭의 헌공" 게재
1937. 6.	《說敎》에 "네가 나를 사랑하느냐", 〈福音時代〉에 "무거운 짐 진 자여 예수께로 오라" 게재
1937. 8.	《說敎》에 "하나님 앞에 사는 생활" 게재
1937. 9. 5.	산정현교회 입당예배
1937. 9.	평양노회 대표로 26회 총회에 참석하여 새벽기도회 인도 《說敎》에 "십자가의 길로 행하라" 게재
1937. 10.	《說敎》에 "주의 재림", 〈基督敎報〉에 "십자가의 길로 가자" 게재
1937. 10. 5.	평양 서문밖교회에서 개최된 33회 평양노회에서 부노회장 피선
1938. 2. 13.	평양 장로회신학교의 '김일선 기념식수 훼손사건'으로 첫 구속
1938. 3. 22.	산정현교회에서 개최된 34회 평양노회에서 부노회장 재선, 부총대 피선
1938. 3.	《說敎》에 "하나님을 열애하라" 게재
1938. 6. 29.	평양 경찰서에서 석방 '도미타 간담회'에 참석하여 도미타와 신사참배논쟁
1938. 8.	'농우회사건'으로 의성 경찰서에 재차 검속

1938. 9.	평양노회, 신사참배 결의
1938. 9. 10.	27회 총회, 신사참배 결의
1939. 1. 29.	대구 경찰서에서 석방되어 평양으로 귀환
1939. 2.	〈祈禱指南〉에 "겸손하기 위하여" 게재
1939. 10.	평양 경찰서에 3차 검속
1939. 12. 19.	평양 남문밖교회에서 개회된 평양노회 임시노회에서 주기철 목사직 파면
1940. 3.	38회 평양노회에서 '산정현교회 전권위원회' 선정
1940. 3. 24.	평양노회 전권위원회 산정현교회 폐쇄
1940. 4. 20.	석방되어 육로리 셋집으로 귀환
1940. 9.	총독부의 신사참배 반대운동자 일제 검거 때 평양 경찰서에 4차 검속
1941. 5. 15.	평양 지방법원 검사국에 송치
1941. 8. 25.	평양 경찰서 유치장에서 평양 형무소로 이감
1941. 9.	일본 유학 중 신사참배 문제로 검속되었다가 풀려난 아들 영진과 면회
1942. 5. 12.	평양 지방법원 예심에 회부
1944. 3. 31.	5남 광조 마지막 면회
1944. 4. 13.	건강 악화로 병감으로 이송
1944. 4. 21.	부인 오정모 사모 면회 후 밤중에 순교
1944. 4. 25.	평양 제2고등보통학교(서광중학교) 앞 공터에서 장례식을 치른 후, 평양 교외 돌박산 공동묘지에 안장

1947. 1. 27.   오정모 사모 별세, 유해는 돌박산에 있는 주기철 목사 묘지 옆에 안장

1950. 6. 24.   맏아들 주영진 전도사 긴재교회에서 목회하던 중 보위부에 연행

1963. 3. 1.   대한민국정부 건국공로훈장(단장) 추서

참고문헌

단행본

姜信明.《姜信明信仰著作集》. 기독교문사, 1987.
姜渭祚.《日本統治下의 韓國의 宗教와 政治》. 大韓基督敎書會, 1977.
姜晉哲. 姜萬吉. 金貞培.《世界史에 비춘 韓國의 歷史》.
吉善宙.《靈溪 吉善宙 牧師 著作集》. 第1卷. 寶晉齊, 1968.
김두석.《두 감나무 고목에 활짝 핀 무궁화》. 예음. 1985.
金麟瑞.《朱基徹 牧師의 殉敎史와 說敎集》. 기문사, 1969.
_____.《金麟瑞著作全集》(제5권). 基督敎文社, 1976.
_____.《韓國敎會 殉敎史와 그 說敎集》.
김인수.《일제의 한국 교회 박해사》. 대한기독교서회, 2006.
金成俊.《韓國基督敎史》. 韓國敎會敎育硏究院, 1980.
金良善.《韓國基督敎史硏究》. 基督敎文社, 1971.
_____.《韓國基督敎解放十年史》. 大韓예수敎長老會總會 宗敎敎育部, 1956.
김요나.《동평양노회사》.
김요나.《일사각오》. 한국교회 뿌리찾기 선교회, 1992.
金載明 編著.《殉敎者 宋貞根 牧師傳》. 普文出版社, 1976.
金忠南.《순교자 주기철 목사 생애》. 백합출판사, 1971.
金忠南, 朴鍾九.《예수 천당》. 백합출판사, 1993.
대한예수교장로회 평양노회.《평양노회사》. 평양노회 출판위원회, 1990.
만우송창근선생기념사업회.《만우 송창근》. 선경도서출판사, 1978.
문창교회.《문창교회 100년사》. 한국장로교출판사, 2001.
민경배.《순교자 주기철 목사》. 대한기독교출판사, 1985.
_____.《주기철》. 동아일보사, 1992.
박영창.《정의가 나를 부를 때》. 신망애출판사, 1970.
_____.《태양신과 싸운 이들》. 부록 예심 종결서. 세종문화사, 1972.
朴永浩.《씨 올 - 多夕 柳永模의 生涯와 思想》. 弘益齊, 1994.
飯沼二朗, 韓晳曦.《日帝統治와 日本基督敎》. 所望社, 1989.
鮮于燻.《民族의 受難》. 獨立精神普及會, 1946.
심군식.《손명복 목사의 생애와 설교》. 영문, 1997.
안광국.《韓國敎會宣敎百年秘史》. 안광국목사유고집. 대한예수교장로회 총회교육부, 1979.
안용준.《태양신과 싸운 이들》. 칼빈문화사, 1956.
안이숙.《죽으면 죽으리라》. 기독교문사, 1976.
吳允台.《韓日基督敎交流史》.

延世大學校. 《延世大學校100年史》. 연세대학교출판부, 1969.

이덕주. 《사랑의 순교자 주기철 목사 연구》. 한국기독교역사박물관. 2003.

李永獻. 《韓國基督敎史》. 컨콜디아사, 1978.

林鍾國. 《親日文學論》. 平和出版社, 1986.

朝鮮예수敎長老會總會. 《長老敎會史典彙集》. 朝鮮耶蘇敎書會, 昭和 十年.

장로회신학대학교. 《장로회신학대학교 100년사》. 장로회신학대학교 출판부, 2002.

朝鮮예수敎長老會總會. 《朝鮮예수敎長老敎會史記》. 下卷. 韓國敎會史學會編, 1968.

주광조. 《순교자 나의 아버지 주기철 목사님》. UBF출판부, 1997.

《주기철 설교집》. 한국교회순교자기념사업회, 1992.

車載明 編. 《朝鮮예수敎長老會史記》. 上. 新門內敎會堂, 1928.

편린서. 《平壤老會 地境 各敎會史記》. 광문사, 1925.

《平北老會史》. 基督敎文社, 1979.

《평양노회사》. 평양노회사편찬위원회, 1990.

초량교회. 《초량교회 100년사》. 1994.

韓國獨立運動史刊行委員會. 《韓國獨立運動史》. 5卷.

한석희. 《일제의 종교침략사》. 김승태 역. 기독교문사, 1990.

함석헌. 《南崗 李昇薰 民族運動》. 南崗文化財團出版社, 1985.

황정덕. 《진해시사》, 지혜문화사, 1987.

신문 및 잡지, 회록

〈계자씨〉(1937. 6.)

警務局保安科. 森浩一. "事變下에서 基督敎". 〈朝鮮〉(1938. 11.), 65.

〈京鄕雜誌〉(1940. 3. 15.), 11.

朝鮮總督府 警務局保安課. 〈高等外事日報〉 14호(1940.9.).

〈그리스도신문〉 1901. 6. 20.

〈基督敎思想〉(1966. 3.)

〈基督申報〉1929. 7. 3-29., 11. 27-12. 25., 1931. 3. 4., 1935. 1. 1-30., 1936. 5. 6-6.
    13., 1937. 4. 20., 10. 19., 1938. 4. 19.

〈大阪每日新聞〉朝鮮版. 1936. 8. 2.

〈노기남회고록〉 1972. 11. 1.

〈東亞日報〉1938. 2. 15., 1938. 10. 2., 1939. 4. 15., 10. 22., 1939. 10. 24-25., 1940. 3. 26.

"마산교회 당회록" 1912. 3. 19., 1927. 10. 10., 10. 12., 1931. 9. 5.

"마산교회 제직회록" 1931. 8. 21., 1934. 6. 3., 1936. 1. 10.

〈每日申報〉1938. 8. 10., 1939. 12. 20., 1940. 4. 25., 5. 1., 1940. 9. 22.

〈福音申報〉1938. 7. 21.

〈새문안교회 堂會錄〉1942. 5. 17.

〈信仰生活〉(1934. 8.), (1935. 7.), (1936. 6.), (1936. 8.), (1937. 4.). (1937. 9.), (1938. 4.)

〈神學指南〉(1935. 1.)

"熊川교회 堂會錄" 1919. 12. 9.

〈長老會報〉1940. 1. 24., 4. 10.

조선예수교장로회 경남노회 제28회(1928) 회록. "임시노회록" 1936. 7. 25.
〈朝鮮예수敎長老會神學校學友會報〉 제2호(1923. 6.).
〈朝鮮예수敎長老會總會 會錄〉 第1回(1912), 第6回(1917), 第11回(1922), 第15回(1926),
        第22回(1934), 第26回(1937), 第27回(1938), 第31回(1940).
〈朝鮮日報〉 1939. 12. 20.
朝鮮總督官房 文書課. "論告. 訓示. 演說 總攬." 1941.
朝鮮總督府 警務局. "最近에 있어서 朝鮮의 治安狀況". 昭和 13年.
〈宗敎時報〉(1935. 2.)
주광조 자료집. "證言類."
〈靑年〉(1938. 7.)
"초량교회 당회록" 1930. 4. 27.
"초량교회 직원회의록" 1931. 1. 25., 1931. 6. 21.

외국서적

Baird, R. *William M. Baird of Korea*. 김인수 역. 《배위량 목사의 한국 선교》. 쿰란출판사,
        2004.
Bernheisel, C. F. "Recent Events in Pyengyang," Mar. 26, 1940.
_____ . "The Present Condition of the Church in Korea," Feb. 2, 1939.
_____ . *Diary*. 김인수 역. 《편하설 목사의 선교 일기》. 쿰란출판사, 2004.
Bernheisel's letter to Dr. J. L. Hooper. Dec. 20, 1939 외 다수.
Bernheisel's letter to Rev. P. S. Wright. Nov. 14, 1939 외 다수.
Blair, W. N. *Gold in Korea*.
Brown, A. J. *The Mastery of the Far East*. New York: Charles Scribners, 1919.
Brown, G. T. *Mission to Korea*. The Presbyterian Church of Korea Department of
        Education. Seoul, Korea, 1962.
Chung, H. *The Case of Korea*. New York: Fleming H. Revell, 1921.
Clark, A. D. *A History of the Church in Korea*. Seoul: C. L. S., n.d.
Clark, C. A. Home Letter. Oct. 1, 1941.
Fulton, C. D. *Star in the East*.
The International Review of the Mission (April 1940).
The Korea Mission Field (March 1941).
McKenzie, F. A. *Korea's Fight for Freedom*. New York: Fleming H. Revell, 1920.
_____ . *The Tragedy of Korea*. New York: Fleming H. Revell, 1920.
Sacra Congregatio de Propaganda Fide "Instructio", Acta Apostolieae Sedis (Romae:
        Typis Polyglottis Vaticanis, 1936), Annua XXVIII, Series II. III, 408–09.
Sauer, Charles A. *Methodists in Korea 1930–1960*. Seoul: The Christian Literature
        Society, 1973.
Wells, K. M. *New God, New Nation*, Protestants and Self-Reconstruction Nationalism
        in Korea, 1896–1937. Honolulu: University of Hawaii, 1990.

찾아보기